简读中国史

张宏杰 著

NOTES ON CHINESE HISTORY

世界史
坐标下的中国

岳麓书社·长沙
博集天卷 CS-BOOKY

周虽旧邦，其命维新。

——《诗经·大雅·文王》

自序

为什么写“世界史坐标下的中国”

一

历史是一门非常重要的学科。

有多重要?

历史就是一个国家的记忆。

我们都知道，记性不好的人，今天的事明天就忘，做事颠三倒四，他的人生显然会受到很大影响。

同样，一个国家，一个民族，如果不善于梳理分析自己的历史，它在现实当中就会总犯错误，甚至会总在同一个地方跌倒。

因此有一句话，“读史使人明智”。

但是，“读史使人明智”这句话并不是说一个人只要多读几本史书，就会明智起来，没那么简单。读史关键在于方法，要善于总结和分析。记住一堆年号并不能使人明智。

然而，分析历史的规律是件很难的事情，面临着很多困难。

第一个是历史资料方面的困难。

有些国家历史分析的困难在于历史太短，资料太少，没啥可总结的。而中国历史分析的困难在于太长，资料太多，总结不过来。

确实，中国是世界上最重视历史的国家，从商代开始我们就有史官了，因此，中国是世界上历史资料最多的国家，可谓浩如烟海，汗牛充栋。别的不说，一套“二十四史”就有四千多万字，读起来非常困难。

所以如果你遇到一个人说他通读过二十四史，你最好别信。

为什么呢，因为二十四史是古文，里面有今天读者不熟悉的大量生僻字，不知道的人名、地名，不熟悉的典章制度，读起来很费力。因此，假设你一天读3000字原文，不论过年过节、刮风下雨，一天也不间断，那么读一遍二十四史，要花多长时间？我算了一下，大约是36年。因此，除了少数的专业史学家（比如张舜徽[1]），极少有人能真正通读二十四史。

那么除了二十四史，我们还有《资治通鉴》《续资治通鉴》……都是大部头的。如果你都想通读一遍，再去总结，一辈子也读不完。

所以这是第一个困难，资料方面的困难。

第二个困难，是总结和梳理的困难。

你掌握了史料，读了大量的史书，也不见得能从历史当中获得益处，相反，还可能被历史给坑了。

为什么呢？因为同样的一段历史，不同的人可能会总结出完全不同的规律。

历史是一个民族的记忆，然而，并不是记性好的人就能生活得很好，因为记忆力和逻辑思维能力并不是同义词。

很多人记性很好，但是思维的逻辑性很差。比如我的一位舅妈，她的记忆力并不错，说起多年前的什么事来都讲得连枝带叶，非常生动。但是每次生病她都不去医院，而是去找村里的算命先生。她坚决认为人生病都是因为“冲撞”了什么“不洁的魂灵”所致，按照算命先生的指

---

[1]张舜徽（1911—1992）曾任华中师范大学历史系教授。他说：“年龄稍大，又发愿通读‘二十四史’，不畏艰难，不避寒暑，坚持不懈地认真去读。从《史记》到《隋书》，都用朱笔圈点，读得很仔细；从新旧《唐书》到《明史》，也点阅了一遍。整整花了十年时间，终于读完了这部三千二百五十九卷的大书。”（《自强不息，壮心未已——略谈我在长期治学过程中的几点体会》）

导，朝某个方向焚化纸钱就能够治好。曾经有两次巧合，烧完纸后不久，她的病真好了，她的那套理论因此更加强化，还嘲笑我关于病毒和细菌的说法是异端邪说。直到50多岁因为急性肾炎拖延治疗而去世前，她都认为我是读书把脑子读坏了。

一个国家也是这样。

中国拥有最庞大的史料库，然而并不见得因此就能产生最伟大的历史学。事实上，在漫长的中国古代史上，历史学家们基本上是按照“善恶忠奸”这个简单的思路，对复杂的历史记忆进行整合。几千年来，中国的读书人总是认为，中国之所以没有治理好，就是因为人心不古，不肯好好听孔子的话。如果大家都老老实实贯彻孔孟之说，那么尧舜之治很快会再现。而普通老百姓听了历代的评书、演义，得出的结论更是简单：一切成功都是因为皇上听了忠臣的话，一切失败都是因为皇上听了奸臣的话。所以只要“亲贤臣、远小人”，天下自然太平。这种历史总结能力，是中国从秦朝到清朝，一直在“鬼打墙”式的治乱循环中绕圈子的原因之一。

所以，读史需要悟性。“读史使人明智”这句话并不绝对正确。学历史不见得都能获得智慧，有的时候获得的是更深的愚昧。

一般来说，我们普通读者的头脑中，其实充斥着大量不准确的甚至是错误的历史常识，比如：

“欧洲中世纪是一个黑暗时代。”

“罗马帝国的皇帝和中国古代的皇帝一样也是世袭的。”

“汉武帝独尊儒术，尊的是孔子、孟子的学说。”

“以推翻王朝为目的的农民起义是全世界历史共有的现象。”

“中国历史上腐败很严重，是因为皇帝们不能下狠心反腐。”

“历史是直线发展的，越到后面肯定越先进。”

…………

这些都是不准确的甚至是错误的常识。

二

基于读史的困难，我决定写一本简单明了的“世界史坐标下的中国”。

它的作用，是帮助普通读者在世界史的背景下，迅速了解中国历史的大脉络，在比较短的时间内建立起对中国史的一个整体概念。

有人问，为什么不写一部《中国通史》?

第一个原因，是通史的体例不利于读者简明地了解中国历史大脉络。通史字数往往比较多，比如著名的白寿彝的《中国通史》，共12卷22册，约1400万字。另外一个，通史的写法通常比较刻板，首先是按照朝代的顺序，一朝一朝地讲下去。其次是每一朝分成政治、经济、科技、文化等各个方面，一块一块地码豆腐一样地码上去。往往看到后面，就把前面的忘掉了。特别是现有的通史，很多都有同一个问题，那就是重史实而轻史识，只注意罗列知识点，并没有把这些知识点背后的逻辑线打通，也就是说，没有下功夫梳理历史背后的规律。

因此我要做的，是打破朝代的顺序，提炼中国历史的大脉络。跳出具体朝代、具体人物、具体事件，聚焦历史背后大的规律。

所以这本书不会津津乐道于历史上一个又一个的权谋故事，一次又一次的君臣争斗过程，还有一个又一个王朝的兴起和崩溃，因为这些过程虽然每次都花样翻新，但本质上无非是一些规律性的重复。我要向大家介绍的，是这些过程背后的游戏规则，以及这些规则是怎么形成的。

所以打个比方，通史像是一个人的年谱，每一年都要写到。而我的“简读”，更像是一些对这个人的点评或者考察结论，只谈几个重点，但是希望谈深、谈透。

三

第二个原因是，通史很难进行中外比较，或者说难以在世界史的背景下分析中国史。

有的时候，历史需要“长时间、远距离、宽视野”地去看，才能发现一些整体性的规律。比如只有升上太空，你才会看清地球是圆的。或者说，只有跳出庐山之外，你才能发现庐山的真面目。

“不读中国史，不知中国之伟大；不读世界史，不知中国之特质。”[1]不读世界史，你无法准确地判断中国文明在世界上的位置，以及自身的独特之处。

所以这本《简读中国史》要做的，是把中国史放到世界史的背景下去观察。

一般来讲，中国人写中国史，会有一个问题，那就是局限于中国自身，不注意影响中国的世界因素。然而事实上，在中国史的发展过程中，世界因素在很多时候起了关键作用。比如两河流域文明的一些要素，对中国早期王朝的出现和发展起到了重要的刺激作用。当然，这些外来因素并没有削弱，反而强化了中国的文化个性。

所以这本书还有一个重点，是分析中国与世界的相同与差异。事实上，中国历史有很多与欧洲历史相似的阶段。比如周代封建制下的贵族社会，与西方的“封建时代”（也就是中世纪），有着非常相似的贵族精神和游戏规则。中国的秦汉帝国，更是与欧洲的罗马帝国也有着许多惊人的相似之处。汉帝国崩溃后的“蛮族入侵”（或者说所谓的“五胡乱华”），并不是中国独有的现象，而是当时一个世界性的现象，罗马帝国也是在同一波“蛮族入侵”中崩溃的。中国史与其他国家的历史也有“神同步”的阶段，比如晚清中国面对外来侵略的反应，与东南亚的邻国缅甸几乎一模一样。[2]

---

[1]借用并改写西南联大皮名举教授的话。原话是“不读中国史，不知中国之伟大；不读世界史，不知中国之落后”。

[2]同样是因为面子外交、礼仪之争（中国是叩头问题，缅甸是鞋子问题），而导致国势进一步沦亡。详见本书第四十六、四十七章内容。

当然，中国史与其他国家的历史更多的是本质上的不同。比如罗马帝国虽称帝国，却不是一家一姓的天下，也没有做到书同文、车同轨。正是这种不同的历史本质，导致秦汉帝国和罗马帝国分别崩溃后，中国和欧洲各自走上了不同的发展路径。

因此我会在这本书中对比在地理因素影响下的先秦和希腊文明，对比秦汉帝国和罗马帝国，对比清代中国与工业革命前后英国的财政能力，对比中国、日本和缅甸在西方殖民主义入侵时的反应，这样才能凸显出中国历史的独特规律。

一千个人眼中有一千个哈姆雷特，每个人读史也都会总结出不同的经验和教训。这本书的性质是普及读物，并非对历史知识的均衡叙述。更为重要的是，我自始至终是一个“历史爱好者”，而非“历史学家”。因此我的这本书是典型的一家之言，肯定有很多偏颇之处。但是如果这本小书能刺激你更主动、更积极地思考历史，或者说，你能把这本书当成我手绘的中国历史导游图，拿着它去漫游，探索更深入、更广阔的历史，那么我的目的就达到了。

目录

第一篇

中国文明的起源

第二篇

秦始皇以前的中国

第三篇
秦汉与罗马

第四篇
从秦朝到清朝的历史循环

第五篇
秦以后王朝的周期性崩溃

第六篇

欧洲与中国的交错

第七篇

两个世界的撞击

第八篇
打开国门后的世界

第一篇

中国文明的起源

第一章
中国历史的几条大脉络

我在自序中讲到，这本书的目的是呈现中国历史的一些大脉络。那么，中国历史到底有哪些大的脉络呢？

在第一章中，我先简要地目录式地为大家介绍一下。

第一条脉络是，中华文明是世界上唯一未曾中断的文明。这是今天我们很多人会非常自豪地说起的一点。

确实，这是中华文明非常重要的一个特点。今天的中国人使用的是商朝时就已经使用的文字，从字体上，已经由甲骨文演变成了楷书。我们现在读中国三千年前的诗歌（《诗经》中一些周代早期作品），会发现仍然是押韵的。今天中国人祭祀祖先的方式与商周时期大同小异。事实上，如果一个汉朝人在今天醒来，他会发现，这个民族的心理和处世习惯，与汉朝其实相去不远。也就是说，几千年来，中国文明总体上是独立发展的，一直有着自己鲜明的个性。

对比一下世界史，这一点看得就更清楚。人类历史上的其他古文明，今天都已经“灭绝”了。今天的埃及人除了利用金字塔发展旅游，他们的文化和古埃及文明几乎没啥关系，因为在历史上，他们先后被希腊人、波斯人、罗马人、阿拉伯人征服，埃及的语言、文化甚至种族都发生了根本变化。两河流域的所有古代文明，比如苏美尔文明，更是这样。事实上，生活在这片土地上的阿拉伯人原本不知道苏美尔文明的存在，直到近代以来充满好奇的西方外交官在这里挖掘出几千年前的神庙遗址，人类才知道这片土地上以前居然有过这样一段辉煌的历史。罗马帝国崩溃后，蛮族大量涌入，社会面貌彻底改变，拉丁语由活的语言变成了死的语言，再也没能恢复。比较一圈下来，只有中国，文化几千年一以贯之。如果把文化多样性比作生物多样性的话，中国文化就是一只从远古一直幸存到现在的“古生物”。

因此杜赫德（Jean Baptiste du Halde）在《中华帝国全志》中用惊讶的口吻说：“……4000多年间，它（中国）自己的君主统治着自己的国民，从未间断。其居民的服装、道德、风俗与习惯始终不变，毫不偏离其古代立法者们创立的智慧的制度。”这在世界各国中绝对是独一无二的。

从这一点我们能得到的启示是，中国文化的惯性是极其强大的，远比世界上其他国家的要强大。因此“太阳底下无新事”这句话用在中国身上特别合适。我们今天所观察到的一切现象，在历史上几乎都可以找到先例。也正是因此，我们可以预测，中国历史上的许多现象，在以后还会重演。这也是我们要学习历史、研究历史的重要原因。

那么为什么中华文明有这样强的延续性呢？一个主要的原因是地理特点。

世界上其他几大古文明，中东两河流域文明、古埃及文明、古希腊文明和古罗马文明，它们之间相互影响和交流很多。为什么呢？我们看地图就会明白，它们中间有一个地中海，如同内湖一样，让它们连接在了一起。

在世界古文明中，只有中国与其他文明的隔绝程度是最高的。中国的西南面和西面，是一系列世界上最高的山脉；东面，是浩瀚的太平洋；北面和西北面，是沙漠和大草原。而中国人还嫌这种隔绝程度不够，后来在北边又筑起了一道万里长城，以加强与外部世界的隔绝程度。这种隔绝是很有效的，所以玄奘要去一次印度，得走上十来年；甘英出使罗马帝国，也是无功而返。

这种地理上的隔绝有两个影响。

第一个影响是，中国文明在几大古代文明中，并不是最早发展起来的。

在世界历史上，中国文明并不是最古老的。

世界上最古老的文明是出现在两河流域的美索不达米亚文明，时间是公元前3500年前后。文明在美索不达米亚平原生根后，开始陆续向欧亚大陆的其他方向传播：埃及文明起于约公元前3000年，印度河流域文明起于约公元前2500年，它们都鲜明地受到美索不达米亚文明的影响。中国黄河流域的文明，二里头文明起于约公元前1750年[1]。由于中国地理上的隔绝性，中国文化基本上可以认为是独立起源的，因为中东一些文明要素，比如青铜、战车、牛和羊，传播到中国时，中国文化的一些基本特点已经形成了。“造成中国文化有别于世界其他地区的原因，的确与中国地理环境有莫大的关系。……因为中国与印度河流域、美索不达米亚的其他早期文明中心距离很远，很难到达，它们之间的联系也很少。”[2]

但是中国地理还有一个特点，那就是黄河中下游非常适合农业文明的发展。

人类四大古文明都兴起于大河流域，这说明灌溉农业对文明的形成具有重要意义。而黄河流域在四个大河流域中是条件最好的，因为黄土的结构疏松，天然适于农耕，人们仅仅利用原始的石刀木犁，就可以开辟大面积耕地。

因此，中国的黄河中下游地区，是一个非常适合文明发展的“子宫”。所以中华文明有后发的优势，一度比其他文明发展得快，很早就到达成熟状态。

这就造就了中国的第二条发展脉络：中华文明是一个非常早熟的文明。

农业文明在黄河中下游出现后，发展得非常快。在高度发达的农业文明基础上，中国的政治文明也迅速发展，中国是世界上最早大规模实行分封制的国家，中国建立的层层分封的“封建制度”，不但时间上比欧洲早了一两千年，而且在形式上也比欧洲更整饬有序。中国的青铜文明虽然后起，但是远比其他地区的青铜文明辉煌，这个在博物馆中展示得一目了然：湖北省博物馆中的曾侯乙墓青铜文物，其精致和繁复程度，是其他地区的青铜器物无法望其项背的。在春秋战国时代，中国出现了诸子百家，这早早地奠定了中国文化的基本格局。及至秦朝，中国又率先在人类史上创立了最大的郡县制君主专制国家，建立了当时国家对人民最严格、最精密的控制。因此，中国历史的一大特点是，社会很早就出现了“现代化”的面貌。李侃如说：“发端于秦朝的官僚制度，经历几个世纪，呈现出近代西方官僚制度的特点：界定清晰的职位，基

---

[1]但西方学术界往往把中国文明的起始定于商代，也就是更晚。因为国际学术界判断文明产生所惯用的三大标志是城市、青铜器和文字，安阳殷墟是上述三大标志性要素都齐备的最早文化遗址，这在中国境内具有唯一性。

[2]刘莉、陈星灿：《中国考古学：旧石器时代晚期到早期青铜时代》，生活·读书·新知三联书店，2017，第413页。

于功绩的任命，明确的报酬结构，职能的专业化，高度发达的正式沟通体系，关于权力行使的适当路线的详细规章，定期的报告职责，正式的监察组织，等等。”李零说，秦代政治的那套“理性设计”，包括“郡县制”、法典化控制以及文官制度等，“若以西洋史的眼光看，都是非常‘现代’的创设”，远比世界其他地方“先进”，西方要在一千多年后才出现这些东西。决定中国文化特点的几乎一切因素，从文化特性到政治体制，在两千年前就已经完全成熟了。弗朗西斯·福山（Francis Fukuyama）也认为，现代国家在中国的出现要比其他地区早得多：“中国是创造现代国家的第一个世界文明”。

但是，在秦始皇统一中国后，中国演变的步伐突然慢了下来。自秦朝到晚清，中国思想文化基本上都是沿袭阐释先秦诸子，原创性的新成就不多。中国的政治制度也是历代沿袭秦制，没有本质性的变化。因此在历史上，就体现为治乱兴衰的不断循环。

中国文明的早熟是因为得天独厚的地理环境，中国文明后来的稳定，也是由于地理环境的优越。在文明基本成熟之后，半封闭的地理环境以及周边民族文化上的普遍落后使中国早期文明遇到的挑战很小，从而使它丧失了探索农业文明以外其他文明形式的动力，也丧失了自我剧烈变革的压力。[1]

中国历史发展的第三条脉络，是两头变化剧烈，中间不断循环。

我们说中国文化是连续的、没有中断的，但并不是说没有过变化。

中国历史上有两次重大突变：周秦之变和卷入全球化之变。

周秦之变，说白了就是秦始皇统一中国。这个变化是中国古代历史上最根本的一次变化。

在周秦之变之前，中国社会是“封建”社会。我们需要先明确的是，“封建”这两个字，用来指秦始皇之后的中国历史是不合适的，封建就是封邦建

---

[1]对这种早熟和不变，有两种评价。歌德说：“在审美标准上，当欧洲人还在丛林中奔跑时，中国人已有优美的传奇故事了。”这句话演变到今天，就变成了我们常说的“我们中国人已经进入文明社会的时候，你们欧洲人还生活在树上呢”。但是也有一些西方学者认为，中国是一个“活化石”型的社会，甚至语出惊人地说这是“一种毫无意义的存在”，“它之所以能活着只是因为它已经僵化了”。（汤因比《历史研究》）当然，这种说法是典型的“西方中心主义”。

国，指的是政治制度中的分封制，这是周代的事。在周代封建制下，人们生活在一个又一个小的自治社会中，用老子的话说，是一个个“小国寡民”，老死不相往来。这个时代和后来欧洲中世纪的贵族时代很相似，大家都生活在一个个分散的庄园之中，处于半自治状态，横向联系不多，纵向也没有一个能“一竿子捅到底”的政治权力。

而秦始皇统一中国后，中国进入帝制时代。社会运转规律完全改变。小自治体被打散，统一成了一个大共同体，政治权力纵向一竿子捅到社会最底层，国家直接控制每一个人，汲取能力空前提高，因此也形成了一系列非常独特的中国特色。秦到清这个时期的中国，很多特征是人类其他政治体绝无仅有的。

因此所谓周秦之变，在中国史和世界史上，都是划时代的大事。

第二个变化，是卷入全球化。这个变化也就是李鸿章所谓的“三千余年一大变局”，或者是历史教科书所说的“西方列强用坚船利炮打开中国的大门”，这一变局让中国不可回头地卷入全球经济新秩序中，整个社会的运转规律又一次发生了质变。

在周秦之变和全球化之变当中的两千多年，则是我们都熟知的王朝兴替时期。也就是说，一个王朝建立一二百年后，就会“官逼民反”，出现农民起义，不久被另一个新兴王朝取代，如此循环不已。

这种现象大家都习以为常，但是可能很多读者不知道的是，这种频繁的改朝换代、易姓更王，并不是世界历史的常态。世界上绝大多数国家并不是这样的。日本天皇万世一系，英国“威廉征服”以后直到今天，血统上也是一直延续的。事实上，世界上只有中国和受中国文化影响极深的越南和朝鲜，出现过周期性的“农民起义”导致改朝换代的现象。在中国范围之内，也只有汉文化地区才有此类现象，西藏地区和大部分土司统治地区，都没有周期性的所谓“农民起义”或者“农奴起义”现象。何以如此？最基本的原因是郡县制下，政府的汲取能力空前提高，而这种汲取能力缺乏有效的制约，通常很快就会超过社会的承受能力，导致社会的崩溃。当然，这个机制的具体过程，我以后还要细讲。

我要介绍的第四条大的脉络，是在一头一尾两次巨变中间，中国政治和社会一方面不停地循环，另一方面却朝着一个固定的方向演进。

从表面上看，从秦到清中间这两千多年陷入一种简单的循环当中，不只是王朝更替的循环，其他方面也有很多循环。比如在皇帝与丞相的关系上，表现为皇帝对丞相的防范，用自己身边的临时的秘书班子取代丞相或者正式的政府机构。结果这个小班子又演变为正式的政府机构，皇帝又建立新的小班子取代这个正式的班子。这就是中国历史上丞相的名目不停变化的原因，从丞相变为尚书省，再变成同中书门下平章事，再变成内阁大学士，再变成军机大臣。在地方与中央的关系上，朝廷总信不过地方官，派出临时官员前去巡察。结果这些巡察的官员慢慢又变成固定的地方官，下一个朝代又要制定新的临时巡察制度，如此循环不已，两千多年一直在不停地玩这种游戏。

当然，这个循环当中也有进步。这两千多年并不是如西方学者所说，是一个完全僵化的、停滞的时代。在这两千多年间，贯穿着一条主线，那就是政治技术的不断演进。比如，虽然皇帝和丞相的关系总是在不停地变动循环当中，但是总的趋势是皇权越来越重，相权越来越轻，直至皇权可以完全取代相权。这一变化，又影响了中国社会方方面面的发展。

我要介绍的中国历史的第五条大的脉络，是边疆与中央的关系问题。

中国历史上几乎所有的新兴政权，都是起自边疆地区。对夏人来说，商人是边缘民族，是东夷。对商人来说，周人也是边缘民族，是西夷。一些历史学研究认为，周人的先祖很可能是北方的狄人，比如徐中舒先生认为，周人出自北狄中的白狄。而在中原的诸侯国看来，秦人也是西边的蛮夷之国，受草原文化影响极深，“不与中国诸侯之会盟，夷翟遇之”，待之以夷狄。然而正是这个边缘的、被视为蛮夷的国家，最终一统天下。

这种边缘与中央的关系，到了汉代以后，还产生了一个固定的模式，那就是几乎都是起自东北的少数民族占据半壁江山，或者一统天下。占据半壁江山的是鲜卑的北魏、契丹的辽朝和女真的金朝，一统天下的是蒙古的元朝和满洲的清朝，他们都曾长期生活在东北地区。这些民族有很多相似性，比如鲜卑、契丹、女真和满洲人都剃去前额和头顶的头发，鲜卑有“八柱国”，契丹有“八部”，满洲有“八旗”。隋唐两朝也是受少数民族文化影响极深的王朝，因为他们的开国之君身上不但有着至少一半以上的鲜卑血统，而且在文化上也严重地“鲜卑化”[1]，这些在隋唐前期的政治中有鲜明的体现。

因此，边缘民族入主中原，不是一时一世的特例，而是中国历史的规律性现象。这一规律性现象背后有着深刻的原因。

以上就是我这本《简读中国史》的大的脉络。接下来，我们将按照这些脉络分章进行讲解。

[1]他们的父祖都是鲜卑王朝的武将，甚至是柱国，在文化和生活方式上受鲜卑的影响非常深。

第二章
夏朝为什么出现在河南

一

在我上学的时候，历史课本是这样开始的：

我们中国人，自古以来生活在这片广袤的土地上。上百万年前，中国大地上生活着许多原始人类，比如云南元谋人、陕西蓝田人和北京猿人。今天的中国人是从这些古人类进化来的。

这听起来非常合理。中国人自古生活在中国，原汤化原食，听起来很自然。然而，今天的分子人类学研究得出了不同的结论。

复旦大学有一个“现代人类学研究中心”，他们做了一项研究，一共采集了12000多名中国人的Y染色体进行分析。他们发现，中国人和世界上所有其他的人类一样，是六万多年前从非洲走出来的。[1]也就是说，六万多年前，生活在东非（大约在今天的埃塞俄比亚一带）的一些现代人，也叫“智人”，开始向外迁移。其中一部分智人在大约三万年前，抵达今天中国的疆域之内。

---

[1]李辉、金力：《Y染色体与东亚族群演化》，上海科学技术出版社，2015。金力说：“在做2001年的那篇论文时，我心想我是中国人，祖先是从非洲来的？我非要找出一个人，不是非洲人的后代。做了覆盖整个东亚、东南亚、西伯利亚……的12000人、163个群体以后，我都傻眼了。我都不信这个结果。我对学生说，你把数据拿来看一下，看上去比较模糊的，你给我重新做一遍。又有400多个样本重做了，结果，还是这样子，那我没办法，我只能说，大概就是这样是对的。”

有人问，那么云南元谋人、陕西蓝田人和北京猿人到哪儿去了呢？很不幸，早就灭绝了，他们的基因对今天的中国人没有影响。[1]

分子人类学的研究建立在大量的科学数据基础上，所以在世界上被比较广泛地接受，成为主流认识。但是在中国，存在两种看法。第一种是接受分子人类学的研究成果，第二种则仍然坚持原来的独立起源说，认为中国人和世界上其他人类不一样，是独立起源的。[2]

二

分子人类学的研究认为，智人最早是从云南和珠江流域进入中国的，来到中国后，又很快向北迁徙，迅速遍布中国大地。进入新石器时代后，中国大地上出现了许多个文明中心，对考古学比较感兴趣的读者肯定都知道北方的红山文化、中原的仰韶文化、东方的龙山文化、南方的良渚文化、西南地区的三星堆文化。

当然，这些文化中心彼此相距都比较远，它们如同一颗颗星星，在当时文明还是一片黑暗的中国大地上，一点点地亮起来，所以，考古学中称这个时代为“满天星斗”。

这些文化中心有的在辽河流域，有的在陕西，有的在长江下游，那个时候草莱未辟，交通非常不方便，甚至可以说没有交通，因此有学者说它们“从起源到兴盛均是各自独立发展起来的”。我们从出土文物中可以看到，这些文化确实都带有自己强烈的个性，风格各异。

但是，这些文化中心也都有一些引人注目的共性，比如对玉器的重视和

---

[1]智人在迁移的路上，与尼安德特人可能出现过偶然的杂交，以至今天人类体内有少量的尼安德特人基因。

[2]中国科学院古脊椎动物与古人类研究所研究员刘武表示，我国进行基因研究的学者大多持“单起源说”，而搞考古的大多持“多起源说”。（刘铮：《“北京人”是我们的祖先吗？》，《新京报》）

崇拜。

我们知道，玉器这个东西，中国人一直是很重视的，但是世界上其他地方很少出现。在世界各古代文化中，只有大洋洲的新西兰及中美洲的墨西哥等极少几个地方发现了玉器，但是出现的时代都比较晚，而且持续了很短的时间就消失了。

而在中国，新石器时代早期的很多文化中心就出现了玉器，比如红山文化那个著名的玉猪龙，是距今约8000~7000年的东西，属于新石器时代早期。到了新石器时代中期，在中国各个文化中心，从南到北，从东到西，几乎都出现了玉器，这在人类历史上其他地区是绝无仅有的。因此费孝通先生曾经说过，中国的玉器“是西方文化中未见而是中华文明所独有的”。

而且还有一个引人注目的现象，那就是新石器时代中期，各地出土的玉器长得还很不一样，各有特点。然而到了晚期，就长得越来越像，甚至完全一样了。比如最早出现在薛家岗文化中的玉琮，造型就很有特点。后来，在长江下游的良渚文化中出现的玉琮和玉璧，发展到非常精美的阶段。到了新石器时代晚期，中国大地上从甘肃陕北到山东河北，再到湖南，都出现了这样的玉琮和玉璧，长得与良渚文化中的几乎一模一样。

所以读这些考古资料的时候，我经常感觉很惊讶。在六七千年前，中国大地上还没有道路，各个文明中心之间就已经开始了交流，而且这种交流还越来越密切。一个文明中心的东西，往往不过百十来年，就传到了几千千米外的另一个文明中心。因此，那时候各地交通联系之密切，可能远超过今人的想象。[1]

所以徐良高在《中国民族文化源新探》中说：“到了约公元前4000年，我们就看见了一个会持续一千多年的有力的程序的开始，那就是这些文化彼此密切联系起来，而且它们有了共同的考古上的成分，这些成分把它们带入了一个大的文化网。”

---

[1]“那时候不仅陆上交通频密，海上交通也远比我们想象的发达。史前中国与日本的海上交流已经出现，日本出土了中国长江流域新石器时代的典型文化遗存，中国福建黄瓜山遗址出土了公元前两千年来在北方的小麦种子。山东半岛发现了长江良渚文化风格的陶器。”刘莉、陈星灿：《中国考古学：旧石器时代晚期到早期青铜时代》，生活·读书·新知三联书店，2017，第413页。

三

说到这里，我要介绍一个我非常认可的观点。这是斯塔夫里阿诺斯在《全球通史》中多次强调的："文明是在交流和碰撞中产生的。"

人类的整个历史证明，一种文明能不能进步，往往取决于它能否从外界获得刺激。不同文明之间交流的机会越多，各自进步也就越快。而那些长期与世隔绝的社会，注定要停滞，因为它们接收不到外来的刺激和压力。这就是几乎所有高级的文明都产生在欧亚大陆的原因。

我们知道，世界共有五大洲，但是较为发达的文明，比如中东文明、希腊罗马文明、印度文明、中国文明，都产生在欧亚大陆，埃及文明也紧邻欧亚大陆的中心区。美洲、非洲中部和南部、澳洲都只产生了相对低级的文明。

为什么呢？显然是因为欧亚大陆的地理环境是相互联通的，特别是因为有了地中海，各文明可以相互促进、相互启发，中东文明、埃及文明、希腊罗马文明，都是环地中海文明，而美洲、非洲与澳洲相对隔离。"文化的进步取决于某个社会群体拥有的向其邻近社会群体学习经验的机会。该社会群体的发现会传播给其他社会群体，且这种交往越多，学习的机会就越大。文化最简单的部落基本上是那些与世隔绝较长时期、因而无法从其邻近部落的文化成就中获益的部落。"[1]所以，交流带来文明成长。

那么，理解了这一点，我们就能理解，为什么中国历史上第一个王朝——夏王朝，出现在河南。

河南在地理上有什么特点呢？它位于"天下之中"。所以我们今天还管河南叫"中州"。

我们讲过，中国的地理环境是封闭的，北边是草原，东南是大海，西边是青藏高原。在这种地势的包围之下，是可以相互交流的中国腹地，而这个腹地的中心就是河南。

为什么中东会率先在人类历史上出现文明呢？因为中东正好地处欧亚非三大洲之间的十字路口，是当时各个新石器文化中心交流的中心地带，所以它能

---

[1]斯塔夫里阿诺斯：《全球通史》，北京大学出版社，2005，第340页。

从周围吸取到最多的信息，受到最大的刺激。因此，这个地区在人类历史上非常重要，我们知道，基督教、犹太教和伊斯兰教这三大宗教都起源于中东，人类最早的农业社会、最早的城市也都起源于中东。

河南也是这样，它在中国大地的各文化中心中，处于中心位置。所以我们从出土的文物来看，一开始，黄河中游的新石器时代文明并不比其他文化——比如红山文化——先进，但是它的地理位置好，各地文明的交流都要经过它，所以它可以不断接触，不断学习外来文化。与此同时，河南周围没有天险，四面都是威胁，文明部族想要生存下去，就要强化自我组织的能力。这就刺激它成为中国第一个王朝的诞生地。

所以徐良高说："夏朝之所以在黄河中游地区兴起，一方面是因为，它同各个周边文化的交往接触均便利，有利于它吸收各个文化的优点与长处，另一方面，它受到周边各文化的冲击、压力最大，挑战最严重，应战也就最有力，发展也就最快，优势地位从而率先确立，强有力的社会组织机构出现，一统国家建立了。"关于夏朝的存在及时间，现在世界学术界还有争议。[1]中国主流学术界一般认为，夏朝的存在是确定无疑的，时间大约是公元前21世纪到公元前16世纪，夏朝的领土大部分在河南。但是对于夏朝前期的首都在何处，却一直没有新的发现。一般认为，在河南省西部发现的二里头，可能是夏朝中后期的首都之一。汉族的前身叫华夏族，"华夏"今天是中国的代名词之一，都是因为夏这个朝代而起。

当然，夏朝的出现，除了位于中国地理位置的中心外，还有一个因素，就是它也受到了中国版图之外的文明的刺激。

---

[1]关于夏朝是否真的存在、传统夏史记载是否可信，近代以来发生过多次争论。20世纪下半叶以来，田野考古取得一系列突破性成果，因此中国主流学术界认为二里头遗址是夏都。20世纪末的"夏商周断代工程"，在某种程度上可以说是对1959年以来夏文化考古的总结，然而欧美学术界对"夏商周断代工程"存在质疑。参见陈民镇《信史抑或伪史——夏史真伪问题的三次论争》。

第三章
中国文明起源的世界因素

一

关于夏朝的出现，中国传统史书的解释是，本来原始部族的三个领袖尧、舜、禹之间一直是高风亮节地禅让的。然而后来大禹产生了私心，改变了传位方式，传给了儿子，中国历史上第一个世袭王朝就这样出现了。

当然，真实的历史绝不可能这样简单。

上一章我们讲到，夏王朝出现在河南，是中国内部各文明中心之间交流的结果，而现代考古学的进展则证明夏王朝的出现也有世界因素的刺激。什么世界因素呢？那就是青铜文明、小麦、牛和羊从中东传到中国，推动了中国历史上早期王朝的出现和发展。[1]

前面说过，世界上最早的文明出现在中东。两河流域的苏美尔文明比夏朝要早。公元前3500年，苏美尔人就已经建立了发达的灌溉网，进入文明时代。公元前3000年，苏美尔人已经建立城邦，从农村人变成城里人，修建了

[1]青铜时代起源于欧亚西部的青铜技术的西东向传播，不仅发生的时代早，而且传播过程具有持续性、广泛性，对沿途文化的影响全面而深刻。国内外学术界很早就展开了相关研究，近年来，随着中亚和中原新的考古发现以及多学科研究的突破，学术界对史前“青铜之路”有了全新认识。目前的研究表明，随着史前“青铜之路”的开辟，至少还有小麦的种植技术、羊和牛的驯养技术西东向的传播。中原文明的起源是多种因素碰撞交融与发展的结果，特别是自西向东的外来因素起到了举足轻重的作用。刘学堂、李文瑛：《史前“青铜之路”与中原文明》，《新疆师范大学学报：哲学社会科学版》2014年第2期。

巨大而精美的神庙，留下了众多精美的塑像，创立了成熟的历法，还用楔形文字记载了当时复杂的社会生活（读这些文字，你会惊讶于那时人类的心智已经成熟精微到那样的程度）。而当时世界上其他地区的人，还处于原始社会末期。

青铜文明最早也产生在中东。中东早在公元前4000年就已经开始使用青铜器。人类学界已逐渐达成共识："大约五千年前西亚和中亚部分地区已进入青铜时代，逐渐形成了青铜时代世界体系，欧洲与东亚都是这个体系的边缘地区。大约四千年前东亚开始进入青铜时代世界体系。"[1]

这一点在考古学上的证据非常明显。我们可以看到的是，已经挖掘出来的成熟的青铜器，按时间顺序，是先出现在中东，然后出现在新疆，经过新疆的绿洲一点点向中国内陆传播，经过甘肃，沿着黄河，传到夏王朝可能的首都二里头。"中国北方，由西往东，四坝文化、朱开沟文化、夏家店之下层，这一连串位在北疆的文化，都有铜刀、铜制装饰品出土，其间有相当的一致性，时代大都在公元前第二千年纪早、中期。从地理位置来看，它们可以说连成一条青铜进入中国的通道。"[2]中原地区发现的第一批青铜器，是公元前19世纪后期，在二里头文化第一、第二期出现的为数不多的一批青铜器，它们带着浓郁的西北早期青铜文化圈风格。

因此，在丝绸之路之前，已经存在着一条青铜之路了。沿着这条青铜之路传进来的，不只有青铜，还有小麦、黄牛和羊。这些也都是从中亚传进来的。

有人说，牛、羊都是六畜之一，难道不是中国本土的物种吗？

还真不是。中国内地的所有新石器时代遗址中，都没发现过公元前2500年之前的驯养黄牛和绵羊的遗骸。

事实上，考古学家公认，人类文明最早期的一些驯化物种，几乎都是在中亚和中东出现的，比如距今10000年前，人类在中亚西部驯化了小麦；也差不多同时，也就是10000年前，人类在中东驯化了绵羊和山羊；距今8000年前，人类在中东一带驯化了黄牛。

---

[1]庄孔韶主编：《人类学研究》（第八卷），浙江大学出版社，2016，第234页。

[2]许倬云：《万古江河：中国历史文化的转折与开展》，上海文艺出版社，2006，第40页。

“根据考古资料，中国没有小麦、大麦和燕麦栽培过程的证据”，“绵羊和山羊引入中国在某种程度上和小麦、大麦的东传是平行发生的”[1]，这些驯化物种，小麦、牛和羊，传入中国的途径和青铜相同，它们先是传入新疆，然后传入了中原。在公元前2500年之后，驯养的牛和羊的骸骨开始出现在中国内地的遗址中，而且数量越来越多。所以考古发现，在中国新石器时代的遗址中，公元前2500年以前用来祭祀的供品一直是猪，从来没有出现过牛和羊。而到了商周时代，就普遍地改用牛和羊了。“中原地区，除了传统的猪殉葬外，绵羊首先在河南偃师商城成为殉葬仪式中的组成部分。这种做法在商代晚期的都城安阳殷墟变得更加司空见惯。”[2]商代甲骨文中多次提到“太牢”和“少牢”，太牢就是指祭祀时用牛、羊和猪，少牢就是只用羊和猪。

因此，六畜之中，只有一半，也就是猪、狗、鸡，是中国的土产。其他三种，马、牛、羊，都是从中亚传进来的。[3]

二

那么，牛、羊、小麦的传入，和中国早期王朝的出现有什么关系呢？

它们提高了生产力。

中国本来没有食草的驯养动物，猪、狗、鸡都不吃草。所以牛和羊传进来后，既不会跟中国本土的猪、狗等传统家畜争夺食物，又为中国人提供了大量的新的肉食来源。

小麦是一种高产农作物，中原地区原来都是种小米的，但夏代之前突然开

---

[1]刘莉、陈星灿：《中国考古学：旧石器时代晚期到早期青铜时代》，生活·读书·新知三联书店，2017，第101页。

[2]同上书，2017，第115页。

[3]这里的牛指的是黄牛。不过水牛也不是来自中国本土牛的驯化。“线粒体DNA检测的结果表明，中国现代水牛属于主要分布在东南亚的沼泽型水牛，因此它不可能源于中国本土野水牛。……中国本土水牛遗存中没有驯化过程的证据。”同上书，第119页。

始普遍种植小麦。

因此，这些外来物种的贡献首先是提供了大量食物，支持人口增长。

“外来驯化的动植物，如小麦、大麦、绵羊、山羊和黄牛，最早出现在新石器时代晚期，在二里头和商时期逐渐成为常见之物，成为新的食物来源，使城市中心的人口迅速增长，也促进了早期国家疆域的扩张。”[1]

其次，小麦和青铜的引进，提升了中国人的组织能力。

“由于小麦是需要灌溉的农作物，因此它的大面积种植需要公共管理系统对水源进行分配与调节。”[2]这就需要出现新的社会管理组织，正是这种需要促进了中原文明的发展。而青铜器的出现，更促进了文明不断成熟。因为与石器和木器相比，青铜器的制造要复杂许多倍，需要通过大规模的精密的社会组织行为才能实现。

“考古资料显示，如果没有吸收来自中国之外的很多新技术，中国文明不可能达到这么高的复杂程度。最显著的发明如青铜技术、马车、小麦、大麦、马、山羊、绵羊，都是从中亚传入中国的。……与外部世界的交流刺激了中国社会政治与技术的发展。外来技术被中原居民改造，并被纳入本土的社会政治与精神观念系统。”[3]

所以夏文明的出现并非偶然，是外因和内因交互作用的结果。“外来刺激常常引起质变。日本近万年的绳纹时代文化发展缓慢，受外来文化影响弥生时

---

[1]刘莉，陈星灿：《中国考古学：旧石器时代晚期到早期青铜时代》，生活·读书·新知三联书店，第415页。

[2]刘学堂，李文瑛：《史前“青铜之路”与中原文明》，《新疆师范大学学报：哲学社会科学版》2014年第2期。唐际根在《“青铜社会”：古代王权的运转》中也说：“青铜器的生产需要一个复杂的管理体系……种种迹象表明，殷墟的作坊遗址空间分布呈现出一种较强的规律性。从布局上看，这些作坊都围绕着沟渠。商人把水由洹河从北往南引导到一个地方后，再由西北往东南把水引过来，使水从西北地势高的地方向东南地势低的地方流淌2000多米。商人用几千米的沟渠，把各类作坊区连接起来，在洹河南部形成一个巨大的布局，这绝非普通人能做得到的，仅依靠一两个家族也是做不到的，而是要借助相当的权力进行协调安排。……由如此规模的作坊遗址可见，青铜铸造业的背后是王权的管理。”

[3]刘莉，陈星灿：《中国考古学：旧石器时代晚期到早期青铜时代》，生活·读书·新知三联书店，2017，第414页。

代文化发展异常迅速。中国的新石器时代6000多年发展缓慢，进入青铜时代明显加速。”[1]

“在国家形成期，从二里头到商，（外来）技术运用之密集度与强度都达到了很高的水平。”[2]

如果说我所引用的上述众多学者的研究成果，还不足以让你相信外来因素对中华文化的刺激作用，那么我只能引用由国家支持的多学科结合、研究中国历史与古代文化的重大科研项目“中华文明起源与早期发展综合研究”（简称“中华文明探源工程”）的结论了：“探源工程最近十来年最新的发现表明，尽管中国文明的起源、早期形成和发展过程由于地理的原因处在东亚地区，是相对孤立、相对独立、自己摸索向前发展的，但是在古国时代的晚期，最近十来年考古工作的重要成果表明，中国文明和其他文明有了接触，源自于中亚地区的麦类作物，黄牛、绵羊、山羊等家畜品种以及青铜冶金技术，在这个时期陆续进入了中国文明之中。而且，其中一部分很快地被加以改造和提升。这就为中国文明的持续发展注入了新的动力或者能量，也就体现了中国文明的互相借鉴、兼收并蓄能力。”[3]

三

除了青铜、牛、羊和小麦，中国文明中还有一些重要的东西来自中东，马和战车就是典型的例子。它们是在商代传入中国的。

公元前5000年左右，人类在中亚高原驯化了马。公元前3500年，两河流

---

[1]易华：《东亚与青铜时代世界体系》，《三代考古》2009年第8期。

[2]刘莉，陈星灿：《中国考古学：旧石器时代晚期到早期青铜时代》，生活·读书·新知三联书店，第415页。

[3]《中华文明探源将是一个非常长期、需要继续付出努力的研究任务》，国务院新闻办公室网站。http://www.scio.gov.cn/xwfbh/xwbfbh/wqfbh/37601/38374/zy38378/Document/1630143/1630143.htm

域的人又发明了轮子。这两者一结合，便诞生了战车。

战车刚出现的时候是很简陋的。考古发现，最早的战车车轮只是简单的圆木，后来演变成了实心的木头圆盘，在中亚经过1500多年的漫长发展，最后才变成了辐条式车轮。到公元前2000年左右，中亚的战车发展到非常精美和成熟的阶段，一辆战车由几十件非常精致的零件组成。战车从最初到原始状态，再到最终定型状态，就像马的化石显示原来很小的始祖马进化为后来的高头大马一样，这中间的发展过程在中东的考古发掘中展示得非常清楚。但是中国战车的出现却是“横空出世”的。在商代之前的遗迹当中从来没有出土过战车。最早的战车出现在商代晚期，而且一出土就已经非常成熟。所以苏联的列・谢・瓦西里耶夫、中国社会科学院考古研究所的王巍等人都注意到两者“在功能和结构上的一致性，以及原则上和细节、部件上的共同性”。如果排除中国古人有超人一样的聪明，更大的可能性是，战车是和马一起，直接从中亚传过来的。

此外，中国文化中还有很多因素可能是来自中东和中亚。

比如中国的十二生肖。其实不只中国有十二生肖，埃及、印度和希腊都有，只不过十二种动物不完全一样。比如印度的十二生肖，用狮子取代了中国的老虎，其余都一样。郭沫若认为，各民族的生肖都起源于巴比伦，是中亚地区居民模仿巴比伦黄道十二宫而制定的。

另外，对于中国自古以来用来纪年的干支中的十二地支，郭沫若在《甲骨文字研究・释支干》中也认为其起源于巴比伦黄道十二宫。

有什么证据呢?

中国最早的词典《尔雅》当中有这样一段话：

> 太岁在寅曰摄提格，在卯曰单阏，在辰曰执徐，在巳曰大荒落，在午曰敦牂，在未曰协洽，在申曰涒滩，在酉曰作噩，在戌曰阉茂，在亥曰大渊献，在子曰困敦，在丑曰赤奋若。

我们读到这一段，会感觉非常困惑，因为这些词明显不是汉语。晋代著名学者郭璞虽然“博闻多识，犹云字未详”，在《尔雅注》中对此只好“阙而不论”（见《尔雅》郭璞注）。今天的读者读到这些词，估计第一反应都会认为这是译音。竺可桢认为，这些词源自外来语的译音词是“无可讳言”的。岑仲勉认为是来自伊朗[1]，郭沫若则认为是来自古巴比伦文化。

我们来看第一个，“太岁在寅曰摄提格”。甲骨文的“寅”字是弓箭的形状。郭沫若说，这个星在巴比伦文化中对应的是丰收女神伊什塔尔，通常也是站在狮背上手持弓箭的形象。[2]

史有为说：“从郭沫若提供的巴比伦语或其亲属语言的对音来看，其中大部分确实有语音上的对应关系。这些读音不是个别的，因此不能用偶然相似来解释。另外，这十二岁名也确实不像汉语固有的，名称奇特，无法用上古汉语单音节语素去解释。巴比伦是古代天文学最早也是最发达的地区，根据各方面的合理推断，古代华夏人同西方的联系也应该早在史籍记载之前就已经开始，因此天文知识连同这些名称万里辗转输入中国是完全可能的。”[3]

当然，还有人解释说，摄提格对应的拉丁语是Sagittarius /sædʒi 'teəriəs/，即十二星座中的射手座，这个词前三个音节Sagitta（音瑟即他）发音与“摄提格”接近。因此，这个译音与拉丁语有亲缘关系。这个我们就存而不论了。

因为以上这些原因，所以很久以来就有一种说法，叫“文明西来说”。

郭沫若说，中国的早期天文学知识与中东如此相似，所以“古巴比伦星历之输入，必在有夏一代。意者商民族本自西北远来，来时即挟有由巴比伦所传授之星历知识，入中土后而沿用之邪？”。

也就是说，商族人有可能是在夏代从中东来到中国，带来了天文学知识。

苏联学者瓦西里耶夫在《中国文明的起源问题》中则断言，有一个中东或中亚的部族向东迁徙到黄河沿岸，才有了高度发达的殷商文明。

---

[1]参见黄显功：《月下掩卷：史林学步集》，上海人民出版社，2017，第243页。

[2]王宁：《〈释支干〉辩补——〈释支干〉研究之四》，《郭沫若学刊》1997年第2期。

[3]史有为编：《汉语外来词》（增订本），商务印书馆，2013，第36页。

四

那么，中国文明到底是不是西来的呢?

到今天，学术界比较一致的意见是，中国早期的一些驯化物种，也包括一些重要的技术，比如青铜、马车，还有一些天文学知识，确实是从中东和中亚传入的。

但是，我们绝不能因此断言，中国文明是西来的。

因为在这些物种和技术知识传入之前，中国本土文明的基本特点和性格已经完全形成了。“考古学家已经揭示东亚新石器时代定居农业文化是本土起源，且连续进化。”这些新技术不但没有改变中国本土文明的基本特点，相反，还刺激了其独特发展。[1]

[1]《全球通史》的作者斯塔夫里阿诺斯就认为，中国文明是在本土繁荣的新石器时代的文化基础上发展起来的，中国本土文化一直是连续发展的。外来的物种和技术只是刺激了中华文明的发展，而并没有改变它的基本性格。

第四章
中国文明的基本性格

一

上一章我们提到，诞生于黄河流域的中华文明，在青铜、小麦和马、牛、羊传入之前，就已经形成自己的独特个性，与其他几大古文明有明显的不同。

什么个性呢？主要体现在血缘家族和祖先崇拜这两方面。

西安市人民北路附近有一处文化遗址，叫姜寨遗址，是新石器时期的，距今将近7000年。这是一个村子，里面有100多座的房子。考古学家发现，这些房子的布局很有特点，它们分成5组，都围绕着村子中间一个很大的广场，房门都开向广场。这说明，这个村子是由一个先祖分下来的5个大家庭组成的。

中间的广场就是家族集会和祭祀先祖的地方。那么这个村子所有房屋都围绕着一个圆心，房门都朝着中心方向，这样的话无疑会使村庄中的相当一部分房屋采光不好。这种建筑布局说明了原始村庄的一种集体主义精神：为了全族的团结，相当一部分人不得不放弃生活上的舒适。特别能说明这个原始村庄集体大于个人的价值取向的一个事实是，在他们的公共墓地里，没有夫妻合葬墓，每个人都是单独地按辈分的高低和血缘关系的远近以及死亡的先后顺序埋在墓地里。

所以姜寨古村体现着中国传统文化的一些基本基因：家长制、血缘纽带和祖先崇拜。血缘网络把100多个小家庭紧密地编织成了一个大家族。在这个村子里，一切由辈分最高的男性家长说了算。在村子中间的广场上，每年都要举行祭祀祖先的盛大仪式。[1]

中国上古，人们到底信奉哪种宗教呢？有人说是太阳神崇拜，有人说是生殖崇拜。其实这都是生硬地套用西方的概念。

事实上，中国上古的信仰，除了新石器时代世界各民族普遍都有的萨满教崇拜之外，更为突出的特点是祖先崇拜。

祖先崇拜是中国文化的核心特点之一，甚至今天依然如此。中国人最信什么？最信的是祖先崇拜，或者说祖先有灵。

基督教和伊斯兰教都认为人死后会上天堂或者下地狱，佛教认为人死后会进入六道轮回，但是中国古人认为人死后会去阴间，并且永远生活在那里。每年节日，中国人都要去上坟，给祖先寄去纸钱。他们一边烧纸，会一边念叨："爸、妈，给你们送钱来了，你们在阴间保佑你们的儿子和孙子们日子过得平平安安、兴兴旺旺的。"如果梦到死者，他们多会认为这是祖先因为缺钱或者在阴间境遇不好而"托梦"，立刻到坟上去烧纸，或者找"算卦""看相""跳神"的巫师"破解"。"血缘祖先崇拜是由鬼魂信仰发展而来的。鬼魂信仰的内容大致有三：一是相信人死以后灵魂不灭；二是认为灵魂有超人的能力，足令生者畏之，但也能依赖之；三是也有一个类似人间社会的鬼魂世界。"[2]

我的舅妈曾经长期为一个事情焦虑，甚至达到了几乎患了抑郁症的程度——没有孙子。她的儿子的头俩孩子都是女孩，为了让儿子再生第三胎，她什么办法都想出来了，包括喝农药。

为什么非要生孙子呢？因为没有孙子，就是"绝后"了。绝后有什么可怕之处呢？那就是在阴间没有人给上坟烧纸，会没有钱用。因此会沦为孤魂野鬼，永远以乞讨为生。

因此，对中国人来说，子孙后代最重要的事就是祭祀祖先。甚至一个部族、一个国家，最重大的事也不过是两件：一件是祭祀，一件是打仗。"国之大事，唯祀与戎。"

这个观念从什么时候开始的呢？至少从新石器时代后期就开始了。新石器时

[1]严文明：《史前聚落考古的重要成果——〈姜寨〉评述》，《文物》1990年第12期。

[2]刘明：《先秦儒家生死观探析》，硕士学位论文，郑州大学，2004。

代后期，部落规模越来越大，从原来的几十人变成了几千人，这样，祖先崇拜就显得越来越重要，因为它能形成凝聚力，让部落里的人团结在一起。我们在考古遗迹中发现，越接近新石器时代晚期，各地文化中祭祀祖先的建筑规模就越大。

到了公元前3000年左右，黄河中下游一带的很多部落转化为“邦族”，也就是原始的国家。这些原始国家都是以供奉祖先的宗庙为中心建立起来的，而且它们的政治结构也都是血缘结构，什么意思呢？谁是辈分最高的家长，谁就是首领，原始国家内部的关系完全是由血缘的远近亲疏决定，与家长血缘关系近的人，就处于社会的上层，距离远的人，就处于社会下层。红山文化、良渚文化时代的部落组织都属于这种社会类型。

这种原始国家的血缘结构，后来又直接演变为夏商周的政治结构。

我们看，夏商周三代的城市遗址都有一个特点，那就是宗庙都位于国都的绝对中心。而且兴建都城时，第一位要考虑的是宗庙。或者换句话说：建都，首先是为了祭祀祖先。《礼记·曲礼》说：“君子将营宫室，宗庙为先，厩库为次，居室为后。”要建一座宫殿，首先要考虑的是把供奉祖宗的宗庙建好。

从考古发现看，夏商周时代，宗庙确实是都城中最中心、规模最大、建筑等级最高的建筑，建筑质量在王宫之上。国王住在宗庙的边上，他最主要的也最繁重的职责是祭祀。祭祀非常隆重，有明确而严格的规定，陈梦家先生最早将之命名为“周祭制度”。“从上甲开始，以世代为序，在与其名字的十干相当的那一天顺次举行祭、賁、劦、彡、翌五种祭祀。（根据董作宾所言，这五种祭祀完成一遍大约需要一年。）”[1]今天挖掘出的甲骨文拓片中，有关祭祀的内容达数万条，“从卜辞数量来看，祖先祭祀方面的卜辞超过其他任何一类卜辞的数量。这是殷末重视血缘祖先崇拜的有力证据”[2]。

遇到日常事务，国王或者召集亲人们讨论解决，或者在祖先灵位前用占卜也就是烧牛骨头和乌龟壳的方式解决。今天考古发掘的甲骨文拓片就有大量的这类记录。国王或亲人生病，通常也要占卜，日本学者伊藤道治注意到“一

[1]范州成：《从殷墟卜辞看血缘祖先崇拜的由来》，硕士学位论文，苏州大学，2005。
[2]同上

期”卜辞里，就有问疾病是否由某祖先作祟导致的记录。

夏商周时期还没有出现后来的官僚系统，国王怎么治理国家呢？主要依靠血缘关系，也就是依靠自己的亲人。商代政治权力就是按血缘远近分配的，这从商王创立的分封制的名字上就可以看得出来。我们都知道，中国古代的爵位有“公”“侯”“伯”“子”“男”，这些其实都是起源于家族内部的称呼：“公”是指长辈，自然地位最高，“伯”是兄长，次之，“子”“男”是晚辈，所以属于低级爵位。

我们都知道，中国上古时期的玉文化非常发达，古墓中大量出土的玉琮、玉璧、玉圭、玉璜都非常精美，制作这些玉器显然花费了无数心血。那么，这些玉器是干什么用的呢？基本上都是用来祭祀。当然，这些祭祀中，既有用于祭祀祖先的，也有祭祀天地即用于萨满仪式的。[1]

我们上一章说过，西方的物种和技术介入了中华文明的早期发展，但是这种介入，强化了而不是削弱了中国本土文化的特点，这典型地体现在青铜文化中国化的过程中。青铜器虽然是从中亚传过来的，但是中国很快就后来居上，在制作水平上遥遥领先。“制造工艺极其先进，令人拍案叫绝，其工艺水平远胜于中东。”[2]当然，这种艺术水平也意味着消耗了大量的社会资源。

然而，中国的青铜器用途和其他地方不同。在世界其他地方，青铜主要被用来制造兵器和农具，也就是说，是实用的。“西方青铜器的主流传统，是那些制作规整、形体相对统一、区域特征明显的主要用于生产和战争的工具与武器，如斧、剑、矛、凿等，多是实用的器物。这些器物在天山北路墓地基本上找不到了。青铜之路由欧亚西部进入东天山地区，继而向东，远抵中原腹地，功能的变化日渐明显。”[3]在中国商周时代，人们费心费力地制造出大量精美

---

[1]“萨满教”是在世界各地普遍存在的原始信仰，今天仍然遗存于中国东北、蒙古、北美、澳大利亚、北极因纽特人地带。张光直认为，“萨满式的文明是中国古代文明最主要的一个特征”。萨满“登天入地进行宇宙飞行”的观念和中国古代的“巫觋通天”观念一脉相承。商代文化中表现出大量萨满教的特征。商人起自东北（傅斯年《夷夏东西说》），商人的酒文化和占卜文化，明显地混合了萨满教和祖先崇拜。

[2]塞缪尔 · E.芬纳：《统治史》（卷一），华东师范大学出版社，2014，第477页。

[3]刘学堂：《彩陶与青铜的对话》，商务印书馆，2016，第203页。

的青铜器，主要是用来祭祀祖先。那些巨大的青铜鼎，用来盛放献给祖先的牛和羊，那些精美的觚和爵，则是祭祀典礼上盛酒的器具，这些青铜器初期造型都是直接复制原来祭祀用的白陶器。老百姓平时用的工具，都还是简陋的石刀、石斧。

所以青铜文化的中国化，最典型地说明了外来技术的传入不但没有削弱中国文化特色，反而增强了这种特色，也就是祖先崇拜。

因此，祖先崇拜是早期中国文化的核心特点。

当然，祖先崇拜其实并不是中国独有的，而是人类早期社会共有的特征。直到今天，世界上一些原始部族社会，比如南部非洲或者大洋洲的一些部落，还保持着祖先崇拜的传统。现存于非洲的祖先崇拜，其“理论依据”和“现实表现”与古代中国保持了惊人的一致性。李保平在《论非洲黑人的祖先崇拜》一文中说，非洲黑人“各族普遍认为，祖先出没于人间的村庄、茅舍，存在于日常生活中，始终陪伴着生者，干预着尘世间的事情”，“祖先看管着家园，佑助着家族、部族成员，直接关心和过问家庭和财产方面的一切事情；他们使后代五谷丰登、六畜兴旺、人丁昌盛、福禄长寿”，祖先可以托梦给人，“祖先也会发怒和破坏，降下天灾人祸以惩罚后人。当祖先发怒时，人们必须设法抚慰，使祖先的精灵安息。比如，用饮料、家禽或牲畜等祭品进行祭奠”，“直到今天，非洲人还在互相叮嘱，不要忽略对祖先的祭奠。因为得不到祭品的人在死者世界中是穷人，是靠别人施舍过活的穷人。如果祖先的坟墓多年失修，那么不肖子孙就要负起修葺之责，以消除内心愧疚。既福佑于人又致祸于人的祖灵特性，反映了各族黑人信仰意识中对祖先敬爱与畏惧交织的矛盾心理”。

相信每个中国人读了这段介绍，都会理解今天非洲黑人对祖先的那种虔信。其实，直到今天，中国大部分农民对祖先灵魂的看法与非洲黑人仍然毫无二致。

那么，既然是人类社会早期的共同崇拜，我们为什么说祖先崇拜是中国的独特性格，而不是人类文明的普遍性格呢？

这是因为其他发达文明在氏族制度解体时，通常打破了祖先崇拜观念，转求于与人类建立了契约的上帝，或者其他宗教。中国虽然也属于拥有发达文明的国家，却没有突破血缘社会的瓶颈，而是停留在祖先崇拜阶段。

为什么会这样呢？最初的原因可以追溯到地理环境。

第五章
为什么希腊人“弑父”而中国人“杀子”

一

中国文化和西方文化有着巨大的差别。

希腊神话中一个常见的主题是“弑父”，其中最有名的一个是俄狄浦斯的故事。

有一位国王，得到一条神谕，说他“将被儿子所杀”。这个国王很害怕，因此甚至不敢和王后同床。有一天，他酒后忍不住乱了一下性，结果生出一个儿子，叫俄狄浦斯。国王很害怕，就把这个婴儿扔到了山里。结果这个孩子被一个牧羊人发现并且养大。长大之后，他和国王在城里狭路相逢。两个人互不认识对方，国王命令俄狄浦斯让路，俄狄浦斯脾气也很暴，盛怒之下把国王也就是自己的亲生父亲杀死了。然后他因为能力出众，被民众选为国王，按照习俗与前王后也就是自己的母亲成婚，于是应验了他将“弑父娶母”的神谕。

这个故事后来被弗洛伊德引用，形成心理学中的一个著名术语：“俄狄浦斯情结”。

除了这个故事之外，在希腊神话中，“弑父”的例子实际上还有许多。希腊的神界频繁发生父子冲突，父亲通常会对自己的儿子百般提防。天空之神乌拉诺斯把子女们囚禁于地下，结果他的儿子克洛诺斯用大镰刀阉割了父亲，取代了父亲的统治地位。

克洛诺斯成为神界的主人后并不放心，因为他的父亲死前对他说：“你也将像我一样被自己的儿子推翻。”于是克洛诺斯做出了一个残忍的决定：把生下来的孩子全吃掉。所以他的头五个孩子，全都在刚出生时被他一口吞下。第六个孩子叫宙斯，也就是希腊神话中最伟大的神，出生之后，被母亲用石头调了包，侥幸活了下来。长大后，宙斯把父亲扔出了王宫，自己成为众神之王。

希腊神话中“弑父”的故事这么多，并不是一个偶然的巧合，而是反映了希腊社会当时的某种现实。

遍观中国上古神话，我们绝对看不到这类“大逆不道”的情节，与此相反，我们看到的多是“杀子”的传说。

比如尧舜禹中的舜很有才干，但是他的父亲瞽叟却不喜欢他，经常无缘无故地毒打他。舜怎么办呢？他从来也不反抗。打得轻，他就乖乖地忍受着；打得重，他就逃到荒野中，一个人痛哭。尧听说了这些事情，认为舜品德高尚，准备重用他。结果瞽叟更不高兴了，他联合自己小妾生的儿子象，要谋杀舜。有一次，瞽叟要舜修房顶。舜刚爬上去，瞽叟和象立马抽走梯子，放火烧屋。好在舜把自己头上戴的斗笠当作降落伞使用，然后跳了下来，逃过一死。结果过了两天，瞽叟叫舜去挖井，舜又老老实实去了，等舜下到井底，他的老爹和弟弟就急急忙忙地挖土填井，想把他给活埋了。幸运的是，舜很有警惕性，知道他们没安好心，一下井就早早在井的侧壁凿出了一条暗道，这才又捡回一条命。

因为这种“百忍成家”“不惜一切代价建设和谐家庭”的精神，让舜成了那个时代最伟大的圣贤，被万人歌颂，后来又成了领导。这个今天读起来有点儿怪异的传说，在1911年以前，一直被当作教育中国人的最经典的故事之一，列为“二十四孝”之首。

“二十四孝”中还有一个很有名的故事：在一个大灾之年，一名叫郭巨的孝子为了省下一口粮食以确保母亲不挨饿，打算把自己的儿子活埋了。他的理论是，儿子死了可以再生一个，母亲死了就不能复生了。这就是二十四孝中著名的“郭巨埋儿”。

这两个故事也不是偶然出现的，在中国传统文化中，这样极端地强调孝道的故事很多。所以从这个意义上来说，我们也许可以把中国文化解读为“杀子文化”。

那么，为什么西方神话的主题是弑父而我们是杀子呢？

这个原因比较复杂，归根结底还要追溯到中国和希腊地理环境上的不同。

我们前面已经讲过，中国地理环境有两个特点。第一，它是半封闭的，由青藏高原、草原、沙漠、长城围起来。第二，被围起来的这一大块腹地，土地很肥沃，非常适合发展农业，也非常适合定居。

而希腊的地理环境与中国几乎完全相反。希腊地理环境的第一个特点是开放性。希腊是个半岛，看希腊地图，给人留下第一个印象的是它的海岸线之长。除了北部，这个半岛的其他任何地方距海边都不过五十公里，海岸天然良港密布，航海条件得天独厚。用顾准的话来说，“这种条件几乎是世界上任何其他地区都不具备的”。

第二个特点是土地非常贫瘠。希腊多山，土壤里有很多石块和沙砾，不利于农业耕作。所以古希腊作家、历史学家希罗多德说希腊“一生下来就是由贫穷哺育的”。

这种地理环境的不同，决定了中国文明和希腊文明的区别。

我们的祖先很早就在黄河两边世代定居下来，很快形成了大面积的、单纯的定居农业模式。中国文明从根上就是农业文明、定居文明。定居文明中，人们的生活方式不过是对上一代的重复，老年人的经验和智慧是至关重要的，因为他们知道什么时候发洪水，什么时候播种。所以我们说：“不听老人言，吃亏在眼前。”

在农业社会，老年人是永远的权威，一切社会资源都掌握在老年人手里，老年人对家族的支配是终身制的，年龄越大，辈分越高，发言权就越大。所以中国社会是一个“尚老社会”，与“老”有关的一切词都是好的：“老实”“老练”“少年老成”“老板”“老总”……都有成熟、稳重、德高望重的意思。

而希腊人的生活却不是这样。

希腊贫瘠的土地不适合种大米和麦子，不过那些多岩石的山坡能用来种葡萄树和橄榄树，也可以养羊。所以，希腊粮食不能自给，但是可以生产橄榄油、葡萄酒和羊毛。

橄榄油、葡萄酒和羊毛不能吃，怎么办呢？可以卖了换粮食吃。所以希腊人就到海上去做生意，把自己生产的橄榄油、葡萄酒和羊毛卖到别的国家，把别的国家的粮食运回来。

海上贸易和定居农业这两种生活方式完全不同。大海显然是年轻人的天下。因为大海充满危险，一次远航要用时数月，与风涛搏斗，这是老年人做不到的。所以在早期的希腊社会，最富有的往往是年轻人。在希腊传说中，我们读到更多的是对青春、活力的赞美。希腊雕塑歌颂的多是青春、健美的人体，因为希腊人崇尚展示青春和力量的体育运动。

这种航海的商业活动更重要的一个作用是打散了血缘纽带。大规模的航海活动，不可能是一个家族的男女老幼上一条船，只能是各家的年轻人上一条船，在这条船上，人与人之间是平等关系，而不是长幼尊卑的关系。所以一般来讲，在古代希腊，儿子成年后，父亲就会承认他的平等地位。这一传统后来演变成了一条法律："雅典男性成年后（17周岁、18周岁）即完全摆脱家父的控制，在通过由家父或监护人及立法大会主持的市民资格考察以后，即可获得独立权利而登记造册。"

说到这里，我们回头再看希腊神话。神话是现实社会的隐喻。弗洛伊德在《文明及其不满》一书中，把西方民主制度的产生直接归因于儿子对父亲的反抗。他认为，文明的发展过程就是从"原始父亲"的专制向"兄弟联盟"的民主转变的过程。在希腊社会的发展过程中，血缘纽带不断松弛，父权不断弱化。成年人以平等的方式组成社会，从而创造出了希腊的民主城邦。

"弑父精神"是推动希腊西方社会不断发展的一个基本精神动力。人们对家庭权威的态度，决定了他长大之后对社会权威的态度。西方文化的一个突出特征是敢于反抗权威，在代际冲突中完成新陈代谢和自我更新。

在中国人的精神世界中，鬼魂经常干涉人世的生活，需要人的供奉。而血缘纽带断裂后的希腊并非如此。"在古希腊罗马人的观念中，灵魂犹如飘忽的影像，不具实体，甚至连思考和说话的功能都没有，无力干涉生者的世界。而且，死者一旦获得埋葬或火化，其灵魂即可渡过阴河，进入一去不复返之乡，从此断了还阳的归路。因而，古希腊人对已经安葬，尤其是已经火化的死者的灵魂并没有畏惧感，很少有鬼魂上门造访的故事。"[1]

---

[1]王以欣：《古代中国与希腊罗马世界的通灵术——一个文化比较研究》，《外国历史研究》2018年第1期。

在世界其他主要文明当中，血缘纽带也以其他不同的方式早早地被割断了。比如两河流域的苏美尔文明，也很早就从血缘酋邦时代进入分层社会，推动这一变化的主要因素之一是商业。而商业在两河流域之所以重要，也是因为两河流域的地理环境与中国相当不同。

“古代苏美尔位于两河之间……每一座城市及其卫星城镇都被沙漠和其他的城市分离开来。……苏美尔几乎没有石头或金属，除了棕榈、柽柳、柳树和白杨这些并不太好的建材之外，几乎没有木材。铜、石头和建筑木材，如果需要的话，也只能通过同北部上游的贸易而获得。”[1]

因此，苏美尔文明不存在如中国这样的自给自足的小农经济，不同地区的物产必须大量交换，大商业特别是长距离的远途贩运在苏美尔社会中有很重要的地位，并且决定性地影响了社会组织的形成。“在苏美尔人那里……大商业的存在是生产分工或者说社会劳动分工中不可缺少的，而且是将整个社会生活整合起来的黏合剂。”[2]

因此，苏美尔人的血缘纽带也很早就断裂了，血缘纽带断裂的一个表现就是神庙的兴起。因为人群不再以血缘为联系纽带了，自然也就不能用共同的祖先来维系团结了。他们要寻找新的共同的信仰，这就令中东地区出现了巨大的神庙。苏美尔各个城邦都竭尽全力，修建精美的神庙，供奉整个城市崇拜的主神，这些神与祖先是没有关系的。共同的神“是有力的社会黏合剂，将居民团结在一起，团结在国王身边，顺从其作为宇宙秩序的一部分。”[3]人们的社会地位由财产而不是血缘决定，穷人大批地成为富人的奴隶，由此进入奴隶社会。

而在中国，商业自始至终不发达，自给自足的自然经济一直是主体。“吉德炜指出，中国古代的地理环境特点有助于解释其文化发展的形式。早期中国文化的根基是农耕，所以市场的作用似乎很不重要。另外，中国境内主要大河的流向是自西向东的，这种自然环境很难激发地区间贸易的发展，因为它们流经的纬度相同，故而自然资源基本相似。缺少大范围贸易网络也可以用自然资

[1]塞缪尔·E. 芬纳：《统治史》（卷一），华东师范大学出版社，2014，第111页。
[2]陈宣良：《中国文明的本质》（卷五），上海人民出版社出版社，2016，第90页。
[3]塞缪尔·E. 芬纳：《统治史》（卷一），华东师范大学出版社，2014，第110页。

源分布的广泛性来解释，各地日常生活都可自给自足，没有必要进行贸易。古代美索不达米亚的自然环境与此完全不同，社会发展所需的金属矿石、坚硬的石料和优质的木材十分匮乏，都要依赖远程贸易网。”[1]

因此，中国历史的发展与其他主要文明不同。在其他文明血缘断裂的同时，中国却出现了血缘群体的不断扩张，从家庭、家族扩大到部落、部落联合体，最终形成国家。

商代中国看起来和比它早一千多年的苏美尔城邦有一些相似的地方，比如城市、宫殿、文字和青铜器。但这只是表面类似，骨子里，中国早期文明和苏美尔文明及后来的美索不达米亚文明有很多截然不同的地方：在两河流域，青铜器之所以出现和发展，主要是由于耕种和作战这些实用因素。而在早期中国，青铜器主要被制造成礼器，用于政治目的。虽然中国的青铜文化如此发达，但农民们用的一直都是简陋的石器。苏美尔人创造文字是为了记账，或者说为了服务于经济。而中国的甲骨文记录的几乎都是占卜，而占卜是商代政治的运作方式。在苏美尔，城市是从经济中心或者说商品交易中心发展来的，而在中国，最早的城市都是政治中心，而非经济中心。因此，考古学家张光直强调，推动中国文明形成社会变革的主要动力是政治而非技术和贸易。而在世界其他很多地方，比如希腊和苏美尔，是相反的。[2]

张光直也因此认为，中国早期文化与玛雅文化有一个共同点，就是“重要特征是连续性的，就是从野蛮社会到文明社会许多文化、社会成分延续下来”。而苏美尔文化“是一个突破式的，就是在人与自然环境的关系上，经过技术、贸易等新因素的产生而造成一种对自然生态系统束缚的突破”。“亲属制度被破坏，亲缘关系为地缘关系所取代。”[3]

---

[1]“中国古代文明不同于美索不达米亚文明，后者依赖贸易获取必需品和贵重物品，贸易对经济至关重要，也是政治体制形成的关键所在。而古代中国人主要依靠丰富的本地自然资源满足生业需求。”（刘莉、陈星灿：《中国考古学：旧石器时代晚期到早期青铜时代》，生活·读书·新知三联书店，2017，第415页。）

[2]刘莉、陈星灿：《中国考古学：旧石器时代晚期到早期青铜时代》，生活·读书·新知三联书店，2017，第412页。

[3]张光直：《考古学专题六讲》，文物出版社，1986，第23页。

然而，虽然和中国一样属于连续发育的文化，玛雅文化也没有祖先崇拜，只有神灵崇拜。所以，我们看玛雅文化与苏美尔文明、埃及文明、希腊文明一样，有着巨大的神庙建筑。中国没有这种与民居完全不同的神庙建筑类型，中国的太庙建筑与活人使用的宫殿建筑毫无二致。

因此，血缘这个纽带，从新石器时代到春秋战国，一直牢牢地束缚着中国人。儒家的政治学说原理，其实就是把血缘原则放大到国家。有人说，中国人的宗教是儒教，而儒教的核心是孝道，是“慎终追远”“无后为大”。语言学家研究统计，世界上主要的民族的语言中，关于亲属的称谓有25个词左右，但汉语中有多少个呢？350个。与父亲同辈的男性，英语只用一个uncle就打发了，而汉语有伯父、叔父、姑父、舅父、姨父5种称谓。英语中cousin这个词，在汉语中要用堂兄、堂弟、堂姐、堂妹、表兄、表弟、表姐、表妹这8个词才能表达。这正说明血缘关系在中国人生活中的重要性。

直到明清，太庙仍然建在离皇宫最近的位置上。在中国南方，一个村子中心最精美的建筑基本都是宗祠。而如果你到世界各地去旅游，你会发现，不论是印度、中东还是欧洲，他们城市中心的教堂、寺庙供的都是神，没有一个是供奉祖先的。

中国人的庙供的是祖先，其他文明的庙供的是神。[1]这是中国文明与其他文明的一个根本区别。

---

[1]佛教寺庙是外来文化，道教也是后起的，不在此论之列。

第六章
夏商周三代：血缘纽带的扩大

一

中国历史上，管夏、商、周三个朝代叫作“三代”。这三代，在中国传统文化中被认为是一个黄金时代，后来的读书人总是梦想“回到三代”。但实际上，这三代彼此之间还是很不一样的。

因为一直未能出土类似安阳殷墟甲骨卜辞的文字记载，所以夏代的历史在今天看来还是模糊不清的。学术界一般认为，虽然实现了形式上的家天下，但中国历史上的首个国家夏，实际上在一定程度上只是部落联盟而已。

在夏代，各部落对中央政权的出现并不习惯，中央政权对地方的控制也缺乏经验。它没有建立系统的分封制度，无法实现对其他部落的直接控制。因此夏虽然已经是国家，但是仍然保留了部落联合体的诸多特征：夏的天下共主地位主要是名义上的，它只对夏族部落的地域有绝对的控制权，其他部落只要承认夏政权的正统性，并向中央政权交纳点贡赋（传说大禹因此作《禹贡》），就可以基本不受干涉地进行自我管理。[1]

---

[1]这样的话，夏朝的这种天下共主的地位就很不稳固。我们都听说过后羿射日的传说，据说后羿就一度取代了夏朝君主的统治地位。原来夏启死了之后，他的儿子太康继位。但是这个太康不怎么争气，能力比较差，于是东夷一个叫有穷氏的部落趁机西进，这个部落的首领就是那位著名的善射的后羿，他把太康赶跑，即位称王（后）。夏朝直到少康才复国，史称“少康中兴”。但是经此一变，夏朝的国王对天下“万国”的统治更是只剩下名义上的意义。

在夏王朝统治的后期，夏朝疆域的东部边缘，有一个叫商的部族兴旺了起来。傅斯年认为，商最早起源于中国东北地区，与后来东北地区的满族类似，商人认为自己的祖先来自燕子的卵。

在公元前1600年左右，商族的首领汤率领着方国部落讨伐夏桀。边缘部族乘中原衰弱入主中原，并继承中原的文化传统，中国历史的这一永恒主题，其实从商代夏就开始了。“殷因于夏礼”，商人在攻灭了夏之后继承了夏的文化遗产，并且将其发展壮大。

《全球通史》认为，商灭夏不是一次孤立的行动，而是全球第一次游牧民族大入侵的组成部分。“约公元前1500年前后，手执青铜武器的战车兵也入侵了遥远的中国北部的黄河流域。”斯塔夫里阿诺斯说，这不是中国一地的现象：

> 马和铁制武器的结合，促使游牧民发起两次席卷诸文明中心的大规模的入侵浪潮。第一次约在公元前1700至前1500年之间，入侵者通常是手执青铜武器，驾着马拉的战车侵入文明中心；第二次约在公元前1200至前1100年之间，入侵者通常都是骑在马上，用铁制武器作战。这些入侵不应看作取代当地种族，完全改变种族分布的大规模的游牧部落的入侵，而应说，是为数不多的入侵者，凭借军事技术上的优势，组成武士贵族集团，统治了在人数上远远超过他们的诸被征服民族。

在朝代更替之际，统治技术往往发生飞跃式的进步。商王朝与夏王朝统治的一个重大区别是，商王朝更有效地依靠血缘的力量。在征夏的过程中征灭了那些邦国之后，商朝发明了分封制，商王把自己的一些兄弟叔伯分封到各地，从而使商王族直接控制的地区比夏王族控制的大了数倍。这样，商朝的统治就比夏朝更有力而且更稳定。所以从商朝开始，我们可以把中国叫作“封建社会”。

但是和周朝比起来，商朝仍然是一个不完善的封建社会。商代早期，王室和贵族不断产生矛盾，曾经多次迁都。由于王位继承制度不明确，内部不断争夺王位，曾出现“九世之乱”。商朝在政治上迷信占卜，国家大事都靠算卦，其方式与印第安人用萨满仪式决定族群大事相类似，这样的治理水平肯定有限。这些统治制度上的缺陷，就需要下一次改朝换代来完善。

二

传统史书说，商朝起自东夷，而周则起于西夷。

一些学者比如徐中舒先生认为周人出自北狄，是北方少数民族，具体地说是白狄。沈长云先生结合考古与文献资料，认为周族是来自内蒙古鄂尔多斯一带，后来随着气候逐渐干冷，他们转移到渭水流域的岐山一带。“由于地理优势，他们更容易得到来自西亚的军事技术，特别是战车技术。”[1]也就是说，他们的战车技术要比东边政权的更先进。公元前1046年，周武王率军攻伐商纣王，完成了又一次边缘少数民族对中原的征服，开启了周朝近800年的历史。

周代和商代比起来，在统治技术上出现了明显进步。

首先，周代把商代创造的分封制度系统化了。

商代虽然发明了分封制，但商王所封的同姓诸国只占商代三千多国中的极少数。而周王朝建立之时，黄河中下游那些邦国原来的土地全部被分封给了周王族的近支亲人。《荀子·儒效》里提到周公“兼制天下，立七十一国，姬姓独居五十三人。而天下不称偏焉”。在西周建立之时，天下主要的71个邦国中，周王族拥有的多达53个。周王的近支叔伯子侄，只要智力正常，都成了显赫的诸侯。

周王朝建立分封制目的十分明确，那就是确保周王族对天下的统治。这在“封建”二字的起源上表现得很清楚，“封建亲戚，以蕃屏周”。打仗亲兄弟，上阵父子兵，把亲人们分封到各地，是为了护卫周王。这样周王朝对天下

[1]冯盛国：《两周时期华夷关系研究》，博士学位论文，陕西师范大学，2014。

的控制力比商朝要强很多。

其次，商代虽然建立了分封制，但是没有制定相对应的完善的礼仪和宗法制度，这就导致商代的政治比较混乱。商王传位，很多情况下是“兄终弟及”，因此中丁之后出现多次争夺王位的内乱。周代配合分封制，建立了“周礼”，王位传承奉行严格的嫡长制，只有嫡长子才能继承王位，不是嫡长子的只能封为诸侯，这就从制度上杜绝了争夺王位的内乱。在王室与诸侯的关系上，周王也通过“周礼”中的“朝聘”“征伐”“会盟”等礼仪形式严密地控制着诸侯。这样，通过系统化的分封制，西周社会建立起了真正意义上的大一统统治，也就是所谓的“溥天之下，莫非王土；率土之滨，莫非王臣”。

商代与周代还有一个区别，那就是商代重鬼神，而周代信天命。

和古埃及一样，夏商两代，鬼神是人们生活的主宰。夏商两代的鬼与神，基本都与祖先有关。甲骨文中经常出现“帝”或者“上帝”，用来称呼天上的最高神灵。但是这个“上帝”并不是基督教的神，而是商族的祖先。因为甲骨文中，“帝”是花蒂的意思，瓜熟蒂落的那个“蒂”，也即祖先，部族的根。

商代贵族认为，神，或者说上帝，是商族的祖先，因此只保佑商族。神的统治是不可能被人类推翻的，所以他们只要好好祭祀，别让天上的祖宗不高兴，就可以永远统治下去。所以商代统治者不太重视统治手段，只顾恣意享受，酒池肉林，醉生梦死，这从商代青铜器中那众多精美的酒器就可以看出来。当然，还有一种可能，就是商代君主如此沉迷于酒，与印第安祭司们沉迷于致幻剂一样，都是追求“通神”的一种方式。

而周代则把上帝从商人的上帝变成了所有人的上帝，从而创造了“天命”这个说法。

周人推翻了商朝之后，需要为自己的这一行为进行辩护，即为自己的统治合法性进行论证。因此《诗经·大雅·文王》里说，“天命靡常”。上天或者上帝并不是商族一个民族的祖先，而是普天下各民族共同的主宰。天下各族都是平等的，哪个民族能入主中原，关键是看他有没有德行，获没获得天命。

当初商汤因为有德行，所以被上天选中了当了天子。然而商纣胡作非为，已经耗尽了祖先的道德资源。而周人因为有德行，所以成功地实现了改朝换代。

然而周人既然凭借这套说辞夺取了政权，这套意识形态自然就对周政权形成了制约。既然天下各族都有可能获得天命，那么这就要求周朝的统治者要自我约束，要好好干，否则就有可能被推翻。

这是周代比较重视政治文明的一个主要原因。《尚书》中的《无逸》篇，是周公教导他的侄子成王的，具体内容是告诫成王不要逸惰，不要酗酒，否则就可能像商代那样因为失德而失去天下。

因此，周文化是具有革命性、突破性、开创性的文化。它把人的命运主动权从鬼神的手中夺回，掌握在人的手中。世界上大部分古老文化都是宗教文化，人们沉迷于对上天之主的侍奉之中，一生都在为彼岸世界做准备。苏美尔人说，神创造了人，就是为了服侍神。如果你了解中美洲文明，看古代的美洲人为了讨神灵的欢心付出多少生命代价，你会觉得不寒而栗。只有中国，从周代起就已经摆脱“宗教负担”，成为一个致力于现世幸福的“世俗文化”国家。这在人类世界中，应该是最早的。

三

按照过去一段时间内的说法，中国的夏商周三代是“奴隶社会”。如果是这样的话，那么中国历史就可以和西方历史一样，同样被划分为“原始社会、奴隶社会、封建社会、资本主义社会”等几个递进的阶段。

然而如果关注历史研究的进展，你就会发现，这个说法的论据在今天已经大面积动摇了。对夏商周三代实行奴隶制这一说法，主张最力的是郭沫若，然而郭沫若当时的论点和论据，基本都已经被后来的研究和考古发现动摇了。[1]

我们说夏商周三代可能不是奴隶社会，首先是夏商周三代并没有大面积存在奴隶制的文字资料，没有大量人口买卖的记录。这说明夏商周虽然存在一定数量的奴隶（其实数量和在人口中的占比还没有后来的汉代多），但是并没有

[1]如果想深入了解这方面的最新研究成果，可以参考陈民镇的论文《奴隶社会之辩——重审中国奴隶社会阶段论争》，《历史研究》2017年第1期。

形成奴隶制度。事实上，真正意义上的奴隶制与商品经济是有密切联系的。古代希腊、罗马的奴隶制，与高水平的商品经济密不可分。换句话说，没有发达的全国性的奴隶市场和大规模的奴隶贸易，很难产生奴隶制。在中国的稳定小农经济状态下，是不太可能产生奴隶制的。

其次，郭沫若主张商周实行奴隶制的一个主要论据是，商周遗址中经常出现人殉、人牲，也就是把活人杀掉殉葬和祭祀。郭沫若说，“以人殉葬不消说正是奴隶制的特征”，“由上可知周代的奴隶，正是一种主要的财产”。

然而很多人认为，将如此多的人用来殉葬和祭祀，恰恰证明了商周时代还不是奴隶社会。奴隶社会中，战俘通常是奴隶的主要来源，战俘以青壮年为主，正是最好的劳动力，但是商周却一般是把他们杀掉，用来祭祀祖先。[1]这说明，中国历史上没有出现过西方意义上的奴隶社会。

那么，在西方人用奴隶作为劳动力的时候，中国社会是怎么组织生产劳动的呢？或者说，中国社会是怎么分层的呢？

中国早期社会分层，也是通过血缘标准来进行的。我们说，周代王位继承实行嫡长制。其实嫡长制不只存在于王室，而是通行于整个社会。北宋的大儒张载在《经学理窟·宗法》中描述了一个层层分封的金字塔结构：诸侯在国内，同样要把爵位传给嫡长子，其他儿子则被封为卿大夫。卿大夫的地位，也只能传给嫡长子，其他的儿子就降到“士”这个阶级。士的嫡长子仍然是士，但是其他的儿子就只能算是平民了。

当然这是一种过于理想化的描述，实际情况可能不是这么规整，但大致是符合当时的社会情况的。比如姬姓族人，虽然同样和周王一样姓姬，但是因为血缘远近不同，在社会上就处于不同的阶层。谁在血缘上离周王近，谁就位于社会上层，成为中高级别的贵族；谁在血缘上离嫡长子远，谁就处于大家族社会地位的下层，成为士或者平民。

周天子的家族是这样，其他周代贵族家族也是这样。周代每一个宗族其实就是一个小小的“国家”，嫡长子世袭“宗子”之位。嫡长子就是家族的国君，正是因此，铜器铭文中的他干脆被尊称为“宗君”。

只有身为嫡长子的“宗君”才有权主持祭祀祖先的活动，也只有他才有权

[1]在甲骨卜辞中可以看到，羌人战俘大量被用作祭祀中的人牲。

掌管本家族的共同财产。

因此《礼记·内则》说，家族内部，最有权威的是宗子。旁系子孙“虽贵富，不敢以贵富入宗子之家。虽众车徒，舍于外，以寡约入。子弟犹归器、衣服、裘、衾、车马，则必献其上，而后敢服用其次也。若非所献，则不敢以入于宗子之门，不敢以贵富加于父兄、宗族”。

也就是说，如果你血缘地位低，即使因为特殊原因发了横财，比宗子更富有了，但是你在宗子面前仍然要毕恭毕敬，而且在衣服、器用、车马的享受上都不得超过宗子。不能在宗子面前摆谱，不管你是坐着多好的车来的，也要远远地停在门外。你要是有好的衣服、好的车马，则必须把最好的部分献给族长，你只能用次等的。

所以这就导致了上古时代中国特色的敛财方式，即“先贵而后富”：你在血缘谱系上地位越尊贵，支配的财富就越多，就越容易富有。这就形成了中国政治权力的“超经济强制”的传统。

当然，我们以上说的都是周人，也就是“国人”。西周社会分为“国人”“野人”两大阶层。所谓“国人”是统治阶层，以征服者的身份来到各诸侯国，定居在城邑当中。“野人”指被征服阶层，土著居民，居住在城邑之外，耕种田地，交纳赋役。被征服阶层同样按宗族划分，每一个宗族自我管理，共耕一片井田。

所以，在血缘时代，血缘地位和权力地位是完全一体的。周代的家与国是合一的。中央和地方的关系，不只是政治关系，更是血缘关系。“由宗法所封建的国家，与周王室的关系，一面是君臣，一面是兄弟伯叔甥舅。而在其基本意义上，伯叔兄弟甥舅的观念，重于君臣的观念。”[1]

所以我们看，自从开天辟地以来，中国人从氏族、部落到邦族，再到国家，血缘家族一再扩大，到了周朝，这种宗族意识达到了顶峰。可以说，在三代以前，中国人是完全生活在宗族之中的。“在春秋中期以前的中国社会中，没有具有自我意识的独立的人，有的只是许许多多以贵族为长的家族。”[2]

---

[1]徐复观：《两汉思想史》，九州出版社，2014，第28页。

[2]刘泽华、王茂和、王兰仲：《专制权力与中国社会》，天津古籍出版社，2005，第5页。

第二篇

秦始皇以前的中国

第七章
贵族文化的黄金时代

一

依托分封制，在皇帝制度出现前，西周就已经建立了真正意义上的大一统统治，这个时代在经济、文化上都创造了空前的辉煌。因此孔子虽然是商代王族的后代，却衷心地以身为周人为荣。他一再说“吾从周”，认为周代是三代之治的顶峰，一切都达到了完美的状态：“周监于二代，郁郁乎文哉！”

那么，“郁郁乎文哉”的周代是个什么样的社会呢？是个贵族社会。

对于“贵族”的概念，中国人已经很陌生了。虽然现在许多别墅小区，都起“贵族苑”“贵族庄园”“傲城尊邸”之类的名字，今天的中国人也开始崇尚所谓“贵族”生活，但是很不幸，大部分人所理解的贵族生活，就是住别墅、开宾利车、打高尔夫，就是挥金如土花天酒地，就是对人呼之即来挥之即去。

其实，这不叫贵族精神，这叫“暴发户精神”。

什么叫贵族精神呢？让我们先从宋襄公的故事讲起。

相信读过春秋历史的人都知道宋襄公的“泓水之战”。通过那一战，宋襄公被标上了“蠢猪式的仁义”的标签，成了后世中国人嘲笑的对象。

《韩非子》中是这样记载这个故事的：宋国与楚国打仗，宋国军队列好了阵，楚国军队渡过泓水来交战。宋国的军官对宋襄公说：“楚军比我军人数多，我们应该趁他们正在渡河，马上发起进攻，那样楚军必败。”宋襄公却回答说：“不行，那不符合战争规则。君子说：‘不能攻击已经受伤的敌人，不能擒获须发已经斑白的敌人；敌人处于险地，不能乘人之危；敌人陷入困境，不能落井下石；敌军没有做好准备，不能突施偷袭。’（“君子不重伤，不禽二毛。古之为军也，不以阻隘也。寡人虽亡国之余，不鼓不成列。”）现在楚军正在渡河，我军就发起进攻，不合仁义。等楚军全部渡过河，列好阵，我们再进攻。”

结果是等楚军全部渡过河后，双方才开战。宋军最终因寡不敌众，落得大败，宋襄公也受了伤，第二年悲惨地死去。

用今人的眼光来看，这位宋襄公确实愚蠢呆板得可以。但是如果我们对宋襄公所处的时代有所了解，就会知道他的选择正是对“贵族精神”的诠释。

周代文化的首要标志是“礼”。

封建天下诸侯之后，周公“制礼作乐”，制定了一系列的典章制度，来界定国与国及人与人之间的上下尊卑、亲疏远近。这就是所谓的“周礼”。

因此，所谓周礼就是规定不同辈分的人、关系远近不同的人，见面该怎么行礼，平时该怎么交往。据说这一制度体系完备，煌煌盛美，“大礼有三百，小礼有三千”。

周礼是很有用的。考察西周270多年的历史，虽然多次有异族入侵而造成政治危机，却基本没有卿士大夫犯上作乱，可以说这套礼法制度发挥了重要作用。

在周代上层社会中，“礼”如同空气一样无处不在，就如同今天的“钱”无处不在一样。甚至在战场上，人们也需要遵守“战争礼”。因为周代的历史记载到春秋时代才开始丰富起来，所以我们今天能看到的材料多数是春秋时代的。但是即使到了春秋，周代的精神风貌依然存在，我们从历史记载中仍然能清楚地看到这一点。

黄仁宇在《赫逊河畔谈中国历史》中说：“春秋时代的车战，是一种贵族式的战争，有时彼此都以竞技的方式看待，布阵有一定的程序，交战也有公认的原则，也就是仍不离开‘礼’的约束。”

春秋时的战争方式以车战为主，因此必须选择好一处平坦开阔的地点，双方约好时间，大致同时抵达，等列好队伍之后，鸣起战鼓，驱车冲向对方。这就是所谓的“约日定地，各居一面，鸣鼓而战，不相诈”。

这种战争更像体育比赛，要遵守一定的次序。《左传·昭公二十一年》记载的宋国公子城与华豹之战就十分典型。双方战车在赭丘相遇，华豹张弓搭箭，向公子城射来，结果却偏离目标。华豹动作敏捷，又一次搭箭上弦。公子城一见，对他不屑地大喊：“不更射为鄙！”意思是战争的规则是双方一人一箭。你射了我一箭，现在应该我射你一箭了。你不守规则，岂不太卑鄙了！华豹闻言，就放下弓，老老实实地等公子城张弓，结果公子城一箭射死了华豹。史书并没有嘲笑华豹愚蠢，相反却肯定他以生命维护了武士的尊严。

在今人看来，这些老祖宗在战场上的表现似乎太迂腐了，其实不然。因为春秋以前的作战方式和战争理念都与后世有很大的不同。春秋时期的军队都是以贵族为主体，战士人数不多，几百辆战车而已，每次战争所用的时间一般不超过一天。因此，那个时候的战争更像是一次大规模的绅士间的决斗。贵族在战争中比的是勇气和实力，偷袭、欺诈、乘人之危都是不道德的。正如徐杰令所说：“春秋战争里最大的特点，在于讲究承诺，遵守信义，不以阴谋狡诈取胜。”宋襄公所说的“不重伤”（不让人二次受伤，就是不攻击伤员），“不禽二毛”（不俘虏老年人），“不鼓不成列”（对方没有排好队列时，本方不能进攻），和《淮南子》所说的“古之伐国，不杀黄口，不获二毛”，正是那个时代普遍的战争规则。

二

那时的战争规则对今人来说已经十分陌生，那个时代战场上的贵族们的风度和言辞，更是今天的读者难以想象的。《左传·成公十六年》记述了晋国和楚国在鄢陵打的一场大仗，让我们看到春秋时代的“战争”是多么彬彬有礼。史书的原文是：“郤至三遇楚子之卒，见楚子，必下，免胄而趋风。”

也就是说，在这次战斗里，晋国的大将军郤至前后三次遇到了楚共王。他每次见到楚共王，都脱下头盔，趋避到一边，以表示对楚共王的恭敬。楚共王很欣赏这位晋国将军的风度，派工尹襄赠给了郤至一张弓，并说：“方事之殷也，有韎韦（红色皮革）之跗注（绑腿），君子也，属见不榖（国君自称）而下，无乃伤乎？”意思是：“战斗正激烈的时候，我看到有位打着红色皮绑腿的有礼貌的人。他一见到我，就遵循礼节疾步而走，让他受累了！”

郤至怎么回答？《国语》中说：“郤至甲胄而见客，免胄而听命，曰：‘君之外臣至，以寡君之灵，间蒙甲胄，不敢当拜君命之辱，为使者故，敢三肃之。’”

意思是郤至接见了工尹襄，脱去了盔甲，听他传达楚王的话后，回答说：“您的外国臣子郤至，奉了我国君主的命令作战，在战场上正穿戴着盔甲，不能下拜。承蒙您派人慰问，我心里实在不敢当。因为在战斗当中，只好对您的使者行个敬礼了。”说完，对工尹襄作了三个揖就走了。

正如这个故事所表现的那样，即便是在血腥的战争中，优雅仍然是春秋时代贵族的基本追求。虽然彼此的目的都是击败对方，但他们的言辞仍然处处得体。正如钱穆先生所评价的：“当时的国际间，虽则不断以兵戎相见，而大体上一般趋势，则均重和平，守信义。外交上的文雅风流，更足表现出当时一般贵族文化上之修养与了解。即在战争中，犹能不失他们重人道、讲礼貌、守信义之素养，而有时则成为一种当时独有的幽默。”

了解了这些背景，我们就了解了泓水之战中宋襄公的所为并非心血来潮。作为贵族的后代，从小受到严格贵族教育的宋襄公，讲究贵族风度是他根深蒂固、深入骨髓的观念。在战争中，他既要取胜，也要赢得“漂亮”，赢得“合理”，赢得“高贵”。甚至在一定意义上，风度大于胜败。那些今天看起来迂腐的礼仪，其实不仅是仪式和礼节，更是一个阶级不可更改的文化信念。宋襄公的“愚蠢”，其实是那个时代贵族风度的光彩流露。

那么，为什么今天我们在历史教科书中公然嘲笑宋襄公呢？这是由于中国的贵族传统中断太久，我们的贵族时代在公元前就结束了，所以今天的中国人确实已经很难理解春秋战国时代老祖宗们的内心世界。

如果我们感觉宋襄公在战争中遵守的这个“不重伤，不禽二毛，不鼓不成列”的规则过于迂腐，难以理解，那么，打一个比方，也许就容易明白了：春秋时代的战争规则，其实就是中世纪欧洲的“骑士精神”。中世纪欧洲骑士打仗要遵守的行为准则是：第一，不伤害俘虏；第二，不攻击未披挂整齐的骑士；第三，不攻击非战斗人员，如妇女、儿童、老人。

宋襄公所说的战争伦理，和欧洲的骑士精神非常相似。所以贵族社会有着共通的精神价值。可惜的是，今天，相当多的中国人崇拜欧洲的骑士精神，却很少有人意识到它是我们嘲笑了几千年的“宋襄公主义”的欧洲版。

从这个事实中我们就能看出，我们今天的中国人，和春秋战国时代的中国人，已经非常不一样了，精神世界几乎已经不能相通。

三

同泓水之战一样，春秋时代还有许多故事，我们今天读起来，都感觉是那么难以理喻甚至可笑。其实，这些故事在一千多年后西方中世纪的贵族时代，都能找到类似的翻版。

比如，人们津津乐道的一个故事是“子路正冠”。说的是孔子的弟子子路在战争中阵亡，他临死前还不忘系好被对手砍断的帽缨，正冠而死。人们认为这个故事说明儒家学说害人不浅：死到临头，还对教条念念不忘。

其实礼教精神的一个重要原则，就是在任何时候都要保持尊严和风度。子路在敌人的刀锋下系好帽缨，其实正体现了在死亡面前贵族式的从容不迫。西方的贵族社会也能找到类似的例子。法国大革命高峰的时候，路易十六和皇后都被送上了断头台，皇后上断头台的那一刻，不小心踩到了刽子手的脚，她留下的最后一句话是优雅的道歉：“对不起，先生。”

春秋时代的战争中，还有许多有趣的插曲。比如发生在楚国与晋国的“邲之战”中的一个场景。那场战争中，晋国落得大败，在逃跑时，晋国的许多战车陷入泥坑，狼狈不堪。楚国士兵不但不乘机追杀，反而还跑上前教晋车如何抽去车前横木，以便冲出陷坑。晋军脱离困境后，还回头对楚军开玩笑说：“吾不如大国之数奔也。”还是你们逃跑有经验啊！

在今天的中国人看来，这种战争简直就像小孩子过家家。其实这种“可笑”的场景在中世纪欧洲贵族的王位之争中也经常出现。

1135年，亨利一世去世，他的外孙亨利二世和外甥斯蒂芬都认为自己有权继承英国王位，斯蒂芬抢先一步登上了王位，亨利二世不服，多次领兵前来争夺王位。在第一次王位争夺战中，年仅14岁的亨利二世经验不足，准备不充分，还没开战，军队就没有了粮饷。陷入饥饿、困窘的他，居然向敌人斯蒂芬请求支援，而斯蒂芬呢，居然也慷慨解囊，借钱让亨利二世把饥饿的雇佣军打发回家，第一次战争就这样可笑地不了了之。

数年之后，亨利羽翼已丰，卷土重来，双方再次展开大战，这次亨利很快取得胜利，斯蒂芬俯首投降。然而，双方谈判后达成的结果却让人大跌眼镜：双方约定，斯蒂芬继续做英国国王，不过要宣布亨利二世为他的继承人。

这些故事反映出，贵族时代的战争与平民时代明显不同。贵族间的战争一般并不以杀戮和彻底征服为目的，而是点到为止。在战场上，大家是敌人；下了战场，大家仍然是朋友。

中国的贵族社会在秦始皇统一中国后就基本结束了，而西方一直持续到近代早期，也就是说比中国晚结束了一千多年。这是构成中西历史风貌不同的一个重要原因。

第八章
乱世的活力

一

讲了分封制的发展之后，我们回过头来需要再分析一下分封制的起源和弱点。

分封制在中国起源很早。中国历史传说中，黄帝就曾经分封过他的众多儿子，“黄帝二十五子，其得姓者十四人”。这种传说也不是没有依据，因为分封制是一种比较原始的政治治理模式。一般来讲，从部落时代进入国家时代，最容易选择的政治模式就是分封制。因为这个时候，还不可能发明出一套官僚系统形成对国家自上而下的控制。同时，交通条件也不足以支撑地方频繁地与中央联系。因此，通过分封制给各地诸侯很大的自治权限，是最自然的选择。不光中原民族是这样，草原民族也是这样。《元典章》记载：“太祖皇帝初起北方时节，哥哥弟弟每商量定，取天下了呵，各分地土，共享富贵。”后来成吉思汗担心后代为了领地起纷争，曾经对他的儿子们说了另一句话：“世界之大，江河众多。你们攻占外国，去各自分配，扩大自己的牧地。”正如成吉思汗所计划的那样，后来，已知的全部世界曾一度被成吉思汗的几个儿子瓜分。

努尔哈赤在统一女真各部的过程中，也建立了八旗体制，其实也就是分封制度。在后金时期，八旗相对独立，类似于各个诸侯国，或是蒙古各个汗国。八旗军队互不统属，由各旗旗主、领主执掌。在八旗分封体制下，财物、人口、土地必八家均分，“八旗共议国政”，推举汗王。

不光中国这样，外国也这样。罗马帝国崩溃后，各蛮族建立的国家都不约而同地采取了“分封制”这样一种简单易行的政体。

在众多分封制政体当中，中国周代的分封制因为天命观和“周礼”的出现，而显得最成熟和完备。所以西周初期，王朝纪律严明，君君臣臣，纲纪整饬，出现了所谓的“成康之治”，也就是“成康之际，天下安宁，刑措四十余年不用”。

但是，分封制不是完美的，它有着严重的缺点，最致命的一个是它依托血缘关系建立，因此其效能自然随着时间的推移、血缘的淡化而递减，最终会导致内部纷争。

西周的盛世没能像周王朝的开创者设想的那样永远延续下去。时间如水，总在冲淡血缘。在周朝建立初期，周天子和诸侯国通常是父子、叔侄、兄弟关系，这种关系是很近的，彼此有一种天然的信任感。过了几代，关系越来越远，彼此又很难见面，就谈不上什么感情了，这样，周王对地方的控制力越来越弱。

因此，到西周后期，各大诸侯国朝拜的频率越来越低，周天子的话越来越没有人听，各诸侯国越来越习惯各行其是。

终于，到了周幽王时代，周王朝衰弱到了这样的程度：当西边的犬戎入侵时，各地诸侯甚至都不来帮周王抵抗，所以有了所谓的“烽火戏诸侯”的故事。

什么叫烽火戏诸侯呢？是说周幽王有一个非常宠爱的妃子，叫褒姒。这个褒姒太美了，周幽王特别喜欢她，可是她有个缺点，不爱笑，为了逗她笑，周幽王就想了个主意，和她一起来到骊山的烽火台边，点燃了烽火，一时间，狼烟四起，烽火冲天。各地诸侯一见狼烟警报，以为有敌人打过来了，赶紧率兵前来救援。他们不约而同来到了骊山脚下，却发现没有敌人，这才知道被戏弄了，只好又都灰溜溜地撤走了。褒姒见千军万马招之即来，挥之即去，如同儿戏一般，觉得十分好玩，不禁嫣然一笑。周幽王大喜，说终于把爱妃给逗笑了。结果后来，一支叫犬戎的少数民族军队打过来了，周幽王赶紧点燃烽火，但是诸侯们都不相信了，没有人来救天子，犬戎最终攻破了周代的首都镐京，杀死了周幽王。

这个故事是被司马迁记入正史的。不过，虽然被载入了正史，我们仍然要说，这显然是一个凭空编造的故事。为什么呢？因为陕西省的一把狼烟，是无法让河南、河北、山东、山西的诸侯同时看到的。就算各国同时看到了，但是诸侯国离烽火台的距离远近不同，近的几十里，远的上千里，军队根本不可能同时到达。那时候行军很慢，近的走一两天，远的要走几个月，你总不能让周幽王和褒姒在烽火台边上待上几个月，就为了看这样一个笑话吧？

所以，这只能是一个传说，钱穆因此称司马迁的这一记载为“委巷小人之谈”。不过传说的背后，也总能反映出一定的历史真实。这个故事实际体现的是这样一个事实：西周末年的时候，周王已经号召不了各地诸侯了。所以在公元前771年，周王的领地被犬戎军队占领，周幽王被杀死，他的儿子周平王不得不将都城从镐京迁往东都洛阳，这宣告了西周灭亡，东周开始，中国历史也进入著名的春秋战国时代。

二

春秋战国时代是一个混乱的时代。

没有了“天下共主”，原来靠周王室的中央权威维系的大一统政治秩序失效了。在权威主义的管理模式中，一切都由最高权威规定和裁决，被管理的各国横向间缺乏有效联系和沟通的方式，也缺乏协商共事能力。因此，一旦权威倒塌，天下立刻一片混乱。不再有共同的标准和原则，不再有有效的协调机制。整个春秋战国时代，各国遵守的都是弱肉强食的森林法则，你争我夺，互相大打出手。史家说“春秋无义战”。

据统计，春秋时代弑君36位，亡国52次，大小征战不计其数；战国时代的大小战争约有222次。各国的百姓生活在战争不断的动荡中，当然非常痛苦。

然而，就是这样一个混乱的时代，却成为中国历史上一个罕见的黄金年代。这是一个英雄辈出的时代，大政治家、大军事家、大外交家，导演了一出出惊心动魄、威武雄壮的历史活剧；这是一个创造的时代，孔子、孟子、老子、庄子、墨子、韩非子等思想巨人一个又一个接连出现。百家争鸣，争相著述，互相辩驳，形成了中国历史上唯一一次的绚烂夺目的思想井喷。他们留下的著作，被后世的中国人视为永恒的经典和永不枯竭的智慧之源。

为什么乱世会成为黄金时代呢？恰恰是因为“乱”。

西周前期，虽然秩序井然、社会安定，然而过分的稳定和过于严格的礼仪约束，也束缚了人们的创造力和活力。同时，小国寡民导致各国交往频率不高。除了周公，西周前期并没有出现伟大的思想家。

春秋时代的中国之所以能够生机勃勃、绚丽多彩，是因为列国竞争的环境，使得春秋时代的空气远比西周时代更为自由。

多极的政治格局和竞争激烈的社会环境，使各国统治者急于延揽人才，因此对人才不得不特别尊重。许多底层人士可以以智慧和知识为资本，抗礼王侯，主宰自己的命运。因此，春秋时期是中国的士人能够活得顶天立地的为数不多的时代之一，他们特别强调精神的自由和人格的独立，每以君王的师友身份自居，将自己所学之“道”置于权势之上，合则留，不合则去，这一点，以儒家最为突出。孔子周游列国，不留恋高官厚禄，不屈服于任何政治权威，只为推行自己的政治主张：“三军可夺帅也，匹夫不可夺志也。”

孟子则远比孔子更锋芒毕露。孟子性格外向，感情丰富，行事张扬。他自负到公然宣称：“如欲平治天下，当今之世，舍我其谁也？”他特别强调精神的自由和人格的独立，与国君交谈之际，也毫无奴颜媚态，“说大人则藐之，勿视其巍巍然”。

更为重要的是，春秋之后，经济发展，城市大量出现，各国交往越来越频繁，知识交流的速度越来越快。人才可以四处流动，从贵族、士人到普通农民，人人都拥有逃亡的自由，或者说是“用脚投票”的自由。孔子见七十二君，就是说孔夫子他老人家走遍了72个国家。正如梁启超在《论中国学术思想变迁之大势》中所说：“周既不纲，权力四散，游士学者，各称道其所自得以横行于天下，不容于一国，则去而之他而已。故仲尼干七十二君，墨翟来往大江南北，荀卿所谓‘无置锥之地，而王公不能与之争名；在一大夫之位，则一君不能独畜，一国不能独容’。言论之自由。至是而极……岂所谓‘海阔从鱼跃，天空任鸟飞’者耶？”

所以，自由释放活力，交流迸发智慧。各派学者相互启发、相互攻讦，知识产生和升级的速度大大加快。

三

春秋战国之后，中国历史上还有一个知识分子活得特别有个性的时期，那就是魏晋南北朝时期。我们都知道“魏晋风度”这个词，这个时代的士人给人的印象是都非常有个性，比如刘伶“常乘鹿车，携一壶酒，使之荷锸而随之，谓曰：‘死便埋我。’”。他们公然蔑视礼法。阮籍当众放言：“礼岂为我辈设也！”这一点和春秋战国时期很像。

为什么呢？因为魏晋南北朝也是一个大动荡、大变革的时期。这个时代战争连绵，动乱不断，皇帝如同走马灯一样换来换去。铁桶一般的大一统政治秩序被打破了，士人们的头脑又一次获得了解放。因此，魏晋南北朝时期在中国历史上也是一个比较有创造力的时代，但是这种创造力主要不是体现在政治思想领域，而是体现在文学艺术领域，比如出现了王羲之这样的大书法家，顾恺之这样的大画家，陶渊明、谢灵运这样的大诗人，诞生了《广陵散》这样的千古绝唱。

所以，历史的规律说明，大思想家和大艺术家往往都诞生于乱世，乱世往往打开了新的思维空间。连中国人自己都说，“乱世出英雄”。

第九章
战国史就是变法史

一

我们经常把春秋和战国连称，但是大部分人都没有注意到春秋与战国之间本质性的差别。

战国时代战争的激烈程度和残酷程度都远超过春秋时代。春秋时代的战争都是贵族的游戏，以荣誉为目标，战争规则明确，风度翩翩。因此，春秋时代被灭掉的都是大国身边微不足道的小国，从来没有哪个大国吞掉另一个大国。比如，郑国夹在楚国和晋国之间，被攻打了近100次，却始终没有被楚、晋任何一方吞并。而战国时代，战争却是功利的，目的是直接消灭对方的国家，掠夺对方的人口。越国吞并吴国，开创了一个大国吃掉另一个大国的不幸先例，在那之后，灭国战争愈演愈烈，直至秦灭六国。

春秋时代的贵族活得从容而优雅，国与国之间的边界和关塞并不用遣重兵把守，因为人们不会不宣而战。而到了战国时代，各国防范森严，日日枕戈待旦，“不择手段”成了战争的主要手段。春秋时代一个重要的战争规则是“师不伐丧”，如果一个国家出兵时遇到对方国君去世，就要主动退兵。然而从春秋后期开始，特别是到了战国时代，对方国君去世之时却成了己方出兵的最佳时机。

因此，战国时代战争的规模和惨烈程度，也是春秋时代无法比拟的。春秋时代的战争规模通常很小，“未有杀人累万者”，战争通常会在一天之内结束，很少有超过三天的大战。而在战国时代，战争旷日持久，十分惨烈，“争地以战，杀人盈野，争城以战，杀人盈城”（《孟子·离娄上》）。公元前293年，白起大败韩魏联军，史载被秦军斩首者达24万。而据文献统计，秦国在统一战争中一共屠杀了超过150万的他国士兵。

二

这是为什么呢？主要是因为铁器在春秋末期、战国初期才得到普及。

青铜时代形成的国家规模比较小，因为青铜不足以支撑大规模的生产力。我们说过，青铜器很珍贵，所以主要用来做礼器和兵器，农业工具大部分还是木头和石头做的，所以粮食产量不高。

但是铁器出现就不同了。

在历史上，铁的出现是一件大事。铁器价格便宜，同时相比于木犁，能更轻松地耕种土地。铁器的使用使越来越多的森林得到开垦，粮食产量大幅增加。

我们知道，在铁器普及之前，春秋时代的各国并不是连在一起的，什么意思呢？就是说，国与国之间没有边界。西方汉学家吉德炜说，商代的国家结构如同瑞士干酪，里面充满了空洞。周王分封诸侯，只是派自己的兄弟子侄到一片荒蛮的大地上建立一个又一个殖民点而已。所以西周初期的一千多个方国，其实“领土就好似一个拥有超过1700个周朝堡垒、要塞和据点的群岛，其周围就是由潜在的村民和异族部落组成的汪洋大海”[1]。春秋时代以前的诸侯国，是一个一个点，而不是一片一片的，点和点之间是荒野，是游牧民族生活的地方，所以叫“华夷杂处”。当时的游牧民族，并非只生活在中原王朝的北边，很多生活在中原各诸侯国之间的荒野上。

举个例子，宋国和郑国之间有隙地六邑，相当于今天三个县的面积，整整

---

[1]塞缪尔·E.芬纳：《统治史》（卷一），华东师范大学出版社，2014，第480页。

600年，这片土地一直是没人要的。总之，春秋以前，中国大部分国土是没开发的，开发的只占一小部分。这种情况下，就没有出现统一国家的压力。

但是，铁器普及后，粮食产量翻了一番，“若西周的亩产为每亩1石，则战国亩产（以每亩2石计）增加了100%”[1]，人口也迅速地爆炸式增长，荒野都被开辟，各国的疆界这时也开始连接，国土的争夺越来越激烈，一个统一的国家也就呼之欲出。

三

在政治环境相对宽松的春秋时代，人们可以活得很优雅，而到了冷酷的战国时代，人们必须活得精确且无情，才能在异常激烈的竞争中幸存下来。

因此，法家学派诞生了。这是在弱肉强食的战国时代兴起的一种全新的思维方式。

周代礼乐文明的基础是“人性善”。因为大家都出身于同一个家族，或者存在亲戚关系，所以相互之间提倡体谅包容，“仁”是处理人际关系的准则。而法家学派的理论基础是“人性恶”。在人欲横流、生死存亡之秋的战国时代，“温良恭俭让”已经落伍了，没用了，人们必须放下温情，准备战斗。因此法家的思想就是通过变法摧毁以礼乐文明为代表的贵族制度，建立一套全新的统治方式，强化集权，扩大军队，提高战斗力，保证国家生存下去。

为什么要强化集权呢？因为当时各诸侯国的政治通常都是比较混乱的。我在前面说过，周代的分封制在过了几代之后因为血缘联系弱化了，诸侯就不听天子的了，而各诸侯国中也出现了相似的情况。诸侯也都是把领地分给自己的亲人，让他们当卿大夫。过了几代，这些卿大夫也不听诸侯的了。甚至诸侯的陪臣居然也敢使用天子才能用的“八佾”仪仗，令孔子大呼“是可忍孰不可

---

[1]李根蟠：《从银雀山竹书〈田法〉看战国亩产和生产率》，《中国史研究》1999年第4期。

忍”。最典型的是三家分晋，几个卿大夫干脆合伙瓜分了这个国家，把一个晋国分成了韩、赵、魏三国。

一旦内部分裂，对外当然就失去了抵抗力。所以，君主首先要打击贵族势力，统一指挥，提高国家战斗能力。

接着，要扩大军队。国家要想不被吞并，就要有强大的武装。

要扩大军队，最关键的是什么？是钱。

战争是最能消耗资源的。因此需要提高政府对社会资源的汲取能力，换句话说，要从民众身上获得更多的钱，征到更多的兵。

铁器普及之后，井田制就瓦解了，为什么呢？因为农民用铁器，在很短的时间内就把原来用木器、石器种一年的公地种完了。种完公地之后还有大把时间，于是就自己开荒——春秋末期，土地还大量荒着。开了荒，打了粮食，不用交公，可以归自己。

这样，大家都忙着开荒，原来那点份地就可种可不种了。井田制就瓦解了，国君和贵族能收上来的粮食就更少了。

所以鲁国最早搞了一次改革，叫“初税亩”。按字面解释，就是第一次开始按亩纳税。也就是说，不管老百姓手里是公田还是私田，都要交税。原来只有公田要交税，现在自己开荒的地也需要交税，这样，国君的税收就大幅增加了。这一制度于公元前594年自鲁国开始，后来楚国、郑国、晋国等国家也陆续跟进。这是国家汲取能力的第一次大幅增强。

国家力量的第二次增强，则是分封制演变成郡县制。郡县制是楚国发明的。楚国原来是南方的一个蛮夷之国，不太懂中原国家的规矩。一般来说，一个国家打下一块新的土地，都要新封一个贵族。楚王不这样做，他把这块新的土地叫作“县”，就是“悬着”的意思，意指悬在边疆的一块土地。楚王派自己的一个仆人去管理这块土地，收的税直接归楚王所有。这样的县越来越多，楚王直接控制的土地也就越来越多了。

这就是郡县制的雏形。制度创新往往是在楚国这样的边缘国家完成的。

分封制相当于地方自治，国君想直接从各地贵族手里征发百姓、征收赋役，会遇到贵族的阻挠和反对，很不容易。但分封制变成郡县制后，国家取得了对老百姓的最终控制权，无论征税还是发兵，都由国君说了算，贵族不再有发言权。于是，各国纷纷效仿，越来越多的国家实行郡县制，这就是战国变法的基本逻辑，其实也是一千多年后中世纪后西方各国建立中央集权、形成近代民族国家的逻辑。

如果说“争霸”是春秋时代的主题，那么“变法”就是战国时代的主旋律。进入战国之后，各国争先恐后开始变法。管仲以富国强兵为目的，在齐国举起改革大旗。不久，李悝在魏国又兴起改革大潮。楚国的吴起变法是战国时代又一次著名的变法。可以说，一部战国史就是一部变法史。每一次变法，都会催生一个强国；每一次变法，都会引起周围国家的仿效。

在各国的变法中，最成功、最彻底的是秦国的变法。

第十章
法家的基本思路

一

在战国变法中，最成功的一次是商鞅变法。

秦国本来在当时的各大国中是最落后的。秦人起源于甘肃天水一带。荒凉的西北高原物产稀少，人民生活贫困。《汉书·刑法志》这样描述秦国："其生民也狭隘，其使民也酷烈。"

商鞅变法在各国变法中的时间排序也是比较靠后的。在此之前，各国变法的主要内容基本相似，商鞅在很大程度上其实是一个抄袭者。我们对比一下商鞅变法和吴起变法，可以发现商鞅变法在许多方面几乎是吴起变法的翻版。

就说著名的"徙木立信"吧，分明就是抄袭吴起"车辕立信"的典故。原来吴起在魏国做将军时，曾经在城北放了一根车辕，下令说，谁能把车辕搬到南门外，就厚加封赏。人们都感觉这简直是个玩笑，半天没人去动那根车辕。后来一个傻乎乎的士兵说这有何难，扛起车辕搬到了南门外。吴起当场赏赐给他大笔钱财，士兵们因此知道了吴起说话算数。商鞅效法吴起，在秦国都城的南门前也立了一根木柱，并承诺谁要是把木桩搬到北门，就给谁一大笔钱，由此拉开了他的改革大幕。这是对吴起变法毫不掩饰的简单抄袭。

至于商鞅变法的其他方面，和楚国变法也几乎如出一辙。商鞅的一个最重要的举措是把全国土地重新划分成31个县，建立了中央集权，如前所述，这种郡县制改革是楚国首先实行的。商鞅还取消世卿世禄，奖励军功，鼓励耕战，发展生产……这些措施都是吴起做过的。甚至商鞅的"燔诗书而明法令”，也是抄袭自吴起的“破横散纵，使弛说之士无所开其口”。因此，我们可以说，商鞅变法不过是吴起变法的升级版和扩大版。

那么，为什么在战国诸国中，只有秦国的变法取得了彻底的成功，其他国家的甚至是楚国变法的效果都远远不如秦国呢？

这正是因为秦国的落后。

二

法家是作为周代礼乐文化的反叛者出现的。礼乐文化追求的是典雅、宽容、仁爱、稳定，这种文化性格适合和平年代，在生死存亡的战争年代就显得刻板、迟钝和颟顸。相比之下，法家文化直接、痛快、高效。法家推崇制度理性，要用制度而不是道德来解决问题，这个思路应该说比儒家更为高明。“法家学说主要是政治科学与社会科学，它就像马基雅维利的学说一样，是在理性主义、现实主义、经验主义的立场上审视政治与国家的产物，……蕴含了足够丰厚的现代性。”[1]法家改革者打破一切条条框框的勇气，不避锋芒、敢为人先的魄力和摧陷廓清、翻天覆地的气势，确实也让人感觉振奋。吕思勉说：“法家之学，在先秦诸子中，是最为新颖的。先秦诸子之学，只有这一家见用于时；而见用之后，居然能以之取天下；确非偶然之事。”[2]

然而法家文化是有严重缺陷的，它精于算计而不择手段，虽然高效但是残忍。

主导楚国变法的名将吴起在政治上的崛起，就是通过著名的“杀妻求将”来达成的。《史记·孙子吴起列传》载：“齐人攻鲁，鲁欲将吴起。吴起取齐女为妻，而鲁疑之。吴起于是欲就名，遂杀其妻，以明不与齐也。鲁卒以为

[1]喻中：《法家的现代性及其理解方式》，《山东大学学报》（哲学社会科学版）2018年1月。
[2]吕思勉：《中国政治思想史》，中华书局，2014，第41页。

将。将而攻齐，大破之。”

吴起是鲁国人，娶了齐国女子为妻。后来齐国和鲁国交战，吴起因为“善用兵”而为人举荐，然而妻子的国籍成了吴起登坛拜将的障碍。“鲁疑之”，担心吴起不尽力。于是吴起毅然杀掉妻子，用妻子的头颅换来了自己的功成名遂。

因此法家提倡的是一种赤裸裸的功利主义文化。[1]

法家学派的另一个严重问题，是它的思考完全围绕着“君主利益”这个圆心，而不顾及其他阶层的利益。因此法家变法的基本思路，就是把民众当成君主的工具，通过严刑峻法，把百姓都变成亦兵亦农的斯巴达式战士，把国家改造成一架高效的战争机器。

所以法家和儒家的思维方式在很多方面是针锋相对、完全相反的。比如儒家认为，民众是国家的主体，也就是《尚书》所说的“民为邦本”，国家是为民众而存在的。法家却认为，君主是国家主体，或者说，国家的存在是为君主服务的。所谓“君上之于民也，有难则用其死，安平则尽其力”，就是说，百姓对君主有什么用呢？作战的时候，可以贡献生命；和平的时候，可以贡献劳力——这就是百姓存在的意义。

儒家学说认为，君主应该争取民心，获得民众发自内心的支持。民众的感受就是上天的感受，所谓“天视自我民视，天听自我民听”。老百姓满意，君主才能继续做下去。法家却坚决反对这一点。韩非子在《显学》篇中说道：

> 今不知治者必曰：“得民之心。”欲得民之心而可以为治，则是伊尹、管仲无所用也，将听民而已矣。民智之不可用，犹婴儿之心也。……为政而期适民，皆乱之端。

意思是说，不懂得政治的人才会说要争取民心，如果要获得百姓的支持后才能施政，那么要政治家有什么用？人民都像无知的婴儿一样，政府要他们吃

---

[1]法家只求实用，不讲原则。商鞅曾把礼乐、孝悌、诚信、仁义、非兵、羞战，列为有害国家的“六虱”。他说，只有杜绝了“六虱”，国家才能强盛。

点小苦以谋求永久的大利，牺牲一代人的幸福换来国家的长治久安，他们竟然全然不能了解。如果治国的时候听取老百姓的意见，那国家必然要陷入混乱。

儒家认为有恒产才有恒心，“民之为道也，有恒产者有恒心，无恒产者无恒心，苟无恒心，放辟邪侈，无不为已”。中产阶级是社会的稳定器，因为他们有不大不小的“恒产”，所以心态很平稳。一个人如果没有自己的财产基础，那么他就会“光脚的不怕穿鞋的”，就会走上歪门邪道。

商鞅却说，治国之要诀是“弱民”和“胜民”。也就是压制、打击民众，削弱民众的力量。为什么呢？商鞅说：“民弱国强，国强民弱，故有道之国，务在弱民。”（《商君书·弱民》）意为只有民弱了国才能强，只有让民众既愚昧又贫穷，这个国家才能强大。

这是基于什么逻辑呢？商鞅在《算地》中说：

> 技艺之士资在于手；商贾之士资在于身。故天下一宅，而圜身资。民资重于身，而偏托势于外。挟重资，归偏家，尧舜之所难也；故汤、武禁之，则功立而名成。

有手艺的人靠手艺致富，做生意的人靠经商发财，这样他们都有所依靠，不把官府当回事，国家就不好管理，只有先让他们穷下来，贱下来，弱下来，他们才会尊重权力，把官员当回事，“民辱则贵爵，弱则尊官，贫则重赏”。

商鞅在《赏刑》篇中还说：

> 所谓壹教者，博闻、辩慧、信廉、礼乐、修行、群党、任誉、清浊，不可以富贵，不可以评刑，不可独立私议以陈其上。坚者被（破），锐者挫。……然富贵之门，要存战而已矣。

要消灭民众中那些知识面广的、聪明的、有信义讲廉耻的、有礼乐修养的、喜欢结党的、追求名誉的人，这样的人，不能让他们获得富贵。

因此，儒家认为“仓廪实而知礼节”，法家却认为知礼义是没有必要的。商鞅认为中产阶级对更高的精神理想的追求是可怕的，因为这样他们就不会畏惧权力。

所以治国首先要让百姓穷下来，失去生存的基础，让他们乖乖地听从权力的指挥，遵循国家政策导向。所以“治国能令贫者富，富者贫，则国多力，多力者王”《商君书·去强》。治国的人如果能随便让穷人富起来，富人穷下来，那么证明这个国家有力量，有力量的国家才能称王。

儒家认为，要任用知识分子，选拔贤人去治理国家，韩非子认为，这也是大错特错的。因为这些聪明人头脑太活跃，不容易统一指挥。“儒以文乱法，而侠以武犯禁。”“故举士而求贤智，为政而求适民，皆乱之端，未可与为治也。”知识这个东西虽然有用，但是副作用太大，因此只好割爱。“故遣贤去知，治之数也。”把贤能和有知识的人赶走，这是治理的必需。

那么，用什么人治民呢？

为了弱民，《商君书·去强》提出要“以奸民治”：

> 国以善民治奸民者，必乱，至削；国以奸民治善民者，必治，至强。

用有良心的人去治理奸恶之徒，这个国家必乱。用奸恶之人去压制那些有良心的人，国家才能强。

换句话说，就是要用黑恶势力来统治民众，让民众屈从于流氓统治，接受任何不合理的现状，这样民众才能越来越懦弱，越来越屈从强权。

因此，法家文化完全是建立在人性恶的基础上，一提起性恶论者，大家都会想到霍布斯。因为霍布斯有一句名言：“人对于人是狼。”然而在人类文化史上将人性恶推到极致的，正是法家。

秦晖先生说，如果你认真读霍布斯，你会发现，霍布斯的性恶论是有条件、有限定的，主要讲的是陌生人之间的关系。霍布斯没有说过，熟人、亲人之间也相互是狼。

可是，韩非子却这样说过。

韩非子的原话是什么呢？“夫以妻之近与子之亲而犹不可信，则其余无可信者矣。”意思是你不要相信任何人，连你的老婆孩子都是在成天算计你。你宠爱某个妃子，但是你知道这个妃子怎么想吗？她正成天盼着你早死，因为她现在正在受宠，她的孩子有可能成为继承人。可是如果你再活几十年，她年老色衰，你就会移情别恋，她的孩子也被冷落了，所以她没事就琢磨着怎么给你下毒。妻子是这样，儿子也是这样。如果你立了一个太子，你以为他会感谢你吗？恰恰相反，他巴不得你早点死，他好早点接班。

这才是彻底的性恶论者。韩非子认为，人性本恶，百姓自私自利而且愚蠢，所以最高统治者不能相信任何人，只相信三样东西：法、术、势。“以法刑人，以势压人，以术驭人。”

所谓“法”，就是指严刑峻法，严酷地对待百姓，运用好赏罚这个利益杠杆：不听话的，狠狠打击；卖命的，就给高官厚禄。所谓“术”，就是权术。韩非子说：“君以计蓄臣，臣以计事君，君臣之交，计也。”皇帝出于算计，任用大臣。大臣们也是出于算计，才给皇帝服务。所以皇帝和大臣的关系，就是相互算计的关系。君臣之间，“一日百战”，一天需要玩100次心眼，因此皇帝一定要精于权术。所谓势，就是严刑峻法造成的一种威势，一种恐怖气氛。这样就可调动起所有社会资源，达到富国强兵的目的。

这样的理论，与贵族文化的性格反差太大了，在有着礼乐文明基础的其他国家很难彻底推行。这就是法家理论在其他国家都遇到了重重阻碍，变法都进行得不彻底的主要原因。

但是秦国的民族性却与法家文化一拍即合。这一点古人早已指明，《淮南子·要略》谓“秦国之俗，贪狼强力，寡义趋利。……孝公欲以虎狼之势而吞诸侯，故商鞅之法生焉”。秦国的风气是贪婪、狠猛、残暴，所以才出现了商鞅之法。

第十一章
秦国崛起的秘密

一

秦国是一个蛮夷化程度很深的国家。从西周时代起，中原的诸侯国就认为秦国是蛮夷之邦，认为它是异类，称之为“秦夷”，说它是“戎狄”。秦“辟在雍州，不与中国诸侯之会盟，夷狄遇之”，列国开会的时候都不叫上秦国。

确实，秦国在很多地方和中原诸侯国不一样。首先是它没文化，李斯所谓“士不产于秦”，荀子说秦国“无儒”，没有深厚的礼乐文化传统。所以秦国的人才包括商鞅、韩非、李斯都是从外面招聘来的，没有本国培养出来的；其次，秦国不实行嫡长继承制，没有严格的宗法制，“择勇猛者而立之”（《春秋公羊传・昭公五年》），老百姓生活当中“父子无别，同室而居”（《史记・商君列传》）。所以这确实是一个没啥文化的落后地方。

秦国的发展曲线是春秋列国中最为特别的。其他国家的发展史都是一个逐渐中原化的过程，比如楚国，虽然一开始也是蛮夷，但是后来不懈地吸收中原文化，成功地成为一个礼乐之邦，文化非常发达，甚至变得比中原国家还讲究。

但是秦国的发展路线与楚国相反，秦国在一开始也曾经努力中原化，但是中间因为一次偶然事件掉了头。

秦穆公时，西戎的使者由余前来拜访，两人之间发生了一次对话。

秦穆公问：“中国以诗书礼乐法度为政，然尚时乱，今戎夷无此，何以为治，不亦难乎？”中原国家有诗书礼乐，现在尚且乱成一锅粥，你们西戎没有什么文化，治理起来是不是更难啊？

由余本是晋人之后，因为投身于西戎而被重用，因此，他非常熟悉中原文化和游牧文化的区别。由余笑着回答道：“此乃中国所以乱也。夫自上圣黄帝作为礼乐法度，身以先之，仅以小治。及其后世，日以骄淫。阻法度之威，以责督于下，下罢极则以仁义怨望于上，上下交争怨而相篡弑，至于灭宗，皆以此类也。夫戎夷不然。上含淳德以遇其下，下怀忠信以事其上，一国之政犹一身之治，不知所以治，此真圣人之治也。”

在由余看来，诗书礼乐，正是中原国家混乱的原因。因为中原文化发展的规律是国家富强后统治者必然骄奢淫逸，下层则以礼义的标准来要求上层，导致国家上层和下层分裂，造成内乱。而草原民族文化则不然。草原地区物质文化不发达，贫富差距也不大，他们没有民主观念，没有权利意识，能吃苦，以绝对服从为天职，具有高度的凝聚力和向心力。因此上下一心，都很团结。

这一席话说得秦穆公如梦初醒，深以由余为贤，遂聘由余为宾客。从此之后，秦国的立国战略发生根本性变化，它不再致力于向中原发展，而是向戎狄发展，“益国十二，开地千里，遂霸西戎”。

吞并了大量羌戎人口，大力吸收戎狄文化之后，秦国的文化面貌发生了明显变化。考古发现秦文化中的屈肢葬、土洞墓、茧形壶、铲形袋足鬲等一系列独具特色的文化因素，中原其他国家没有，但是西北一些少数民族却有。[1]

这种吸收是有意识的行为，是为了竞争的需要、生存的需要。西北少数民族的强兵良马成为秦军队的有生力量；与西戎的融合，给秦人的躯体注入更多粗犷和野蛮，决定了秦人狼一样的性格。

因此，在战国七雄中，秦国文化是最独特的。秦国百姓和游牧民族一样，停留在“淳朴忠厚”的半野蛮状态。与中原散漫的农业文明比，秦国文化具有纪律严明、上下一致的军事化作风：“秦中士卒，以军中为家，将帅为父母，

---

[1]徐良高：《中国早期文明研究中的几个问题》，《中原文物》2006年第2期。

不约而亲，不谋而信，一心同功，死不旋踵。”

在战国七雄中，秦国文化是最野蛮、最缺乏人道主义精神的。正在中原国家渐渐废止殉人的野蛮风俗的时候，秦国却变本加厉。考古发现，秦武公死时（前678年），殉葬者66人；秦穆公死时（前621年），殉葬者居然多达177人，创了历史之最。

战国七雄中，秦国也是最功利的，只求物质利益，不重精神价值。秦国文化的简单直接，我们从这个故事中就可以看出：

秦国宣太后执政期间，韩国曾向秦求救。宣太后在朝堂上对韩国使者大谈性生活：“我从前服侍先王时，先王把大腿压在我身上，我很难受；先王把身子压在我身上，我却很愉悦。为什么呢？因为承宠交欢，我尝到了甜头。韩向秦求救，要拿什么让秦不觉得沉重，而感到愉悦呢？”

政治高层在外交场合聊起性来这样开放而直接，这在其他国家是不可想象的。

二

法家思想因此在秦国如鱼得水。

商鞅在秦国打击商业，“废逆旅”，废除旅店，禁止商人随便出行；“一山泽”，将山川湖泽等自然资源收归国有，禁止农民以此谋生。[1]

民众什么都不能做，能做什么呢？只有两件事，耕与战。你或者上战场，为国家献出生命；或者努力种地，把收获的一大半粮食充作军粮。

如果你既不想耕也不想战，怎么办？进监狱。商鞅制定了极为残酷的法律，民众稍有违反，就割鼻断脚。《盐铁论》形容秦人的苦况说：“商鞅之任秦也，刑人若刈菅茅，用师若弹丸；从军者暴骨长城，戍漕者辇车相望，生而

[1]为了把农民捆绑在土地上，商鞅还明令“民无得擅徙”，这是束缚了中国人几千年的“户籍制度”的起源之一。

往，死而旋，彼独非人子耶？”商鞅治下的秦国，杀人如斩草，用兵如弹丸，秦国人或者从军，或者运粮，死亡极众。

这样，国家的汲取能力大大提高。商鞅通过变法，把整个秦国变成一家农场和一座军营，所有秦国人都成了战争机器中的零件和合格的螺丝钉。[1]

这样一种体制当然会引起民间社会的反弹，为统一思想，控制舆论，商鞅不仅烧了书，还规定，民众“不得议”国家的政策：

> 秦民初言令不便者有来言令便者，卫鞅曰：“此皆乱化之民也。”尽迁之于边城。其后民莫敢议令。

除了“不得议”，商鞅还建立了互相监视的“告奸”制度。儒家主张“父为子隐”，而法家却鼓励亲人之间相互揭发，秦律甚至规定妻子告发丈夫，妻子的财产可免遭抄没；丈夫告发妻子，妻子的财产可以用来奖赏他。这样做的目的就是使人人自危，“构造怨仇而民相残”。因此商鞅说：“至治，夫妻交友不能相为弃恶盖非，而不害于亲，民人不能相为隐。”

这一套严酷的反人道的制度，在其他国家难以推行，但是在秦国却很快落地生根，良好运转。秦国通过改革，建立起一个由国家来全面垄断、控制和调动社会资源的新系统，很快获得了其他国家无法获得的庞大兵源和巨额的军费。

弗朗西斯·福山的《政治秩序的起源》说：

> 与其他军事化社会相比，周朝的中国异常残暴。有个估计，秦国成功动员了其总人口的8%到20%，而古罗马共和国仅1%，希腊提洛同盟仅5.2%，欧洲早期更低。人员伤亡也是空前未有的，罗马共和国在特拉西梅诺湖和坎尼会战中，总共损失约5万军人，而……中国的数字简直是西方对应国的10倍。

---

[1]韩非子在《五蠹》篇中说：“故明主之国，无书简之文，以法为教；无先王之语，以吏为师；无私剑之捍，以斩首为勇。是境内之民，其言谈者必轨于法，动作者归之于功，为勇者尽之于军。”这个理想在秦国真的实现了。

动员如此高比例的人口，进行高密度的残酷战争，秦国百姓付出了极为惨痛的代价。不过这一切的背后除了压力也有动力，因为秦国的军功是按人头计算的，杀敌一人晋爵一级，《商君书·境内》中说：

> 能得甲首一者，赏爵一级，益田一顷，益宅九亩，除庶子一人，乃得入兵官之吏。

只要拎着敌人的脑袋来，就可以邀功请赏，一个脑袋意味着一级爵位、一顷良田、九亩（当然，秦国的亩比今天的亩要小很多）宅基地、一个仆人，还有机会进入政府或军队中充当下级官吏。

法家的特点是说话算数，绝不含糊，“一手交钱一手交货”。如果你杀敌杀得多，真的可以平步青云，获得荣华富贵。

前有军功爵位为赏，后有严刑峻法为罚，在没有其他选择的情况下，秦人只好“勇于公战”，“民闻战而相贺也”。整个社会陷入对战争的狂热之中。“民之见战也，如饿狼之见肉，是以三军之众，从令如流，死而不旋踵。”

商鞅建立的这种国家结构虽然在文化上落后，政治上残酷，但在军事上却有效。秦国举国上下，步调一致，纪律严明，令行禁止，雷厉风行。只要国君一声令下，民众便猛兽般地扑向敌人。这样的“虎狼之国”，哪里还有对手？

“正如野蛮的斯巴达人摧毁了高度文明的雅典城邦，后来亚历山大的帝国又否定了作为西方文化之根的希腊文明，秦国扫平了齐楚燕韩赵魏六国，建立了秦国。”[1]原本默默无闻的秦国最终统一天下，证明了法家文化在这片土地上取得了最后的胜利。

起自边缘的周人创建了完整的“封建与天命”政治结构，同样起自边缘地区、充分吸收了草原文明的秦人，也创立了一个决定2000年文明基本结构的新制度。

---

[1]陈明：《从殷周之变到周秦之变——论中国古代社会基本结构的形成》，《社会学研究》1993年第2期。

第十二章
中国统一与欧洲分裂

一

百家争鸣当中，诸子百家一直在相互攻讦，而且骂得很厉害，比如孟子就攻击墨子的思想是“禽兽”思想。

但是百家在思想上有一个共同点，那就是追求“大一统”。所有的学派都呼吁赶快实现国家的重新统一，都认为天下没有共主是不正常的，这会让人心神不宁，必然导致天下混乱，战争连绵，民不聊生。

孟子征引孔子的说法：“天无二日，民无二王。”（《孟子·万章上》）面对“天下恶乎定”这个问题，孟子说“定于一”（《孟子·梁惠王上》），唯一的途径是统一天下。

墨子则主张建立一个绝对君主专制的大一统国家。他的政治梦想是“尚同”（《墨子·尚同》），建立一个层级鲜明、纪律严厉、绝对整齐划一、消灭个性和多样性的社会。这样才能“集中力量办大事”，使国家富强安定。

老子认为，宇宙的本质是“一”，统一会解决一切问题。他说：“天得一以清，地得一以宁……侯王得一以为天下正。”（《老子·第三十九章》）

法家则是对大一统政治制度贡献最多的一个思想流派。韩非子认为“一栖两雄”“一家二贵”“夫妻持政”（《韩非子·扬权》）是祸乱的原因。

但是，与此形成鲜明对比的是，希腊时代的思想家却纷纷反对统一。

希腊在历史上一直没能统一。希腊版图由无数个小小的碎片构成，那些林立的城邦在数世纪中一直动荡不安，这种形势和春秋战国十分相似。不过，希腊人对“统一”从来没有热衷过。希腊人极为推崇城邦独立自治制度，小国寡民的城邦，是他们所能够想象的唯一的国家形式。为了抵御共同的敌人，希腊的历史上出现过微弱的联合呼声，不过建立大一统的政治统一却从未使他们动心。

亚里士多德在批判柏拉图时指出，“城邦的本质就是许多分子的集合”，倘若过分“划一”，就是“城邦本质的消亡”。希腊人容忍并且享受分裂状态，因为在他们看来，过大的国家不利于公民民主的实行。城邦领土的过度扩张，便意味着公民集团的扩大，意味着公民与国家间关系的疏远以及公共生活的松懈甚至完全丧失，这正是希腊人反对政治统一的根本原因。

二

为什么会有这样截然不同的思想呢？

一个重要的原因还是地理环境不同。

与中国的总体环境相似，上古时代的黄河中下游一带也处于相对封闭的环境当中。往北，是无法耕种的草原；往南，是难以开垦的森林；往东，是无法跨越的大海；往西，则是不利农耕的高原。只有中原，是一马平川的黄土。在这样封闭的环境之中，人们很容易形成世界大同、资源有限的观念。

中国的农业文明非常早熟，人口增长得也很快，新石器时代后期，各个文明区就已经开始了对土地、水源这些资源的争夺。

我们翻开司马迁厚厚的《史记》，出现的第一个人物是谁呢？就是黄帝。黄帝被尊为中华“人文初祖”。中华民族的历史，是从黄帝时期开始叙述的。

司马迁认为，自从神农发明了农业之后，人们才走出蒙昧。不过，由于天下没有共主，“诸侯相侵伐”，“暴虐百姓”。各个部落成天打仗，天下一片大乱，百姓生活动荡不安。

司马迁的这个说法是有考古学的依据的。考古发现，从史前的仰韶时代到邦国林立的龙山时代，战争连绵不绝，规模宏大。这一时期，先民墓地中无头墓、无尸墓、身首分离墓，以及身带刀伤、箭伤的尸体大量出现。大量的防御性城池也是在这一时期首次出现。

这其实就是《史记》开篇所说的“诸侯相侵伐”与“暴虐百姓”。这个时候，黄帝出现了，成为自己部落的领袖。

当时有一个很强大的部落叫炎帝部落，凭仗自己武力出众，欲征服其他部落。那些部落不服，都投靠到黄帝部落以求保护。于是黄帝整军备战，与炎帝大战于阪泉之野，“三战，然后得其志”。炎帝战败，俯首称臣，遂与黄帝组成炎黄部落联合体。

炎黄部落联合到一起后，实力更加强大，就开始征讨其他不服者。黄帝发现南方的九黎族桀骜不驯，于是联合炎帝，共同征服了九黎族的首领蚩尤。这场战争发生在涿鹿之野。相传这场恶战规模巨大，惨烈异常，以致“流血百里”，“血流漂杵”，最后杀得“九隅无遗”。

纵观黄帝的一生，就是战斗和征服的一生。只要有不服从自己的部族，黄帝就要领兵征伐。“天下有不顺者，黄帝从而征之，平者去之，披山通道，未尝宁居”，黄帝一辈子都在领兵打仗。在两次大胜之后，黄帝又先后征服了东方的太皋，西方的少昊，北方的颛顼，树立了自己的绝对权威。“五十二战而天下咸服”，通过武力确立了自己的最高领袖地位。“诸侯咸尊轩辕为天子，代神农氏，是为黄帝。”即使在平定天下之后，黄帝仍然保持着一位征伐者的警惕，“迁徙往来无常处，以师兵为营卫”，身边总是带着巨大的扈从部队，以保卫自己的安全。

战争的结果是一部分部落被消灭，更多的部落选择臣服。通过战争，黄帝把原来各自为政、混战累世的众部落变成了一个以黄帝部落为首的部落联合体。中华民族的雏形由此形成。

我们读《史记》的《五帝本纪》，能有些什么启发呢?

第一，黄帝是以统一华夏的丰功伟绩而被载入史册的，也就是说，他是秦始皇之前统一中华的第一人。他的最大成就是实现了统一。

第二，中华民族追求统一的心理，起源是非常早的。《五帝本纪》告诉我们，分裂带来的是无穷无尽的战争和痛苦，只有统一能带来和平与发展。

第三，《五帝本纪》告诉我们，中华民族的历史，就是一部武力之下出政权的历史。《史记》告诉我们，中国历史上的第一件大事，就是“炎黄大战”。中华民族的两大始祖黄帝和炎帝，都是“职业军人”。中国历史上的这个“第一次统一”，和中国历史上以后的历次统一，都是靠武力完成的。“枪杆子里出政权”这个规律，从黄帝时期就已经确立了。

三

读到这儿，你也许会问，你说黄帝靠武力夺取资源和领地，难道那个时代不都是如此吗？那个时代，世界各地都存在原始部落，这些部落不都是靠战争慢慢联合起来的吗？

还真不是这样。

与中国不同的是，希腊原始部落间虽然也经常发生冲突，却没有演变出中国从黄帝到尧舜禹时期“诸侯相侵伐”的规模巨大的统一战争。他们之间偶尔发生战争，但是大部分时期是和平的。

为什么呢？最主要的原因是地理环境不同。希腊内部多山，崎岖的山路阻挡了人们建立大一统政权的雄心。希腊海岸线漫长，面对资源贫乏的困境，希腊人首先想到的是把眼光投向大海，泛舟出海，寻找更适合居住的肥沃土地，或者兴起利润丰厚的航海贸易，而不是向山岭那边的另一个部落发动战争。

即使有战争，在开放的环境下，结果也远不如东方式战争那样令人绝望。

封闭的自然地理环境下形成的文化的特点是资源有限，因此斗争都是内斗。中国上古时代的生存战争，比之世界其他很多地方要激烈和持久，因为在封闭环境下，为了捍卫自己的基本生存资源，每一方都没有退路。

而在希腊，失败的一方会逃往海外，很难形成征服与屈服的专制关系。“希腊文明在一定程度上与地理因素密切相关，海上文明的特点是它交通流动的方便性，不同政见者可以通过海上逃跑，独裁专制者无法实现他对不同政见者的消灭。”因此，希腊文明流传着“海上逃亡之门”说。所以，“希腊混合型的海上文明具有内陆文明难以追比的政治宽容性、契约共享性与文化流动性”。

所以希腊人的思维逻辑和中国人是不同的。中国人说“天无二日，民无二主”，“一国而两君，一国不可理也。一家而两父，一家不可理也”。人和人之间必须分出你大我小来，才能建立秩序。而古希腊人偏要出两个太阳给我们看。比如斯巴达就设有并列的两个国王，雅典的政权结构更为复杂，由9名执政官轮流执政。

崇尚一元与崇尚多元，从上古时期就已经成为东西文明的本质区别之一。

四

我们知识结构中的春秋时代是生机勃勃、绚丽多彩的，春秋时代的人们思想解放，智慧勃发，创造了一个又一个大的学派。

可是，身处历史当中的人的感受与我们完全不同。翻遍春秋战国时代留下的所有文章典籍，很难见到当时的人对那个时代的赞语。相反，触目皆是哀叹、抱怨和诅咒，说那是一个“昏乱”“杀人”“甲兵”“盗贼”“食税”“民饥”的末世。因为在分裂状态下，连绵不停的战争给普通人带来了巨大的痛苦，动荡的政治让上层社会也没有安全感。从西周灭亡那一天起，中国人迫切地呼唤，希望出现一个新的更有力的权威来取代周王朝的统治，以恢复天下秩序，让人民重新安居乐业。

因此，中国的统一不是某一个人灵机一动的设想，它是整个中华民族共同意志的结果。正是在这个民族集体意志的驱动下，春秋以降，诸国之间开始了长达五百余年的不间断战争。每个国家都极力扩张自己的地盘，吞并别的国家，以实现统一天下的梦想。

即使没有秦国，中国也不可能像欧洲那样一直分裂下去。无论如何，统一这个大方向是不会被扭转的，也早晚会有别的国家取代秦国的位置，完成统一的大业。当然，如果是其他国家比如楚国统一天下，中国文化的面貌与后来也许会相当不同。

第十三章
影响深远的周秦之变

一

秦国建立了中国历史上第一个大一统王朝——秦朝，它取代了存在时间长达近800年的周朝。这就是“周秦之变”。

我们一般用秦始皇统一六国，或者秦始皇建立大一统郡县制度来讲那段历史，用“周秦之变”这个说法的不多。

那么我为什么要用“周秦之变”呢？因为这四个字言简意赅：“周”是指封建分封制度，“秦”是指大一统郡县制度，“变”是指以秦始皇统一中国为时间节点，在此之前2000年的中国，和在此之后2000年的中国，存在本质性的不同。

到底发生了哪些方面的变化？要讲清这一点，我们可以先分析一个故事。

伍子胥是楚国人，与孔子是同时代的人，据说比孔子大8岁。他的父亲和哥哥被楚国的国君楚平王给杀了，他为了报父亲的仇，跑到了楚国的敌国吴国，带领吴国的军队，把楚国给灭掉了。还把楚平王挖出来鞭尸。《史记·伍子胥列传》载：“乃掘楚平王墓，出其尸，鞭之三百，然后已。”这是中国历史上有名的复仇故事。

伍子胥在中国文化里当然是正面形象，他是中国历史上著名的贤人。我们看先秦的史籍，比如《左传》《国语》《韩非子》《吕氏春秋》《战国策》等，提到伍子胥时，都肯定他的光辉事迹，说他是“烈丈夫”。就连楚国后来的大诗人屈原也好几次写诗歌颂他，还表示“浮江淮以入海兮，从子胥而自适”，要投入大海，去追随伍子胥的灵魂。

因为我们从小听惯了这个故事，所以习之不察，但是如果你细想一下，就会发现这个故事很奇怪。因为按照今天的价值标准，这伍子胥分明不是什么好人：他是楚国人，父亲被楚平王杀了。那是因为“君要臣死，臣不得不死”。他不光不能反抗，还要继续为国效忠。结果他叛国投敌，把自己的祖国给灭了。这显然是大逆不道，这伍子胥应该是“楚奸”啊！后世岳飞的情况就很类似，岳飞和长子岳云都被宋高宗杀死了，死得很冤枉。岳飞的另外三个儿子活下来了。这三个儿子如果和伍子胥一样，去投奔金朝，帮助金朝灭了宋朝，然后把宋高宗的坟挖了，鞭尸三百，大家会歌颂他们吗？

那么，为什么伍子胥这样一个大楚奸，在先秦会受到肯定呢？

这个故事鲜明地反映出，周秦之变之前，和周秦之变之后，中国人的生存逻辑变了，评价标准也不一样了。

二

在周秦之变以前，中国社会秩序的最高原则是血缘原则：家大于国。

周代的社会是一个血缘社会，周王把自己的亲人分封到各地，他的亲人又在自己的小国之内，再进行层层分封。

这样分封的结果是，周代每个人都生活在一个大家族当中，效忠于自己的家族，比效忠国家重要。所以当时人的价值标准是“父高于君”，父亲比国王重要。郭店楚墓竹简上记载，“为父绝君，不为君绝父”，意思是说，为了父亲，可以不管国王，但不能为了国王不管父亲。

《韩非子》中有这样一个故事。

> 鲁人从君战，三战三北。仲尼问其故，对曰：“吾有老父，身死莫之养也。”仲尼以为孝，举而上之。

大意是说鲁国有一个人去打仗，每次在前线都开小差，孔子就问为什么，那个人说，我是独生子，我如果战死了，我父亲就没人养了啊。孔子一听觉得这个人道德真高尚。

这个故事当然是把儒家观念推到了极致，有点夸张，不过也确实反映了儒家思想的本质。儒家认为，血缘是至高无上的，“父为子隐，子为父隐，直在其中矣”，而且给父亲报仇，是绝对正确的，别管对方是国君还是什么，因为“父高于君”。

秦晖先生说，这些故事说明先秦社会是以家族为单位的。提倡“父高于君”，正是为了阻止国家权力向家族内部延伸。所谓“忠孝不能两全”是后世的观念，先秦人是没有这个矛盾的。

三

周秦之变的第一个层次，就是从小共同体变成大共同体。

什么叫小共同体？就是老子说的“小国寡民……鸡犬之声相闻，民至老死不相往来”。《帝王世纪》说，夏商之际，天下1800方国，那么按当时的总人口来看，每个方国平均人口不过1300人。宋镇豪在《夏商社会生活史》中根据夏商之际古城址考古资料，推测当时的平均人口是1500人。周初天下也是一千多个方国，薛涌说：“一千多个国，大体都集中于狭小的中原地区，每国的人口平均也就是几千人。”[1]为什么老死不相往来呢？因为各国在经济上是自给自足的，不用往来。

“鸡犬之声相闻，民至老死不相往来”的状态，对今天习惯了大共同体生活的中国人来说，可能难以想象。其实，如果对比一下欧洲中世纪的庄园，也许就比较容易理解了。日耳曼民族消灭了罗马帝国后，各地封建主关起门来过

[1]薛涌：《从中国文化的失败看孔子的价值》，《随笔》，2008年第1期。

日子，中世纪庄园都是自给自足的，所有的生活用品基本上都可以自己生产，既种地打粮，也养牛养猪，还有人从事手工，当木匠或者铁匠。也就是说，关上大门与世隔绝也没有任何问题。庄园里的农奴和农民是不能随便离开庄园的。因此“每一个庄园就是一个社会。农民们大概一辈子都不会跑出家乡十里地以外去；庄园是一个自给自足的地方，若没有战争波及这里，它与外界就几乎没有任何关系。当时英国布满大大小小这样的庄园”[1]。

周代社会也差不多是这样。所以当时社会横向的结构是不连贯的，可以互不往来，或者很少往来。

纵向呢？当时社会上当然有等级结构，最上面是周天子，然后是诸侯，然后是卿，然后是士。虽然整齐有序，但是这种结构不像后来的官僚结构那样能“一竿子插到底”。为什么呢？因为和中世纪欧洲一样，“主人的主人不是我的主人，附庸的附庸也不是我的附庸”。每个人只对他的直接上级负责，不对上级的上级负责。

读春秋战国史料的时候，相信很多人会有一个疑问：为什么孔子和孟子周游列国，不停地徒劳地游说各国的君主，却不去见最高领导？明明他们好几次路过周天子的领地，但就是不去朝见周天子。这是怎么回事？

关于这个问题，有人解释说，是因为周天子无权，诸侯有权，找他办不成事。可是有人也有疑惑，没权并不妨碍你去尊敬他、朝见他啊，孔子成天喊着要“尊王”，越是没权，你越应该尊重他啊。所以明治维新的时候，有的日本学者抓住这一点，说孔子不忠于周朝。

这其实就说明了后世的人对周制的不理解。在周制中，只有诸侯才需要效忠周天子，有朝见周天子的义务。孔子和孟子勉强只能算卿大夫一级，他们只需要对诸侯一级负责，轮不到他们对周天子负责。

为了理解这一点，我们再来看一个故事。齐国有一个权臣叫崔杼，他派手下去刺杀他的国君齐庄公。如果故事发生在秦代以后，崔杼这个手下的行为肯定是大逆不道的，因为任何人都是国君的臣子，但是春秋时代的人们并不这

[1]郭俊岩：《中世纪西欧农民的日常活动与贫困化之探讨》，《台东师院学报》1988年第10期。

样想。齐庄公看到崔杼的部下，说求求你，不要杀掉我啊。崔杼的部下说，对不起，我不是你的臣子，我是崔杼的臣子，我只听崔杼的话，“不知二命”。你要有命令，请和崔杼说，和我说不着；我只忠于崔杼，所以必须杀掉你。秦晖先生分析说，崔杼的部下在国君面前能如此长篇大论、振振有词，说明这个道理是当时大家公认的：我们只对我们的上一级负责，再上一级，我们就不用管了。

四

我相信，大家能从前面几个故事中感觉到，周代的人们是生活在一个一个小的自治社会当中的，也就是小共同体当中。

在这些小共同体中，各地诸侯大夫的权力是世袭的，不是上面的天子或者国君赐予的，因此也不能被他们剥夺。统治者的经济来源是自己领地的收入，而不是上一级给的工资。这说明什么？说明他们有很大的自治权，他们的实力来自自己领地内民众的效忠，而不是凭借上级领导的赏识。他们很在乎是否获得本地民众的支持，制定措施要考虑民众的感受，剥削和压迫必须有一定限度。

因此，在这种社会结构中，自上而下的社会控制力也是很差的。上一级的命令只能到达自己的下一级，而无法穿透一层层的层级结构直接到达社会最底层。与此同时，小共同体社会的信息传递效率是很差的，周天子会了解诸侯国的一些大体情况，但很难掌握具体情况，至于诸侯国下面各个卿大夫领地的情况，他更是完全不了解。他想知道全天下一共有多少人口，直接从老百姓那里收税，是很难的，甚至是不可能的。换句话说，这样的社会，汲取能力很有限。

因此，这种小共同体的结构显然不利于国家集权，也不利于国家汲取社会资源，统一指挥来办大事。

五

所以周制的社会结构就像是大船中有一个又一个的隔水舱，虽然同处一条大船，但这些隔水舱彼此是相对独立的。周秦之变的内容，就是国家权力打破层层限制，把小隔水舱全部打通，把一个个小共同体连接成了一个大共同体。

首先，各国诸侯国不存在了，贵族阶层被整体消灭了，六国贵族活下来的都被迁到了首都，不再有封地了。原来的封地全部变成郡县，由皇帝派地方官管理。地方官治理的逻辑和世袭贵族是不一样的，他们的权力和地位完全来自皇帝，所以他们唯皇帝之命是听，不在乎被他们统治的老百姓对他们怎么看，因为他们是“流官”，干几年就走。皇帝的命令因此很容易直接贯彻到社会最底层，想要收多少税，马上就能收上来；想要调动多少人修长城，马上就能调动起来，不必管百姓的死活。所以，秦朝和汉朝出现了许多“酷吏”。

接下来，秦始皇又对民间的家族制度动手：贵族虽然没有了，但是血缘家族仍然是有效的民间组织形式，人们如果忠于家族，就会妨碍他忠于国家。儒家认为，孝子就是忠臣，所以求忠臣于孝子之门。而法家的逻辑完全相反，韩非子认为，“君之直臣，父之暴子也”，“父之孝子，君之背臣也”。我们不要孝子，只要忠臣，因为孝子只重视他爹，不能尽忠国家。

所以秦代和汉代都鼓励老百姓分家，甚至强迫老百姓分家。规定“不得族居”，“民有二男不分异者倍其赋”，“父子兄弟同室共息者为禁”，就是说姓一个姓的不能住在一个地方，家里有两个成年男人就必须分成两家，父子或者兄弟俩不能住在同一个房间。这样做的目的当然就是强制解散大家庭，把一夫一妇的个体家庭作为最基本的社会细胞。这样民众就原子化了，变成由最高统治者直接控制的“编户齐民”。

有人会疑惑，说分家，老百姓就会老老实实分家吗？说打散血缘纽带，就真的能打散吗？一个社会的传统是很难一下子改变的，官方的命令在社会上不一定能真的执行。

但是大量的学术研究成果证明，秦汉三国时代还真做到了这一点，通过强有力的权力高压实现了基层社会原子化——秦简汉简中有很多证据。

秦晖先生着重研究了20世纪末发现的长沙走马楼吴简，他发现在三国时代，长沙一带所有自然村的姓氏极度分散。分散到什么程度呢？一个村子如果有40户人家，那么，这40家至少包含20个姓氏。有一个姓氏在这一带共有70户，结果分散在70个村子里，每村只有一户。这显然是政府强迫原来的家族分家，把他们均匀地迁徙的结果，目的是彻底打散家族纽带。秦晖说，这是“极端的多姓杂居状态”，“其杂居的程度已经达到显得不自然的程度，令人怀疑是否有人为的‘不许族居’政策的结果”。[1]

我们知道，三国时代是世家大族与皇权分庭抗礼的时期，然而在皇权能控制的直接区域，宗族仍然被打散得如此彻底，更何况在秦朝和汉初。

这还不是一个地方的偶然现象。秦晖先生考察了上至秦汉，下到唐宋，包括湖南（长沙一带）、湖北（江陵一带）、四川（成都平原）、中原（洛阳一带）、河西走廊（张掖—敦煌一线）等地的历史资料，他发现，从内地到边疆，黄河流域到长江流域，全都是非宗族化的乡村，没有任何一例聚族而居的。这说明秦制为了打散家族的控制，花了很大的力气。有人说，不对，我们南方的很多村子只有一个姓。这个基本都是宋代之后宗族复兴的结果。[2]

所以，在周秦之变后，小共同体社会变成了大共同体社会，导致中国人的生存逻辑发生改变。秦始皇统一中国之后，社会价值就从“父高于君”，变成了“君高于父”，人们要忠于国家，而不是忠于自己的家族。民众在日常生活中遵循心里不能有其他，只能有君主的新准则，就是所谓的“官无私论，士无私议，民无私说，皆虚其匈以听于上”。举国上下，皆以君主之是非为是非，以君主的利益为利益。

所以在秦代之后，中国人开始推崇另一种价值，叫“舍小家顾大家”，叫“大义灭亲”，叫“忠孝不能两全”。不管皇帝怎么对待自己的臣民，臣民都不能反抗——所以岳飞的儿子也就不能去投奔金国了。

那么这一切，包括建立一个高效严密的官僚体系，包括把血缘组织打

---

[1]秦晖：《传统十论》，东方出版社，2014，第12页。

[2]秦晖：《传统十论》，东方出版社，2014。

散，有什么目的呢？显然是为了提高国家的动员能力和汲取能力。这样，“2000万人口的秦朝，可以调40万劳动力去修长城，70万人去修始皇陵，70万人去修阿房宫，50万人戍五岭……这是宗法时代的周天子绝对不敢设想的”[1]。

所以，小共同体和大共同体的区别，或者说周秦之变的主要内容，就是政治组织形式变了，国家的汲取能力大大提高了。

[1]秦晖：《传统十论》，东方出版社，2014，第149页。

第十四章
孔子为什么经常梦到周公

一

周秦之变的第二个变化，是人际关系和人的道德水平的变化。

周制是一个小共同体时代，当时的封国并不大，也就几千人或几万人，里面再分封，每个人具体生活的小社会可能就几百人，就像今天一个大村子那样的规模。

这样的社会，诚信度往往比较高。为什么呢？用秦晖先生的话来说，从“经济人的理性”角度来考虑，在这样的社会里，人与人之间都有或远或近的亲戚关系，都“知根知底”。所有人都要长期地、反复地打交道，也就是所谓的“反复博弈”。人们当然不会选择一锤子买卖，而是会将“诚信”作为处世的基本原则。

这一点我很容易理解，因为我小时候生活在农村。和城里相比，那时候的农村人情味非常浓厚。一个人去另一家串门儿，如果遇到饭点儿，可以自然地上炕一起吃饭。谁家园子里的豆角、黄瓜成熟了，也会很自然地送给旁边结得比较晚的邻居，大家从来不认为这需要客气。那时候我母亲在山村里做小学老师，是“吃国库粮”的，没有菜地，我家门口早上经常会收到一篮子新鲜蔬菜，很多时候根本不知道是谁送的。在这样的农村社会中，一个人“人性”好坏，也就是口碑怎么样，决定了他的地位和前途。而且农村还有一个特点，就是谁辈分大，谁就可以坐到炕头，谁就有话语权。甚至直到今天，那些外出打工的人不管在外面发了多少财，回到村子里，还是会露出淳厚的笑脸，见了长辈仍然要毕恭毕敬。

所谓小共同体，其实就是这样一个大村庄，民风自然很淳朴。所以儒家才得出了“人之初，性本善”的结论。

而变成了一个大共同体后，中国就从血缘社会变成了“陌生人社会”。陌生人社会里，人和人之间都是一次性博弈，就是“一锤子买卖”。举个例子，开在小巷深处的小饭店的饭菜通常很可口，因为来吃的都是老主顾；但是火车站边上的饭店就差劲多了，因为来吃的都是流动人口。因此在陌生人社会里，人和人之间的欺诈行为越来越多，甚至亲人之间也很冷漠。所以秦代建立之后，中国社会原有的那种脉脉温情就逐渐消失了，变成了一个越来越冷冰冰的社会。贾谊说秦人“家富子壮则出分，家贫子壮则出赘，借父耰鉏，虑有德色；母取箕帚，立而谇语”，意思是秦人分完了家，儿子到爹家借个锄头，当爹的都不愿意；母亲到儿子这儿拿个扫帚用，儿媳妇叉着腰就破口大骂。整个社会风气为之一变。

二

在这里，我们有必要回头再讲讲儒家。

孔子是古今中外最为特殊的一个思想家。为什么这么说呢？

孔子没有留下自己的著作。老子、墨子、韩非子，他们都各写了一本书。只有孔子一个字也没写过。《论语》不是他写的，是他的弟子们写的。为什么呢？是因为他文笔不好，怕露怯吗？不是。因为他的主张就是全面回到过去，因此不需要创新。

西周之时，并没有“儒家”这个词。为什么呢？因为儒家所主张的，其实在那个时代就是西周社会活生生的现实，是习以为常的具体生活。到了春秋战国时期，西周的生活方式已经开始被抛弃，这时才出现了儒家。儒家其实没有“学说”，它提倡的就是全面复古，恢复西周的一切。也因此，后世历代儒生的最高政治理想也是回到“三代”，说白了其实就是回到西周。

所以孔子说他“述而不作”。儒家已经有了系统化的经典，周代传下来“五经”，因此不需要他劳神再去写作。他需要做的，就是整理和传授而已。

所以，孔子并没有创新，他风尘仆仆到处游说，是希望当权者能按他的意图来“从周”；他广收门徒，四处讲学，也是为让更多的人能传承“周公之道”，散播更多的文化火种。所以，儒家这一学派真正的始祖并不是孔子，而是周公。孔子自己也说，周公就是他心目中神一样的存在，他经常梦到周公。[1]所以汉代儒生坚持认为，儒门的宗主是周公，周公才是“先圣”，是开创者。孔子不过是“先师”，是传授者。[2]这个想法孔子如果得知，肯定会举双手赞同。

三

孔子为什么要回到过去呢？主要是他非常反感春秋战国的时代变化，反感人心不古。

虽然孔子活着的时候，秦国还没有统一天下，但是随着各国间的战争日趋激烈，周秦之变的趋势已经很明显了，中国的血缘社会正在崩溃的过程中，孔子对“巧言令色”“人心不古”“礼坏乐崩”“世风日下”这些“陌生人社会”的苗头非常敏感和痛心。薛涌说：“从我们两千多年后的人的角度看，在这方面，孔子可以说是最早看到专制将腐蚀了社会的基本道德规范的先知。”[3]

所以孔子不光主张文化上要回到过去，连政治结构也要全面回归小共同体时代，要“兴灭国，继绝世，举逸民”，恢复到周初那个一千七百多个小国并立的状态。这就和老子的主张不谋而合了。孔子和老子都喜欢小国寡民的状

[1]《论语·述而》：“甚矣吾衰也！久矣吾不复梦见周公！”

[2]汉代儒生并不把《论语》当成经典，只当成普通读物。

[3]薛涌：《学而时习之》，新星出版社，2007，第10页。

态，道理很简单：只有几千人口的小国，才能形成一个“熟人社会”，才能像一个大家庭，才能让“民德归厚”。

孔子反对社会变化的第二个原因，是反对国家组织能力和汲取能力的提高，对民众的压迫加重。

《礼记·檀弓》记载了一个故事——也许不是史实，但是很传神地说明了那个时代的气氛：

> 孔子过泰山侧，有妇人哭于墓者而哀。夫子式而听之。使子路问之，曰：“子之哭也，壹似重有忧者。”而曰：“然。昔者吾舅死于虎，吾夫又死焉，今吾子又死焉。”夫子曰：“何为不去也？”曰：“无苛政。”夫子曰：“小子识之！苛政猛于虎也！”

孔子经过泰山脚下，见到一位妇人在新坟前哀哀恸哭。孔子停下了车，询问是怎么回事。妇人说：“我是在哭三个人。我的公公、丈夫和儿子都先后被老虎吃掉了。”孔子很吃惊：“虎患如此严重，为什么你们不离开这个地方呢？”妇人说：“因为这里虽然有老虎，却没有严酷的政治剥削啊！”

孔子听罢，发出了那句著名的感叹：严酷的政治比老虎还要凶猛！

这只老虎，就是越来越集权的国家。孔子虽然未见到商鞅变法，但是他经历了春秋战国之际的第一次改革，也就是鲁国的“初税亩”。

> 周室既衰，暴君污吏慢其经界，徭役横作，政令不信，上下相诈，公田不治。故鲁宣公“初税亩”，《春秋》讥焉。（《汉书·卷二十四·食货志第四上》）

“初税亩”是国家增强税收能力的一种改革。孔子对这种社会变化的趋势非常敏感，明确表示反对。

四

面对“集权国家”这只新出现的老虎，法家和儒家的态度是完全相反的。儒家想倒推历史的车轮，回到过去，消灭这只老虎；法家却主张前进，主张更快地推动历史的车轮，让这只老虎越来越凶猛。

那么，我们反观历史的发展，孔子的主张显然是脱离现实、不可能实现的。人类社会从小共同体社会进入大共同体社会，是一个不可逆的过程。中央集权国家是人类社会发展的必然。

秦王朝统一了度量衡，为建立全国性统一市场奠定了基础；废除了封建等级制，让社会流动性大大增强，平民从底层向上奋斗比以前容易多了。特别是终结了各国混战，天下大部分地区归复和平。这些都有利于大范围内的物资和信息交流，在全世界遥遥领先。欧洲一千多年后才结束了封建制，建立统一民族国家。而日本则直到明治维新后，才做到这几点。

王夫之因而说：“郡县之制，垂二千年而弗能改矣，合古今上下皆安之，势之所趋，岂非理而能然哉？”“封建毁而选举行……势相激而理随以易，意者其天乎。”郡县制比封建制有很多优势，因此，它取代封建制，可以说是一种天意。

而且，儒学主张血缘关系解决一切社会问题，这也是一个过于简单化的方案——这在小共同体时代也许可以实现，到大共同体阶段显然就不行了。所以现在新儒学认为儒学包治百病，甚至认为“21世纪就是儒家的世纪”，我是不敢相信的。

但是，孔子的思想在今天也仍然有一定启发作用。

是的，中国社会早晚要走出血缘纽带，要走向大共同体，但是大共同体是否一定要采取秦国的方式？是否必然与小共同体不兼容？不见得。

在西方文化中，小共同体的传统一直很深。且不说希腊城邦是自治的，罗马帝国结构中也保留了大量自治成分，欧洲中世纪的庄园也是小共同体，有自己的法庭，能解决自己的内部问题。中世纪后期出现的自治城市，更是现代西方民主的重要起源。

这造成了西欧近代大共同体即集权国家和中国式中央集权的不同：欧洲集

权国家是在议会、自治城市、行会等多种社会力量发育起来之后出现的，因此君主的专制权力是有限的，君主权力不仅受法律、议会的制约，也受到各社会阶层、利益团体的限制。因此，虽然现在的西方国家都是大共同体，但是它们都保留了很多自治传统。比如今天美国社会超过一半的公共事务是由民众自我管理完成的，美国人今天仍然认为，“一切政治都是地方政治”。

因此阿夫纳·格雷夫（Avner Greif）在讨论西方文明成功的原因时，提出了一个基本的制度因子：西方人一直没有失去自治能力。当小共同体能够在现代国家的结构中保存自己的自立性和创造性时，就能促进社会的繁荣和国家的兴盛。如果这种小共同体过早地被国家权力整合，社会的基本动力就消解了。因为“文明的动力归根结底来自社会基层。当一个社会活跃着无数自治群体，每个人都参与社区事务的时候，这个社会才是健康的。当一个社会把所有权力都由高高在上的政府垄断，这个社会注定会失去活力”。

中国的“国家巩固发生在社会其他力量建制化地组织起来以前”，因此君权得不到有效的约束。周秦之变后，中国社会原有的那些小自治体和小共同体被消灭了，完全被官僚体系取代。正如同法国历史学家托克维尔在《旧制度与大革命》中描写法国专制王权时期一样，“中央集权下官僚机构的行政活动取代了地方民众的公共生活”，社会因此沙漠化。事实证明，这不利于一种文明和一个社会持续保持活力。

今天的中国当然不可能通过“反向的周秦之变”重新走回周制，走回小国寡民。但是，儒家反对权力过度扩张，强调家族自治，对我们今天思考如何治理社会还是有启发意义的。事实上，后来的大儒顾炎武就提出以宗族力量来限制皇权，“无强宗是以无立国”，没有强大的宗族就没法立国。他说唐代“贵士族而厚门荫，盖知封建之不可复，而寓其意于士大夫，以自卫于一旦仓皇之际”，唐代的君主虽然知道不能恢复封建制，但是还是保留了魏晋时再度发展起来的大家族制度，这样的话，天下苍黄之时，大家族可以用自己的力量自保。虽然他对唐史的这种解读不见得正确，但这正是儒家精神一以贯之的体现。

第三篇

秦汉与罗马

第十五章
成也法家败也法家的秦朝

一

上两章我们讲了周秦之变，从周代的制度到秦代的制度，出现了深刻的变化。利用这一制度，秦代结束了列国纷争，统一了度量衡，破除了封建壁垒。

那么，秦代的这一制度在后世运转得怎么样呢？这是我们从这一章起要讲的内容。

公元前221年，39岁的嬴政端坐在高大幽深的咸阳宫前殿。他注视着竹简上大臣们列出来的许多汉字，提起毛笔，圈定了两个字，一个是“皇”，一个是“帝”。

从此，中国的最高统治者的称号，就从周代的“王”，变成了后来的“皇帝”。

从这两个字，我们能感受到嬴政的非凡自信。

“皇帝”这两个字，“皇”字取自“三皇”，是开创宇宙人类的三位神人；“帝”字取自“五帝”，是传说中以黄帝为代表的五位半人半神的领袖。所以，“皇帝”是三皇五帝的合称。

为什么要叫“皇帝”呢？

嬴政自认为，他的大一统的功绩，是“上古以来未尝有，五帝所不及”的。他开创的是前无古人的事业，因此“三代之事，何足法也”，历史上的那些事，都不值得效法。他比一切古人都伟大，黄帝都没有他伟大，“以为自古莫及己”，过去的一切称号都配不上他了。所以如果还像以前那样仍然叫

“王”，不足以“称成功，传后世”，不足以显示自己的功绩，不足以传之于千秋万代。

我们知道，周王除了称“王”之外，还自称“天子”，意为“上天的儿子”。但是请大家注意，秦始皇从来没有自称过“天子”。

这是周制和秦制的一个重大变化。

“天子”听起来也很好听，很伟大，但秦始皇为什么不使用这个称谓呢?

因为周代文化有一个重要基石，那就是天命观。周人认为，统治者的合法性来自上天的委托，你干得好，上天就眷顾你；如果你干得不好，上天就要换人了，所以天命是可以转移的。

秦始皇不接受这个理论：他不受任何人的控制，包括天。“天子”毕竟是儿子，不是老子，天的儿子要受制于上天，并不是至高无上的。所以他不做儿子，要做就做老子。

因此，秦代留下的碑文很少提到天，也很少提到“天命”。一切都要由皇帝一人控制，只有皇帝控制人，不能有什么来控制皇帝。

秦始皇还有一个做法和后世的其他帝王不一样，就是他不立皇后。显然，他认为，天下没有任何女人能够与自己地位平等。

所以秦始皇废除了历代都沿用的一个制度，叫“谥号制度”。什么叫“谥号”呢？就是君主死后，他的大臣们聚到一起，商量好给他一个盖棺论定的称号，来总结他的一生。比如周平王的“平”字，晋文公的“文”字，都是谥号。后世的汉武帝、隋炀帝，“武”字和“炀”字也都是谥号。“武”就是指武功很厉害，“炀”是指不守礼法，众叛亲离。因此谥号有好也有坏。

秦始皇把这个制度废除了，为什么呢？因为法家理论认为，人主独尊，不可议论。臣子不能议论君主，部下不能议论领导，不论好坏都不能评价，因为你没有评价的资格。所以这种“子议父，臣议君”的制度，是大逆不道的。

那么，没有了谥号怎么办呢？怎么区分不同的皇帝呢？难道秦朝的皇帝都叫秦皇帝？别着急，嬴政有办法，他说：“称始皇帝。后世以计数，二世三世至于万世，传之无穷。”意思是：我是第一个皇帝，所以叫“始皇帝”，接下来按数目依次类推，一世二世三世那样传下去，传个一万代，没有问题。

从这一事实，我们也可以感受到秦始皇前无古人后无来者的那种自信，想废除什么就废除什么，想开创什么就开创什么。

二

秦始皇为什么如此自信呢？当然有他的理由。

秦始皇的一生，就是从一个成功走向下一个成功。他登上皇位后，首先打倒了吕不韦，接着一个又一个消灭了六国。然后，在全国推行郡县制。每一样都取得了成功。

秦始皇所做的一切，都是在法家理论的指导下完成的。法家理论的核心，就是一切围绕君主利益出发，因此皇帝的权力是没有任何制约的。

过去，周天子以及各级诸侯的权力都是受制约的：受到天命的制约，受到下一级诸侯的制约，受到权力和责任对应原则的制约。但是在皇帝制度下，贵族都被消灭了，天命被取消了，所有制约皇帝的力量都消失了，整个天下都是皇帝一个人的私产；天下所有人，从宰相到每一个普通百姓都是皇帝的奴仆。黑格尔说，中国的皇帝制是一种“普遍奴隶制”，“在中国，奴隶和自由民之间的差别并不大，因为在皇帝面前人人平等，就是说，大家一样卑微”。因此，秦始皇从自己的经验中得出了一个结论：天下没有权力办不到的事。他想干什么，都能干成。

在成功地统一天下之后，秦始皇又围绕着“如何让天下永远掌握在自己的手里”这个问题，动起了脑筋。

法家的政治理论是皇帝一定要做到大权在握，强干弱枝，从制度上防止大臣们架空皇帝，威胁皇权，防止各地百姓造反，推翻皇帝。因此围绕这个核心，秦始皇进行了非常周密的规划。

首先，大秦帝国是一个单纯的郡县制国家，分全国为36郡，1000多个县，各地的所有地方官皇帝都可以随时替换，因此地方上不可能分裂，不会出现诸侯争霸的情况。

其次，秦始皇很注意搞三权分立。秦代的中央政府就是三权分立的，秦始皇设立丞相、太尉、御史大夫这三公，分别掌握行政、军事、监察大权，让他们相互制约，相互牵制。

地方上也是三权分立的。我们说秦代中央下面是郡，郡的长官叫郡守，主要管理郡里的文官，此外还有两个长官：郡尉和郡监。郡尉管郡里的军事，他直接听中央的命令，不听郡守的指挥；郡监管监察和纪检，也是听中央的。因此，地方上这三个职务并不相互隶属，而是相互牵制。

所以中国的三权分立很早就出现了。有人说，三权分立是西方的产物，其实中国早就有了，而且是世界上最早出现的。不过中国的三权分立和西方的出发点不同，西方的三权分立是为了制约最高权力，而中国的三权分立，是为了保护最高权力不受挑战。

秦代在郡之下，还设立了一层层的机构，郡下面是县，县下面是乡，乡下面是亭，亭下面是里。里是最基层的，里以下，10家为一什，5家为一伍。

这样，秦代的政治制度是一个自上而下的垂直系统，皇帝的权力一竿子插到底，每一个老百姓都被官僚体系控制起来。全国每一个角落，都处在可控状态。

接下来，秦始皇突然宣布，没收民间一切兵器，什么刀枪剑戟，都得上交，统一运到咸阳，干吗呢？铸成十二个巨大的“金人”，金属塑像。民间因此没有了武器。

接着，秦始皇又进行了一项大手笔的建设：他在全国范围内开始修“高速公路”，当然在当时不叫“高速公路”，叫“驰道”，就是马可以在上面疾驰的大道。当时的“高速公路”网以首都咸阳为核心，从咸阳出发，向东一直抵达河北和山东，向南一直抵达江苏、浙江和湖南、湖北。驰道宽50步，即今天的六十多米，建筑质量很高，不牢固的地段甚至要用铜桩加固基础。之所以建设这样一个“高速公路”网，当时不是为了发展经济，“想致富，先修路”，秦始皇那时候还没这个概念，他修驰道主要是出于军事目的——一旦天下哪个地方有人造反，中央派出的军队就可以迅速抵达。

配合“修驰道”工程，秦始皇还有一个“去险阻”工程。什么叫“去险阻”工程？就是把原来六国修建的军事要塞全都拆除，目的是防止各地凭着这些要塞险阻来抵抗中央。

当然，在拆险阻的同时，秦始皇又修了一个新的险阻，那就是伟大的万里长城，他修了一道长长的围墙，把匈奴挡在北边。

至此，秦始皇把帝国的“硬件”设施都构建完备了。

接下来，他还要构建“软件”。因为天下虽然统一了，但人心却没有一统。

为了统一天下人思想，秦始皇决定烧毁天下所有藏书。书读多了，人的想法就复杂了，不好控制了，所以除了秦国的国史以及一些工具书之外，所有的书都必须在30天之内烧光，30天之后如果谁的家里查出有书，就会被抓去判刑；敢公开谈论诗书的，斩首；敢以古非今、否定今天成就的，灭族。这就是所谓的“焚书坑儒”[1]。

因此，这是中国有史以来第一场文化浩劫。周代传下来的大部分诗书都被毁掉了，只有秦朝官方保留了一个小型图书馆，收藏了一些秦代的历史书。可惜7年之后，项羽攻入咸阳，又放了一把火，秦帝国的官方图书馆也化为灰烬。中华民族自上古以来积累了几千年的很多宝贵文化遗产，被永远毁灭了。我们今天还能读到的先秦古籍，都是幸存下来的一小部分，还有更多的部分被永远消灭了。

做完这一切，秦始皇这才放下心来。现在，大秦帝国的硬件和软件都更新升级了，已经固若金汤，看不到任何威胁了。他的帝国，传之万世，没有任何问题。

然而秦始皇万万不会想到，他死后不过3年，这个帝国就灭亡了。也就是说，大秦帝国从出现到灭亡，不过15年。

这个结果秦始皇绝对想不到，更不知道为什么。

---

[1]“焚书坑儒”实际是汉代才出现的一个固定词组。事实上，秦始皇所坑的大部分都是术士，而且焚书和“坑儒”这两件事并不是同一年发生的。

三

秦朝灭亡的原因，和后来历代很多王朝灭亡的原因是一样的，就是权力系统对民众的过度榨取。

我们说过，秦国的成功，是因为能够高效地集中人力和物力，统一天下。

统一天下之后，这套汲取体系仍然在高速运转，甚至更高速地运转。因为秦始皇所做的那些事，修“驰道”、拆险阻、修长城、平百越、伐匈奴，每一件事都是要花钱的。

除此之外，秦始皇还有一个爱好：喜欢搞大的工程项目，搞城市规划建设，修宏伟的建筑。他每灭一国，就要把这个国家首都的宫殿绘下图纸，在咸阳边上照样复制一座。因此，他修的宫殿非常多，“关中计宫三百，关外四百余”，一共七百多座。秦始皇修的最大的一个工程是自己的坟墓，著名的秦始皇陵，动用了七十余万人。

所以大秦帝国的老百姓，赋税痛苦指数是空前的高。董仲舒说，秦代的田赋数量是以前的20倍。

这还不是最可怕的，最可怕的是劳役，就是要为国家无偿地劳动。秦朝规定，每个老百姓，每年都要拿出几个月的时间，给国家无偿劳动。而且劳动纪律极为严格，劳动条件极差。所以当时被押赴北边边疆当劳工的，死亡率达60%~70%。征伐南越的路上因为不服水土，死的人更多。当时有记载，有的人走到半路，实在是不堪虐待，干脆就在路边的树上吊死了。

葛剑雄先生说，如果长期和短期服役都算的话，“秦始皇时征发的劳力……一度高达2000万，即总人口的50%”[1]。

所以秦朝百姓造反是必然的，因为在秦朝造反的机会成本低。造反成功的概率虽然低，但仍然比你老老实实当顺民活下去的概率高。

陈胜、吴广为什么起义呢？因为他们算过机会成本。这俩人是河南人，要到渔阳（今北京密云附近）去服役。路上恰遇天下大雨，而且连续下了很多天，道路不通，走不了，他们估计走到渔阳，肯定已经超过规定的期限。过了

---

[1]葛剑雄主编：《中国人口史》（第一卷），复旦大学出版社，2002，第310~311页。

规定的期限，按照秦朝的法律规定是该杀头的。

所以陈胜、吴广就算了一下：“如今我们继续按规定去服役也是死，逃走也是死，起义干一番事业也是死，同样都是死，为什么不干一番事业？万一成功了还能活下来，而且还会活得很好。”确实，从当时的情况看，他们造反，失去的只是锁链，得到的可能是整个世界。

在这种情况下，造反就是必然的了。

在秦末农民起义中，还有一个规律性的现象，那就是各地起义军对官员都十分仇恨。他们最恨的不是我们想象的各地地主和富豪，而是压榨他们的酷吏。说实在的，秦朝的忠臣，无一例外都得是酷吏。因为如果不是酷吏，就执行不了那些残酷的法律。所以陈胜、吴广起义后，各地百姓都纷纷响应，起来杀掉本地的官员。用武臣的话说，便是“县杀其令丞，郡杀其守尉”，所有的地方官，一律被干掉。因为秦朝就是通过这套官僚系统汲取民间资源的。

所以秦末农民起义有一个特点，“有叛民无叛吏”，即没有一个官员参加造反。这形成了官与民两个界线分明的群体，因为官员已经完全站到民众的对立面，成为民众的仇人，即使想加入起义也没人接受。

所以秦朝是“成也法家，败也法家”。它的成功，是建立了高效的汲取制度；它的失败，是这套制度没有可以约束它的力量，导致它汲取过度，超过了民众的承受力。

第十六章
汉代对秦代的重大升级

一

上一章我们讲了大秦帝国的迅速覆灭。秦国从最早建立邦国到最终统一天下，用了几百年的时间，但是大秦帝国只存在了15年的时间。

这说明什么呢？说明法家文化是有严重问题的。

法家文化是一种绞肉机文化，是一台没有安装刹车装置的疯狂的列车，它的终点只能是所有人同归于尽，坠入深渊。

我们来看看那些著名的法家人物的下场，他们的结局本身就非常有讽刺意味。

通过杀妻求将，吴起把自己异化成了一只权力野兽。他精明至极，算计猛狠，成功迅速，权倾朝野，但是所谓“机关算尽太聪明，反误了卿卿性命”。吴起在楚国变法虽然风光一时，但是支持他的楚悼王一死，吴起就被射死在楚悼王的葬礼上，对他满怀仇恨的楚国贵族将吴起射成了一个刺猬。

从秦国变法的过程来看，商鞅也是一个手腕极其铁硬的人，他把一切人都当成了他成功路上的棋子，结果在变法成功之后，他自己成了众矢之的。复仇者杀掉了商鞅全家，包括他的老母亲。商鞅本人被秦国贵族追得走投无路，出逃到一客栈投宿，客栈主人却说：“商鞅定有法律，谁让没有凭证的旅客住宿，谁就要连坐。”商鞅最后被捉住，车裂而死。

韩非子提醒秦王，不要相信任何人，任何人都是阴险、自私而贪婪的。秦王也确实贯彻了韩非子的思想，怀疑韩非子来到秦国是一个阴谋，因此把他投入监狱，后来韩非子被李斯毒死，也自然是“死得其所”。

那么，谁从法家制度中受益了呢？秦国百姓受益了吗？并没有。

为了统一天下，秦国百姓付出了血和汗的代价。在秦国还没有统一天下时，秦国百姓独自承受过度的压榨，或被驱往战场，或被束缚在土地上拼命劳作。在繁重的赋役压迫下，在连坐和告奸之法的约束下，秦国百姓手足无措，“秦人不聊生，相与哭孝公”。

在秦国兼并天下的过程中，各国百姓对秦国的这套统治制度非常恐惧。《史记·秦本纪》里有记载：“（秦昭王）四十七年，秦攻韩上党，上党降赵。”秦国进攻韩国的上党，上党守不住了，不向秦国投降，反而投降了赵国。为什么呢？韩国的使者说：“其吏民皆安为赵，不欲为秦。有城市邑十七，愿再拜入之赵，财王所以赐吏民。”也就是说，百姓不愿意被秦国统治，愿意被赵国统治，因为赵国的统治方式不那么虎狼。

然而，在秦国的强大武力面前，天下人逃无所逃。原来的六国，统治是比较宽松的，法律不那么严，税收也不那么重，老百姓的生活自由度比较高。统一之后，税率一下子提高了好几倍，户籍制度也一下子变严了，想逃避赋税根本不可能。稍一反抗抱怨，严刑峻法、告奸连坐都跟着来了。因此“百姓愁苦”，生活状态发生了巨大改变。《盐铁论》里说：“秦有收帑之法，赵高以峻文决罪于内，百官以峭法断割于外，死者相枕席，刑者相望，百姓侧目重足，不寒而栗。”百姓几乎一举手，一投足，就会触犯法网，只能侧目重足，活得胆战心惊。

所以秦末起义的时候，人们纷纷大喊天下“苦秦久矣！”刘邦占领秦人故地后做的第一件事，就是废除商鞅之法。

> （刘邦）召诸县父老豪杰曰：“父老苦秦苛法久矣，诽谤者族，偶语者弃市。吾与诸侯约，先入关者王之，吾当王关中。与父老约，法三章耳：杀人者死，伤人及盗抵罪。余悉除去秦法。”（《史记·高祖本纪》）

结果“秦人大喜……唯恐沛公不为秦王”。

所以，包括秦人在内的各国人，在秦制下吃尽了苦头。

所以看来，似乎只有秦国的王族从这个制度中受益了。然而，虽然秦始皇风光一时，但是他的子孙后代没有一个有好下场：他的长子扶苏被矫旨自杀。秦二世即位后，在咸阳杀死公子12人，在杜县车裂公主10人。继位的秦二世最后也被迫自杀。帮助他谋得皇位的李斯被处以极刑，赵高后被扶苏之子子婴诛杀，子婴又被项羽诛杀。在秦朝灭亡后，秦王族子孙尽灭，就是说，秦始皇的所有子孙后代，都被杀光了。

所以鲍鹏山解读商鞅的《商君书》称商鞅变法的结果是所有的人都输了。为什么呢？因为他“不在乎人民的幸福，只追求国家的强大”[1]。结果是没有任何人从这个制度中受益。

二

因此，秦始皇确立的这个大一统郡县制度，虽然设计得很周密，但还是有很多致命的缺陷。

那么，秦末农民大起义推翻了秦朝，中国人是不是有机会重新选择，拒绝秦制，走其他的道路呢？

没有这个可能。在传统时代，秦始皇在中国历史上一直是一个负面角色，一直被骂为暴君，但是他发明的皇帝制度，却得到了后世一致的坚决拥护，所谓“百代皆行秦政制，万年咸用始皇心”。

汉代皇帝虽然无一不咒骂批评秦始皇，却没有一个人提出要废除皇帝制度。因为皇帝制度带给统治者的眼前利益太巨大了。他们只是认为这一制度有缺陷，需要重大升级。

要升级，首先要判断是哪个部分出了问题。汉代君臣经过会诊后认为，秦

[1]鲍鹏山：《〈商君书〉：秦王朝专制政治的黑暗心脏》，《中国青年报》2016年12月29日第5版。

代失败，主要原因有两个。一个是汲取过度，兴奋起来刹不住闸。所以要为这一绞肉机安上暂停按钮，为这个高速列车装上刹车装置。另一个原因是思想文化建设出了问题。秦朝没有成功地建立起一个有说服力的信仰和价值系统。法家的那套东西，本身是只能做不能说的，公开依靠法家，就把自己的统治秘诀暴露给了天下。所以要在意识形态上进行伪装。

所以汉代初年遵奉黄老之术，也就是“无为而治”。要大幅度地降低税赋率，从收一半，到“十五赋一”，就是从50%降到约6%，景帝时又改成三十税一，与民休息。同时改革法律，废除很多残酷的刑罚，不能动不动就把人关进监狱，砍手砍脚。这个相信大家都很熟悉了，文景时期是黄老之治的典型，皇帝居然穿草鞋上朝，后世称之为“文景之治”。这是汉代吸取秦代教训，做出的第一个反应。

第二个反应，是抛弃法家理论作为指导思想，“罢黜百家，独尊儒术”，把儒家学说作为大汉帝国的门面工程，让老百姓相信，皇帝是为他们服务的。让儒术成为帝国所有知识分子的信仰系统，在思想上完成真正的统一。这是一个比“无为而治”影响更深远的举措。

三

“罢黜百家，独尊儒术”这个事，值得我们细说。

为什么呢？因为汉武帝这个人，看起来并不像个喜欢儒家思想的人，而更像是秦始皇再世。

汉武帝是一个性格非常强悍、非常想大有作为的皇帝。他的性格、做事的方式，都酷似秦始皇。他在统治期内，也是拼命地搞财政扩张，千方百计汲取更多的财政收入，然后“做大事”：东并朝鲜，南吞百越，西征大宛，北破匈奴，同时还兴修起数十座雄伟的宫殿和自己的豪华陵墓，不断搞声势浩大的巡游。最后搞得老百姓承担不了这样大的压力，各地开始造反，西汉差一点儿亡在他手里。

这样一个人，当然不会继续用黄老之术来作为指导思想。黄老无为，而他是“大有为”。但是也没法继续用法家思想，因为法家思想已经臭名昭著。

那么怎么办呢？元光元年（公元前134年），汉武帝召集全国著名学者到长安开会，讨论帝国的思想文化建设问题，到底应该把什么确立为大汉帝国的指导思想呢？

有一个叫董仲舒的人建议说，不如“罢黜百家，独尊儒术”。

这个建议，其实和汉武帝的性格并不那么合拍。儒家和法家不一样。儒家并不是一个驯服的学派。它是头上长角身上带刺的。法家是拍马屁的能手，“法今王”，谁在位，我就拥护谁。儒家是“法先王”，批评在位的君主。所以法家是没骨头的，儒家是有骨头的。

儒家首创“民贵君轻”之论，认为“民为贵，社稷次之，君为轻”，甚至说出“君视臣如草芥，臣视君如寇仇”这样在两千多年后的今天听起来仍然很大胆的话。儒家公开主张称，如果皇帝不仁，臣子可以推翻他。

所以直到汉武帝的父亲汉景帝在位的时候，还有一些儒生坚持“推翻暴君有理”的汤武革命思想。《史记》记载，有一个儒生叫辕固生，在汉景帝面前和黄老学派的黄生争论一个问题：商汤推翻夏桀到底是什么性质。到底是正义的革命事业，还是以下犯上的大逆不道呢？辕固生说，商汤推翻夏桀是合理的，为什么呢？民心就是天命。夏桀胡作非为，失去了民心，就应该被得民心的人推翻，这是天经地义的。

而黄生却说：“冠虽敝，必加于首。履虽新，必关于足。”帽子即使旧了，也要戴在头上，鞋子不管多新，也只能穿在脚下。“桀纣虽失道，然君上也。汤武虽圣，臣下也。”臣子推翻君主，这就相当于把鞋子戴在头上。君主不管有什么过错，都不能推翻。而且只有臣错而无君错，君主有过错，臣子应该劝谏，你不能有效地劝谏天子，反而把他杀了，你就是大逆不道，是篡弑，这没啥说的。

辕固生一听，说了这样一句话：“高帝代秦即天子之位，非邪？”意思是那按你这么说，咱们高皇帝刘邦推翻秦朝的皇帝，是大逆不道了？

这样一来，黄生张口结舌，不敢回答了。汉景帝是个老好人，只好出来打圆场，他说：“食肉不食马肝，不为不知味。言学者无言汤武受命，不为愚。”吃肉不吃有毒素的马肝，并不说明你不是美食家。学术不研究汤武受命这一段，也不说明你就不是学者。

意思就是要把这个问题挂起来，不争论。“是后学者莫敢明‘受命’‘放杀’者”，以后这个问题就被列为学术禁区，不能研究了。

从这一段记载我们能看出，儒家那种从道不从君的劲头，是让统治者感觉很不舒服的。换句话说，儒家学说和大一统专制本身，存在着不可调和的矛盾。[1]

那么，汉武帝怎么会决定独尊儒术呢?

因为汉武帝独尊的儒术，和儒家的本来面貌已经不一样了。为汉武帝所用的儒家，实际上是法家化了的儒家，外表是儒家，骨子里是法家。

这是怎么回事呢?这是因为董仲舒对儒家思想进行了一番偷天换日的根本改造，让儒家思想变得和以前有了很大差别。

怎么改造的呢？我们先来看一个词，叫作“三纲五常”。我们后世一提起儒家，就经常会想起这个词，因此很多人都认为这“三纲”是儒家提出来的。

但是事实上，这是法家的的东西而不是儒家的。“三纲”，最早是法家的说法。韩非子说过：“臣事君，子事父，妻事夫，三者顺则天下治，三者逆则天下乱，此天下之常道也。”大臣在君主面前，儿子在父亲面前，妻子在丈夫面前，都只能驯服，不能反抗。

这显然是和儒家思想完全相反的。儒家是强调权责对应的。所谓“君君臣臣父父子子”，是说君首先要像一个君，臣才能像一个臣；父首先要像个父，子才能像个子。所以“君使臣”和“臣侍君”都要各按“礼”而为。这种原则，多少有点契约的意味。

因此，儒家是反对法家这种单向的三纲的。

那么，为什么后来三纲成了儒家思想的代表性词汇呢?

---

[1]儒家所极力反对的，是法家扩大君权的做法，儒家是主张贵族政治而反对官僚政治的，强调对君权的限制。所以儒家主张行王道，也就是长者政治。反对霸道，也就是反对强者政治。（参见秦晖《重新认识儒家》）

主要是董仲舒的“点金成石”，把孔孟之道和韩非子的思想巧妙地嫁接在了一起。

董仲舒对儒学的改造，优点是保留了儒家以天命恐吓君主的理论，而且发展出一套装神弄鬼的谶纬之学，就是通过种种迷信，什么“占星”“望气”之类，来分析“上天”的想法，判断上天对皇帝满意不满意。如果地震了、天灾了，皇帝就要反省了，是不是自己哪点做得不对？就得洗个澡，静坐，反思自己。

也就是说，董仲舒要求皇帝要重视天命，通过“上天示警”让皇帝有所约束，不要胡作非为，否则就可能亡国。这就在一定程度上保存了周代文化的核心成果。

但是与此同时，董仲舒又和韩非子一样，把皇帝推到了至高无上的绝对化地位，甚至他在有些方面说得比韩非子还要过格。

为了强化皇帝的地位，他不惜穿凿附会，寻找神学上的根据。他说：“古之造文者，三画而连其中，谓之王；三画者，天、地与人也，而连其中者，通其道也。”王是三横一竖，三横，代表天、地、人，一竖，代表贯通。皇权是贯通天地的。他说，皇帝是整个国家的心脏，“海内之心悬于天子”，臣民与皇帝的关系，就像四肢与“心”的关系一样：“心之所好，体必安之；君之所好，民必从之。”（《春秋繁露》）心在想什么，四肢就要想办法来满足心的需求；皇帝喜欢什么，百姓就要顺他的意。

所以天下臣民必须无条件地服从皇帝：“民之从主也，如草木之应四时也。”臣民要无条件顺从君主，“体不可以不顺，臣不可以不忠”。（《春秋繁露》）这些话比韩非子说得还要到位，皇帝听起来当然会感觉很舒服，因此，董仲舒明确提出了“三纲说”：君可以不君，臣不可以不臣；父可以不父，子不可以不子；夫可以不夫，妇不可以不妇。由此，权利变成了单向的、绝对的。

董仲舒还继承了韩非子的法、术、势思想，强调一定要大树特树皇帝的权威。《春秋繁露》说：“君之所以为君者，威也。……威分则失权。”董仲舒所谓的“威”即是韩非所说的“势”，都是指帝王独断专行的权威。一定要强化皇帝权威，同时还要愚民。法家一直是主张愚民的。董仲舒也说，民的意思就是“瞑”，就是愚昧无知的意思，因此“可使守事从上而已”，只能老老实实地听上级的命令。

所以梁漱溟曾经说，董仲舒的这套改革，“把生动的理性、活泼的情理僵化了，使得忠孝贞节泥于形式，浸失原意，变成统治权威的工具，那就成了毒品而害人。三纲五常所以被诅咒为吃人礼教，要即在此”[1]。

四

汉武帝独尊儒术，一方面，让皇权获得了仁义道德的外衣，比以前冠冕堂皇多了，对皇权进行了一定程度的约束。但是另一方面，却并不妨碍皇权的实际运作。

我们用盖房子来打比方，如果说秦始皇是浇筑起了房屋的骨架，奠定了专制制度的基础，那么汉武帝则抓意识形态建设，用儒家思想对房屋进行了装修：房子一装修，就好看多了。

但是，这个房子的本质结构并没有变。《汉书·元帝纪》记载，汉元帝做太子时，看到父亲汉宣帝经常用严刑峻法，就劝父亲，咱们的老祖宗不是告诉咱们要以儒治国吗？您怎么忘了？汉宣帝勃然变色，告诉他说：“汉家自有制度，本以霸王道杂之，奈何纯任德教，用周政乎！”

意思是说，你小子懂什么？我们汉王朝的统治秘诀就是“霸王道杂之”，表面上是孔子的王道，实际上是秦始皇的霸道。

所以到了汉代，大一统专制制度才变得“刚柔相济”，初步成熟。这也是汉代统治比较长久的重要原因。因此形成了中华帝国的第一阶段——秦汉帝国。以后中国政治发展的主要逻辑，就是外儒内法：外表越来越儒家，本质却越来越法家。

---

[1]梁漱溟：《梁漱溟全集》，山东人民出版社，2005，第313页。

第十七章
秦汉与罗马的神奇联系

一

历史学家通常把中华帝国分成几个阶段，第一个阶段是秦汉帝国，所谓第一帝国。第二个阶段是隋唐宋帝国，所谓第二帝国。第三个阶段是元明清帝国，所谓第三帝国。

长久以来，人们热衷于比较秦汉帝国和罗马帝国。这是历史学界一个比较热门的话题，出了很多书和论文。

为什么呢？因为这是当时世界上“唯二”的两个大帝国，他们之间存在着一种非常奇妙的共鸣。

从空间上看，这两大帝国分处欧亚大陆的两端，一个在东头，一个在西头。从时间上看，两大帝国的诞生大体同时，当然，我们说“诞生”，是指帝国最初源头的诞生。秦汉帝国的诞生，是指秦国这个诸侯国的出现。罗马帝国的诞生，是指罗马城邦的出现。秦国是什么时候诞生的呢？是公元前750年，秦通过战争占据了周平王口头封给它的土地，正式成为一个邦国。3年之后，罗马城奠基。也就是说，这两大帝国的出生时间只差了3年。

接下来，这两大帝国都经历了几百年的时间，才最终完成了统一。秦国用了500多年，从一个小小的邦国，变成了吞并六国的统一大帝国，而罗马用了700多年的时间，从一个城邦，变成横跨欧亚非三大洲的大帝国。

两个帝国的寿命也差不太多。从秦始皇统一天下（前221年），到东汉灭亡（220年），一共是441年。而从公元前27年奥古斯都成为皇帝，罗马由共和国转为帝国，到西罗马帝国崩溃的476年，罗马帝国总共存在了503年。两大帝国的寿命只差了几十年。

从领土面积上看，汉朝和罗马帝国的疆域都是500万左右平方公里，都是由1500~2000个行政区划组成。[1]

除了这些大的方面相似外，在一些细节上，两个帝国也很相似，比如他们都非常喜爱黄金。2015年，考古工作队从海昏侯墓中出土了200斤左右的黄金，非常引人注目。和后来的朝代比，汉代黄金的使用量是非常大的，皇帝赏赐功臣，动不动就上万斤黄金。罗马人也酷爱黄金。据彭信威计算，西汉与罗马拥有的黄金总量非常接近，都是273吨左右，“几乎完全一样”。

这两个帝国，当时没有任何直接交往，却出现这么多相似的地方，这种同步性非常惊人。

二

任何历史事实背后都有其原因。秦汉与罗马的相似也不是巧合的。

这两个帝国，都是青铜时代过渡到铁器时代的产物。

我们以前讲过，青铜时代形成的国家规模比较小，因为青铜不足以支撑大规模的生产力。铁器普及后，粮食产量增加，人口迅速增长，各文明中心开始直接连接，为统一大帝国创造了条件。

秦汉和罗马这两个帝国的前身，在青铜时代，都是处在文明边缘区的落后小国。秦国远在西陲，一直被文明中心区瞧不起。罗马一开始也是偏远地区的落后小国，当时欧洲的文明中心区是希腊一带，与罗马距离很远，所以当时希腊的学者如亚里士多德、希罗多德并不知道罗马的存在。

新文明总是在旧文明的边缘区成长起来的，这是人类文明发展的一个规

---

[1]沃尔特·施德尔主编：《罗马与中国》，江苏人民出版社，2018，第10页。

律性现象。秦国和罗马处在文明圈的边缘，这样他们一方面能够接收到文明中心的辐射，另一方面，他们身上旧文明的包袱又比较轻，所以在铁器时代到来时，他们就能够最先转型成功。秦国通过商鞅变法完成了脱胎换骨的变化，罗马发展过程中最关键的一次体制变革，则是公元前509年由“王政”变成“共和”，从此迸发出巨大活力，开始漫长的扩张进程。

三

然而，欧亚大陆两头这两个帝国，在表面的相似下，内在的结构和性格却完全不同。

首先我们来看第一点，皇帝制度。

秦汉和罗马都号称帝国。从字面上看，帝国就是由皇帝统治的国家。

因此很多中国读者看到“罗马帝国”几个字，也许会产生这样几个问题：汉朝皇帝姓刘，罗马皇帝姓什么？中国皇帝是父传子，罗马皇帝是像汉朝这样父传子，还是商朝那样兄传弟，还是像后来的英国那样也可以传给女儿？

秦汉帝国是皇帝用武力打下来的猎物和私产。刘邦得天下后，得意扬扬地问他老爹：“某业所就，孰与仲多？”你总瞧不上我，说我不如我二哥，现在你看，我的家产和我二哥比，谁的大？

但是罗马帝国并不是一个一家一姓的帝国。“罗马帝国”一词的完整名称为“元老院与罗马人民”。因此罗马帝国虽然是帝国，但是历代皇帝没有一个唯一的姓氏，因为罗马的皇帝不是开国太祖凭一条哨棒打出来的，而是通过选举制度选出来的。按照罗马的律法，任何有能力的人都有可能通过选举成为罗马皇帝。皇权是由元老院授予某个个人而不是家族的，一旦这个人死亡，授权也自然中止。从这个角度说，罗马皇帝之间根本就不存在继承问题。

当然，以上我们说的是理论，在实际运行过程中，罗马帝国越到后期，越演变为一个专制政体，选举大多数情况下只是个形式。罗马皇帝大部分都是传给老皇帝生前选定的接班人，因此，事实上也有父亲直接传给自己的儿子的，但是起码形式上还都要经过元老院授权，而且罗马帝国父传子（传给亲生儿子）的情况出现得很少。因此，罗马帝国虽然存在了数百年，并没有一个固定的皇帝家族。

秦汉帝国的皇帝制度，和罗马帝国的皇帝制度，法律基础是完全不同的。这是两个帝国的第一个不同。这个不同，显然是因为罗马帝国的文化基因来自希腊文化。

第二，这两个帝国政治结构不同。

秦汉帝国征服各地后，都实行郡县制，地方上整齐划一，中央的政令可以通达全国各地，如臂使指。

而罗马帝国则不同。罗马不是郡县制，罗马帝国的大部分地方是自治的，罗马帝国征服各地之后，基本上因地制宜，让各地的城市按原来的方式管理，各城市之间一般也没有形成管辖关系。“二世纪的罗马帝国乃是自治城市的联盟和凌驾于这个联盟之上的一个近乎专制的君主政府二者奇妙的混合体。”[1]

我们以埃及行省为例。埃及行省虽然是罗马帝国的一部，但是一直保持着相当的自治性。“托勒密时期的制度几乎原封不动地保留下来了”，到后来也没有什么变化。

所以秦汉政府是一个全能政府、大政府，政府机构自上而下对全国的管理是非常严格的。而罗马帝国对各地的管理是相当松散的，主要关心能不能收上税来。至于各地怎么管，中央政府并不注意。因此，罗马帝国很长时间都是小政府，中央政府主要是一个协调机构。

这就造成了第三个区别。秦汉帝国在文化上和思想上也是高度统一的，大秦帝国焚书坑儒，以吏为师，大汉帝国则罢黜百家，独尊儒术，总之是要定于一尊，要书同文，车同轨。

而罗马帝国却没有形成统一的意识形态：帝国的东边一直是以希腊文化和东方文化为主流，西边才是以罗马文化为主导；书也不同文，帝国东部即所谓的希腊化世界，通行希腊文，西部则通行拉丁文。甚至罗马帝国都没有一种通行于全国的完善的法律，各行省甚至一些城市都拥有自己的法律。例如，罗马

[1]M.罗斯托夫采夫：《罗马帝国社会经济史》（上册），商务印书馆，1985，第201页。

曾与特尔密苏斯城签订条约，保证该城的公民和他们的后代“使用他们自己的法律”。

第四，秦汉帝国都实行民族融合。当然，这并不是这两个帝国政府有意识的做法，而是因为中国自古以来就是以文化来划分民族的，如果某个少数民族在文化上汉化了，就逐渐成为汉族，这个和血缘没什么关系。所以汉族才不断扩大，少数民族人数不断减少。

而罗马帝国没有这个传统。他们非常重视血缘上的区别。所以罗马人总是以征服者的姿态对待行省居民，各民族之间很少混血融合。

所以，这两个帝国的性格和结构是很不一样的，命运也各不相同。

第十八章
为什么罗马帝国分裂后不再统一

一

罗马和秦汉两大帝国之间有很多相同之处。事实上，罗马帝国之所以灭亡，也与大汉帝国有比较直接的关系。

在罗马帝国和秦汉帝国之间，有一片广阔的草原，由蒙古延伸到乌克兰一带，叫作欧亚大草原，它实际上把罗马和秦汉连接在了一起。这片草原上发生的大事，有的时候也会连锁影响到欧亚两端。

在欧亚大草原的东部，生活着强大的匈奴部族，对秦汉帝国的生存构成了严重的威胁。因此秦始皇修筑长城，希望把他们拦在草原。汉高祖甚至亲自率领大军迎击匈奴，结果在大同被困7日，差点丧命。

直到汉武帝时期，中国才有能力着手解决匈奴问题，汉武帝派卫青和霍去病多次出兵。经过持续不断的打击，匈奴分裂为南北两部分，南匈奴成为中国的附庸，而北匈奴依然桀骜不驯。于是到了东汉时期，中国联合南匈奴攻打北匈奴，北匈奴受到极为沉重的打击后，往西迁徙到了中亚，在中亚停留了一段时间后，一部分匈奴人继续西进，在4世纪晚期，到达黑海沿岸。

匈奴人的西进引起了一连串的连锁反应。匈奴人的作战方法跟后来被欧洲人称为“黄祸”的蒙古人很相似。欧洲人以前从来没见过这样的民族：

> 当时的罗马历史学家阿米阿努斯·马尔切利努斯把他们描写成“几乎粘在马上”的人，说他们“体态奇形怪状，相貌奇丑无比，不由使人认

为他们是双足野兽……”

稍经激怒，他们就奋起作战，排成楔形队形，发出各种狂叫声，投入战斗；他们敏捷灵活，有意分散成不规则队形，兵锋所至，屠戮殆尽……他们没有固定居所，没有房屋，没有法律，没有稳定的生计；他们乘坐着大篷车，像难民一样四处流浪。[1]

匈奴人的战斗力是如此强大，在他们的压力下，原来生活在罗马帝国边境上的西哥特人被迫离开原来的生存领地，进入罗马帝国境内。378年，西哥特人大举入侵罗马帝国，杀死罗马皇帝。这就是西方历史上所说的蛮族入侵。

西哥特人是东日耳曼人的一支，从那之后，6个部族的日耳曼人相继进入罗马帝国，其情形与中国所谓的“五胡乱华”非常相似。他们的入侵导致罗马帝国分裂。476年，西罗马灭亡，只有东罗马继续存在。

因此，在某种意义上，罗马帝国的崩溃是中国打击匈奴战争的结果。这可以认为是世界历史的“蝴蝶效应”。

而在大致的历史同一时段，在中国也发生了极为相似的一幕，只不过时间上比欧洲早了100年。就在北匈奴西侵前70年左右，304年，南匈奴乘机南下，引起了所谓的“五胡乱华”。311年，在罗马城第一次陷落于蛮族前100年，当时中国西晋的首都洛阳也第一次陷落少数民族之手，中国因此分裂成两块。北边一块，被蛮族占领；南边一块，成为东晋和南朝。这和东西罗马的局面是非常相似的。

也就是说，罗马帝国和中国大致上在同时段被蛮族入侵，并导致一半疆土被占领，只有另一半残存下来。

那么，中国和罗马的历史进程为什么如此相似呢？

放眼世界历史，这一现象不仅存在于中国和罗马，而是属于全世界范围内的一个大的游牧民族入侵浪潮。前面说过，匈奴部落迁到中亚之后，有一支部落向西进军，导致西罗马灭亡，但是其他大部分匈奴人还是停留在中亚。不久

---

[1]斯塔夫里阿诺斯：《全球通史》，北京大学出版社，2005，第181页。

之后，停留在中亚的一支北匈奴，在455年左右，又往南进发，侵入印度，导致印度北部著名的笈多帝国的灭亡。大约在484年，中亚的又一支北匈奴侵入了波斯帝国。

也就是说，3~6世纪，欧亚大陆几乎所有大的帝国，都被以原北匈奴为核心的游牧民族入侵了。这是全球范围内第二次游牧民族大入侵。

那么，为什么在这个时段，世界上几乎所有的文明中心都受到了游牧民族的入侵呢？有两个原因。第一个原因是，到了这个时候，世界上大部分文明中心都已经存在了相当长的时间，进入了停滞和腐败期。在中国，从西汉末年开始，政治就开始腐败，统治阶级穷奢极欲，社会贫富差距拉大。到了东汉，太监外戚轮番专政，皇帝一个接一个地非正常死亡。而在罗马帝国以及印度、波斯帝国也出现了类似的情况，罗马帝国后期的腐败、朝政的混乱，与中国相比，有过之而无不及。

另一个原因，是游牧民族出现了第二次技术进步。

游牧民族在公元前1700~前1500年之间，就在世界范围内掀起过一次大入侵浪潮，手执青铜武器、驾着马拉战车的游牧民族差不多同时侵入了两河流域，侵入了希腊和印度，也侵入了中国黄河流域。这次入侵浪潮之所以兴起，是因为他们出现了第一次技术进步，也就是发明了马拉战车。

然而，第二次大入侵，游牧民族不再是站在战车上了，而是骑在马背上。公元前1000年左右，马的主要用途是为了驾车，游牧民族还没有学会骑马。在那之后，游牧民族开始会骑在马上作战，实现了第二次技术进步，发展出骑射技术，机动性大为提高，并且实现了全民皆兵，战斗力大大增强，因此，游牧民族才有可能建立具备国家雏形的更大的部落联盟，对欧洲大陆的众多帝国构成威胁，并且在他们衰弱的时候掀起第二次入侵大潮。

二

这次全欧亚范围内的游牧民族入侵大潮，在欧亚大陆两端所造成的结果很不一样。

入侵了中国北方的蛮族，也就是所谓的“五胡”，不久就先后被中国文化同化。中国历史在经历了一个波动期后，隋朝又实现了南北方的统一，中国王朝又一次开始了漫长的自我循环，中国文化的发展并没有受到根本的影响。

而在罗马帝国，西罗马一经解体，就再也没能恢复，在西罗马的废墟上，出现了一个又一个蛮族国家，演变成欧洲林立的小国，导致欧洲中世纪也就是我们所说的黑暗时代的到来。再后来，黑暗当中冒出曙光，诞生了欧洲新文明。因此有学者认为，没有当时的蛮族入侵，就没有今天独特的西方文化。

那么为什么同样的蛮族入侵，在中国和西方的结果不同呢？为什么中华帝国在崩溃后总能统一，而西罗马帝国一旦崩溃，就再也不能复建呢？

一个重要原因，就是秦汉帝国制度上的特点是高度划一，而罗马帝国内部没有形成中国意义上的统一。所以罗马帝国打散之后，就很难再统一起来。这一事实也再度证明了，中国文明自古以来就存在着统一这一内在的基因，而西方不存在这种基因。

前面我们分析了中国文明的统一基因，但是还有一些因素没有讲到。在这里有必要再补充几句。

形成中国统一传统的，还有一个重要因素，那就是语言文字。中国自古以来，在语言文字上一直是统一的，而西方不是。

人类文字发展的一个普遍规律，是从象形文字、表意文字，发展为表音文字。埃及原来的象形文字非常发达，但是到3世纪时，就开始用希腊字母拼写自己的语言了。

但是中国文化没有跨过很多其他文明跨过的门槛。比如其他文明早就从血缘社会进入阶级社会，但是中国一直停留在血缘社会阶段不往前走。其他文明早就从祖先崇拜跨入一神教崇拜，但是中国人一直停留在祖先崇拜阶段。与此相类似，世界上其他文化很早就开始采用表音文字，而中国文字始终停留在早期阶段，也就是表意文字。当然，我们所说的这个“跨不跨过门槛”，并不是一种价值判断，并不是说，只有跨过这个门槛才是好的。事实上，是否跨过这个门槛，是由一系列复杂的原因造成的。

那么表音文字有什么特点呢？表音文字极容易学，它只由几十个字母组成，所以更容易掌握。这也是表音文字在西方很快取代表意文字的主要原因。

但是表音文字的另一个特点是它极不稳定，总在变化当中，任何一个民族都可以借用这套字母来拼写自己的母语。所以语言很快就变得千变万化，根本没办法统一。如果中国采取表音文字，那么温州话、广东话和山西话将会很快演变成不同的语言，相互听不懂也看不懂。

而表意文字的最大特点是固化，从甲骨文到楷书，很多字形还是基本一样的。所以中国境内虽然方言千差万别，相互可能听不懂，写出的字却能相互看得懂。

因此，像中国这样大的领土面积，以及如此复杂的民族，本来在交通和信息不发达的古代，技术上是很难长期保持统一的。中国能成为一个例外，文字上的统一是一个重要因素。

前面讲过，地理环境是中国形成统一传统的重要原因。关于地理原因，我们多次比较了黄河中下游和希腊，在这里，不妨再比较一下整个中国和整个欧洲。贾雷德·戴蒙德（Jared Diamond）说，从地理上看，中国像是一个由围墙围起来的四合院。而欧洲则是没有围墙的，海岸线曲折漫长，四面漏风。中国只有两条大河——长江和黄河，两河相距很近，流向相同。中国东部的两大河冲积平原，是连在一起的，人口相对集中。欧洲大陆内部的一些高山，把欧洲分为几个不同的地理单元，导致欧洲的河流非常分散，多瑙河、莱茵河、第聂伯河、顿河、易北河、卢瓦尔河、伏尔加河等，流向四面八方，中间由一条条分水岭阻隔开来，因此沿河发展起来的文明中心，也是分散在各个区域。从地理上说，欧洲就没有内聚力。这也是罗马帝国分裂后不能再统一的一个重要原因。

●左——“老村长”木雕（榕木，前 2465~ 前 2458 年，现藏埃及国家博物馆），古埃及早期文化代表作品

●右——乌鲁克雪花石膏大瓶（约前 3300 年，现藏伊拉克国立博物馆），苏美尔早期文化代表作品

●上——曾侯乙尊盘（战国早期，现藏湖北省博物馆），典型的战国时期青铜礼器
●下——《臂鹰出猎图》（辽代壁画，现藏内蒙古自治区敖汉旗博物馆），画中的契丹人发型很有特色

●上——良渚文化玉琮，现藏江苏省南京博物院

●下左——良渚文化玉琮，现藏江苏省南京博物院
●下中——齐家文化玉琮，现藏甘肃省静宁县博物馆
●下右——薛家岗文化玉琮，现藏安徽省文物考古研究所

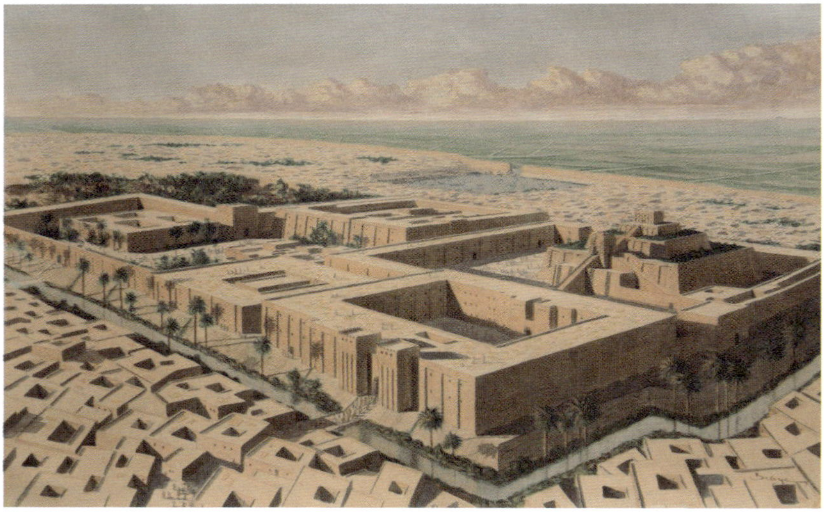

●上——亚述古城复原图

●下——姜寨文化遗址模型

第四篇

从秦朝到清朝的历史循环

第十九章
“按下葫芦起了瓢”

一

中国历史可以划分为三大阶段。第一阶段是周秦之变之前。第二阶段是从秦始皇到晚清。第三阶段是从晚清近代化到现在。

为什么要把从秦到清划为一个历史单元呢？因为这2000年的历史，虽然经历了很多朝代，其实是沿着一个简单的逻辑前进的，那就是不断完善和修补秦始皇开创的皇帝制度，也就是大一统郡县制度。

二

汉代对皇帝制度进行了重大升级，实现了制度初步稳定。除了“罢黜百家，独尊儒术”这个重大举措外，汉代还在很多具体问题上对秦制进行了修补。

我们说，秦灭亡的基本原因当然是对民众的过度汲取。但是从技术上分析，还有一个具体的原因，那就是没有预立太子。

秦始皇几乎防范了威胁他统治的所有因素，可是他活着的时候没有立太子。因为他是一个极其自信的人，对自己的健康太自信了，但他没想到自己的死那么突然。

秦始皇在最后一次外出巡视的途中突然生病了。他预感到自己这次病得不轻，有可能不行了，就连忙写了一道诏书，发给正在北方边境上的长子扶苏，让他马上动身回咸阳。干什么呢？当然是准备接班。诏书还没发出去，秦始皇就死了。

秦始皇活着的时候，他的命令没人敢违背，但死了可就不同了。诏书写完了是要经过太监赵高的手发出去的。但是赵高没有马上发。为什么呢？因为他不想让扶苏当皇帝。他想让秦始皇的小儿子胡亥继位，胡亥能力比较差，只喜欢吃喝玩乐，好操纵，赵高可以借机获得大权。于是赵高经过与李斯和胡亥的密谋，篡改了秦始皇的诏书，捏造了扶苏的罪名，要他自杀。扶苏很听话，秦朝的政治特点就是执行命令不打折扣，所以马上自杀了。于是胡亥当上了皇帝。

扶苏是一个比较靠谱的人，如果他上台了，说不定秦朝能多活几年。可惜秦二世胡亥非常不靠谱，一上台就胡作非为，不断折腾，加速了秦朝的灭亡。

汉朝建立之后，立刻吸取了这个教训，汉朝君臣总结说："秦以不早定扶苏，胡亥诈立，自使灭祀。"秦朝就是因为没有早早把扶苏立为太子，让胡亥钻了空子，导致灭亡。因此汉高祖二年（前205年），还在戎马倥偬中的刘邦就立了刘盈为太子，堵上了秦始皇留下的一个政治漏洞。

但是堵完了这个漏洞还不算完。皇帝们发现，皇帝制度漏洞太多，按下了这个葫芦，又会起了另一个瓢。刘邦明智地立了太子，却留下了另一个政治漏洞，那就是太后干政。

刘邦死后，年仅17岁的刘盈即位，刘盈没什么经验，主要权力在母亲吕后手里。吕后控制欲特别强，什么事都要管，她强行把自己的外孙女许配给刘盈当皇后。刘盈不喜欢这个皇后，不和她同床，和一个宫女生了一个男孩。吕后把宫女杀了，把这个孩子抱过来，说是自己外孙女亲生的，立为太子。刘盈这个皇帝做得当然很郁闷，只做了7年就死了。小太子继位，吕后干脆就临朝称制，公开掌握了权力。结果过了3年，小皇帝知道自己亲妈是被吕后杀的，孩子太小不懂事，就四处嚷嚷以后要为母亲报仇。"后安能杀吾母而名我！我壮，即为变！"你居然杀了我妈立我，你看我长大了怎么收拾你！结果吕后一听，把自己的亲孙子也杀了，之后重用自己的娘家人，大封诸吕为王。结果后来“诸吕谋为乱”，想把刘家的天下变成吕家的天下，直到周勃等人诛灭诸吕，才稳定了刘家的统治。

所以刘邦想到了立太子，却没有防范好自己的老婆。汉武帝接受这一教训，立小儿子刘弗陵为太子后，就把刘弗陵的母亲钩弋夫人杀了，防止她以后专权干政。汉武帝怕大家不理解，还专门进行了一番解释。他说：“往古国家所以乱也，由主少母壮也。女主独居骄蹇，淫乱自恣，莫能禁也。女不闻吕后邪？”

汉武帝立了太子，又杀了妃子，按理接下来应该政治稳定了吧？结果按下了太后干政这个葫芦，又浮起了权臣这个瓢。

太子没有亲妈，年纪又太小，不能主掌朝政，怎么办呢？汉武帝临死前任命了一批大臣为顾命大臣，为首的是霍去病的弟弟霍光。结果霍光被称为中国历史上第一个权臣。霍光性格很强悍，他掌权后，族灭了自己的政敌上官桀和桑弘羊，还杀掉了皇族中的重要人物长公主和燕王旦。此后霍光就成了实际上的皇帝，大小事情他一个人说了算。刘弗陵21岁时病死，没有儿子。霍光决定，让昌邑王刘贺，就是著名的海昏侯墓的主人当皇帝，但是刘贺只在位了27天，霍光非常讨厌他，说他不到一个月就犯了1000多条错误，平均一天犯错40次，因此把他给废了，然后又立了汉宣帝。汉宣帝对霍光表面上很尊重，但是实际上非常害怕他，和他在一起的时候非常不舒服，说“若有芒刺在背”。这就是皇帝对权臣的感觉。霍光本人虽然在历史上是得了善终，但是他死了之后，霍家还是倒了霉，他的儿子霍禹被腰斩，霍云、霍山自杀，霍家一族遭到满门抄斩，妻子、侄子等也全部被杀或者自杀。

三

因此，皇帝制度的运行，实际上从一开始就受到众多因素的干扰。清代乾隆皇帝曾对中国传统政治中威胁皇权的因素做了一次总结：

所以亡国者，曰强藩，曰外患，曰权臣，曰外戚，曰女谒，曰宦寺，曰奸臣，曰佞幸。（乾隆皇帝：《御制古稀说》）

威胁皇权的，有强大的地方藩镇，有敌国外患，有权臣，有外戚，有后妃，有太监，有奸臣，有小人。几乎所有人都盯着皇帝的权柄，一有机会，就想取而代之。

为什么呢？根本原因当然是当皇帝的好处太大了。当上了皇帝，掌握了权力，就成了人间的上帝，要什么有什么，尊严、享受、金钱、美女，都不在话下。

但是天下凡事都是有好的一面，就有坏的一面。皇帝把所有的好处垄断在了自己一家一姓手里，这意味着什么？意味着天下所有人都是皇帝他们家的潜在敌人。“皇帝轮流做，明年到我家”，所有有能力的人无不对这一权力垂涎不已。就像BBC（英国广播公司）纪录片《动物王朝》中介绍的，居于统治地位使大猩猩首领尽享一切，但是它谁也不能信任，每只其他雄猩猩都时刻准备取代它。

所以皇帝就要以一人敌天下，以一个人对付所有政治力量。因此专制权力的性质天生必须是高压的、排他的，要镇压掉一切对自己有威胁的力量。但是皇帝只有两只眼睛两只手，需要防范的因素太多了，很多情况下顾不过来，所以就处处都是漏洞，按下葫芦起了瓢。

在传统社会中，对皇帝构成威胁的人通常有以下几类。

第一类是皇族。因为身上流的都是开国皇帝的血，所以皇族后代理论上都有继承皇位的可能。这一点导致了历代王朝无休止的内斗。父子相屠，兄弟相残，几乎成了每个王朝都会演出的经典戏码。最有名的例子，有唐朝著名的玄武门之变，明朝燕王朱棣“靖难之役”，以及清代雍正和兄弟之间的残酷斗争。

第二类是后妃，是皇帝的妻子和母亲，这些人深得皇帝信任，危难之际，往往被委以重任，获得大权。从吕后、武则天到慈禧，这样的例子非常多。

第三类是外戚。外戚就是皇帝母亲那边的亲戚，舅舅、姨父之类的。他们往往在皇帝年纪小的时候掌握大权。为什么呢？因为皇帝小时候和普通小孩一样，凡事主要是听母亲的，而母亲会提拔谁呢？当然是自己娘家人。所以历史上外戚乱政不绝。

第四类是太监。太监本来地位非常卑贱，可是他们和皇帝朝夕相处，很容易建立起深厚的感情，皇帝生活中处处离不开他们，很容易信任他们，这是历代太监为患的主要原因。

西汉和东汉末年政治的规律是外戚干政和太监干政轮流进行。为什么呢？皇帝小的时候容易被外戚控制，一旦长大成人，就要夺回权力，和外戚之间就要发生冲突。朝廷的官员大部分都是外戚的爪牙，皇帝要想夺回权力，只能依靠和自己朝夕相处的太监。因此形成了外戚和太监轮流乱政的局面。

有人说，我们不要唯出身论，后妃、外戚、太监掌权有什么不好？反正总得有人管事吧？

其实这不是出身的问题，是执政能力的问题。后妃、外戚、太监的特点是因为和皇帝个人关系近而掌握权力。他们不是专业官僚，没有受过专业训练，缺乏专业知识，所以他们专权的时期，往往朝政比较混乱。

第五个威胁因素是权臣。后妃、太监、外戚能力通常比较差。但是权臣能力往往比较强，因为他们都是经过层层斗争升上来的，都非常精明强干，如果遇到懦弱的皇帝，或者有特殊的历史机遇，常常可以掌握实际上的最高权力，比如张居正。权臣执政，对百姓不见得是坏事，因为他能力强，措施靠谱，但是皇帝却很害怕，因为他们经常架空皇帝，甚至夺取皇帝的天下。

第六个是朋党。所谓朋党，就是官员们分门别派，分成山头，相互斗争。朋党在中国历史上由来已久，韩非子就讨论过如何防止大臣结党，但是事实上这个问题非常难以治理。作为个体，官员在皇帝面前当然不是对手。但是，一旦这些官员结成朋党，形势就发生了逆转。他们协调行动，皇帝就很难控制他们了。明代就是朋党之祸直接导致了亡国，所以崇祯皇帝给李自成留下的遗嘱是什么？是杀光所有文臣。

第七个威胁就是地方割据势力。历史上，中央和地方的关系很难处理。地方的权力太小，办不了事；权力过大，又会坐大，不听中央指挥。唐代为了平定安史之乱，给了各地藩镇过大的权力，结果安史之乱平定之后，这些权力就收不回来了，导致唐代的藩镇之祸。

第八是敌国外患，就是周围的这些国家，还有少数民族对皇权形成的威胁。北宋和南宋都是被北边的敌国给灭了。

第九个是农民起义，官逼民反，这个就更常见了。

实际上，我只是举其大端，如果细数下去，威胁皇帝的因素还有很多。

所以朱熹说，中国政治很难搞：

> 措置天下事直是难！救得这一弊，少间就这救之之心又生那一弊。如人病寒，下热药，少间又变成燥热；及至病热，下寒药，少间又变得寒。

翻译过来，就是治理天下真是太难了。你把这个刚搞定，那边又出事了。比如给人看病，这个人是寒病，下热药，结果吃下去又变成了燥热病，你又得下寒药，结果寒病又起来了。

所以中国从秦到清的历史，最主要的特点就是频繁地“改朝换代”。秦制的规律是，一个王朝建立之初，就像新手机开机，开始总会运行得比较顺畅。有一段政治清明期，甚至会出现盛世。然而几代之后，就会腐败混乱，官逼民反，各种危机爆发，导致大一统郡县制王朝经常出现系统崩溃，不得不重新启动。在这个基础上建立的新的王朝，再次开始“其兴也勃焉，其亡也忽焉”的同样的历程。这个游戏我们乐此不疲地玩了2000年，所以留下一套史书叫二十四史，留下一首《朝代歌》：“三皇五帝夏商周，春秋战国乱悠悠。秦汉三国东西晋，南朝北朝是对头，宋元明清帝王休。”

所以，从秦始皇开始，几乎每一代皇帝都在思考同一个问题：怎么样才能保证皇位永远不让他人染指？每一位皇帝都为此夜不安枕，不停地寻找自己统治的漏洞，加以修补。中国在这2000年间，就是通过皇帝的智力接力，对皇帝制度进行一代代的修补，从秦到清的政治发展，就是沿着这样一个基本逻辑展开的，由此造成了这一阶段的很多政治循环。

第二十章
丞相名称背后的权力演变

一

中国历史上，“丞相”的名称一直在变化。

秦朝和汉朝，丞相为文官之长；到了隋唐，三省长官中的尚书令地位最高，权力最大；宋代以“同中书门下平章事”为宰相；明代称宰相为“内阁大学士”；清代时，“军机处大臣”中的“领班大臣”是大臣中的一把手。

那么，这个官位名字为什么要变来变去呢？仅仅是为了好听吗？显然不是。这背后隐藏着中国式权力演变的一个规律，那就是皇帝对权臣的防范。

权臣是威胁皇权的一个重要因素。秦朝建立了丞相制度，让丞相替皇帝处理繁重的日常政务，但是皇帝制度本质上又对任何人都不信任，皇帝总是担心丞相夺了自己的大权。因此，中国历史上的第一个皇帝和第一个丞相之间的关系就是相互戒备的。有一次，秦始皇在山上俯见李斯的车骑队伍滚滚而过，声势很大，他很不高兴，随口骂了一句。有人把这事告诉了李斯，李斯马上减少了随从。结果秦始皇又大怒，追问左右是谁向李斯透露了消息。随从们没人敢承认，于是秦始皇将当时随侍在左右的几百个随从全部处死了。

这一事件典型地说明了皇帝对丞相的戒心。汉武帝时期，曾经走马灯一样地换了13任丞相，其中除一人在汉武帝托孤时留任外，其他12位丞相中被免职的有7人，有5人因犯罪自杀或被下狱治罪。被免职的7个人中也有2个人是非正常死亡，一位是窦婴，他被先免职后弃市，另一位是田蚡，被惊吓至患精神分裂症而亡。这是伴君如伴虎的真实写照。

汉武帝换了这么多丞相，感觉还是用着不顺手，于是就开始重用近臣，来架空丞相。什么近臣呢？尚书。

在我们的历史常识里，所谓尚书，相当于部长，中国古代的政府分为六部，每个部的部长叫尚书。

然而事实上，尚书一开始是一个很小的官职。秦代和汉代有六尚：尚冠、尚衣、尚食、尚浴、尚席与尚书，替皇帝管理帽子、衣服、饮食、洗澡、家具这些小事，其中管理书籍的叫尚书，也就是皇帝身边的贴身小秘书，是级别很低的官员、服务员。

但是汉武帝就开始用自己的贴身小秘书来处理重大的国务，很多重要的事情都交由尚书处理，而不是给丞相。为什么呢？因为小秘书地位低，又随时在身边，很好使唤。宰相除了上朝能见到皇帝以外，平时连见一面都很难，而身边的人长期与皇帝朝夕相处，却逐渐建立起了基本的信任感。这就相当于今天有些官员会把很多事交给司机去管，为什么？因为司机贴身，靠得住。

这样一来，丞相的权力就被架空了。时间长了，“尚书”就变成了一个重要的职务，到了东汉光武帝刘秀的时候，尚书令名正言顺地成了真正的宰相。原来的丞相这个官职还在，但没有了权力，“众务悉归尚书，三公但受成而已”。

到唐朝，皇帝又感觉“尚书令”的权力太大了，因此，开始实行三省六部制，把宰相的权力一分为三。三省的最高长官全部被称为宰相。所以唐代一开始的时候，宰相的名字就特别复杂，因为三省的长官名字不一样。尚书省的长官开始叫尚书令，后来叫尚书仆射，中书省长官叫中书令，门下省长官叫侍中，名称不统一。后来唐太宗说，统一了吧，都叫“同中书门下三品”，因为他们的官品都是三品。所以唐代前期的宰相，正式的名字叫“同中书门下三品”，很怪的名字。这个名字体现的是三省互相牵制、互相制约以削弱相权、强化君权的思路。

虽然把相权一分为三，但是三省毕竟是外朝，皇帝控制起来不方便，于是，到了后来，唐代皇帝又开始重用“同中书门下平章事”这样的小一级的官员，架空原来的宰相，不久“同中书门下平章事”就获得了实权。因此，到了宋朝，“同中书门下平章事”（简称同平章事或平章）又演变为新的宰相。

到了明代，猜忌心特别强的朱元璋连续用了几个丞相都感觉不顺手，不放心，把他们杀掉后干脆搞了一个重大政治创新，废除了丞相制。这样，皇帝就身兼了皇帝和宰相两个职务了，每天不得不亲自阅览大量奏折。《明太祖实录》记载，朱元璋创造了8天之内批阅内外诸司奏折共1660件，处理国事计3391件的辉煌纪录，也就是说，他平均每天要批阅奏折200多件，处理国事400多件。

结果时间长了，他也受不了了，实在忙不过来了，就把自己信得过的几个文官任命为“大学士”，临时组成一个秘书班子。

我们一听“大学士”这个词，往往习惯性地认为是一品大员，其实不是，在整个明朝，大学士都是正五品，是小官。因为朱元璋就是怕大学士演变成宰相，所以特意规定，你就是小秘书，拼命压低官品。

然而不管怎么压低，事实上后来大学士还是演变成实质性的宰相了，因为他毕竟实际权力大。所以明代后来没有宰相，但是像严嵩、张居正那样的大学士又变成了实际上的宰相乃至权相。

清朝建立后，皇帝又感觉大学士们用着不顺手，因为内阁后来又制度化了，大学士们又获得了制度性的权力，不好操纵。于是雍正帝又建立了一个新的秘书班子，叫“军机处”，用这样一个临时机构，来架空内阁大学士。军机处又成了新的宰相机构，军机大臣成为大臣群体之首。

二

所以2000年间，皇帝与丞相之间一直在玩同一个游戏，皇帝总喜欢用自己身边的秘书班子来架空丞相，临时班子时间长了就演变成了正式的宰相。可是一旦演变成正式的宰相机构，皇帝又不信任了，又开始用自己的亲信组成新班子取而代之，这样不停地循环下去，乐此不疲。

这个游戏背后反映出的是法家创立的皇帝制度的一个基本逻辑，即制衡和防范。皇帝对任何人都持怀疑态度。在宫中，怀疑仆人和妃子们通奸，干脆把他们都阉了，建立太监制度。在中央，怀疑宰相不听话，用身边的亲信秘书来分他们的权。

这一事实，充分说明虽然独尊儒术，但秦代之后中国政治制度的发展大体上是沿着法家的逻辑来进行的，皇帝们的政治老师一直是韩非子。当然，因为《韩非子》这本书名字已经臭了大街，所以很多皇帝是偷偷地读的。比如和王安石一起搞改革的宋神宗，早在登基之前做颍王的时候，就对《韩非子》非常感兴趣：

> 颍王好学不倦，一日出新录《韩非子》属府僚雠校，永曰："韩非险薄无足观。"王曰："录此备藏书之数，非所好也。"

颍王好学，有一天拿出一本《韩非子》，让秘书去校对错字。秘书说，这本书阴险刻薄，不是本好书啊。颍王说，我就是收藏一本，不是喜欢它。

宋神宗虽然知道这本书名声不好，也要偷偷钻研，因为它很实用，是最好的帝王教科书。所以汉武帝虽然独尊儒术，但是法家文化一天也没有从中国政治中消失。

以上我们讲的是中央。

在地方与中央的关系上，皇帝们也花了很多心思去捉摸。中国古代有两个政治术语，一个叫"内重外轻"，一个叫"外重内轻"。当中央权力强大而地方权力比较弱的时候，叫内重外轻；在中央权力弱、地方势力强大的时候，叫外重内轻。

决定中央和地方力量对比的一个关键是中央下面一级政区的面积多大比较合适。

面积大，地方官的控制能力就大，好处是当地方上有起义及外敌入侵等突发事件时，中央可以大面积组织资源进行抵抗，但是坏处是中央不好控制地方，容易出现分裂，东汉和唐代就是这样。面积太小，权力小了，皇帝倒是好控制了，但是地方上权力太分散，一旦有大规模的起义或者外敌入侵，地方上就无法组织起来进行有效的抵抗。宋朝和明朝是这样。

所以周振鹤先生总结说，中国古代政治家的理想目标是"轻重相维"，也就是在中央集权的前提下，使地方有适度的分权。但是轻重之间如何把握，这个度是很难的，难度主要在于省一级政府的大小的掌握。中央政府一方面希望省一级政府大到可以集中力量来平息各地起义，另一方面，又希望它小到没有能力反叛中央。[1]

这就导致中国传统时代的政府总是在二级和三级之间徘徊。

[1]曹正汉：《中国的集权与分权："风险论"与历史证据》，《社会》2017年第3期。

第二十一章
在二级和三级之间徘徊的地方政府

一

中国秦朝和汉朝都是两级政府，郡县制，大致相当于今天省县两级制。秦代史书上说是三十六郡，实际上是40个左右。到了汉代，感觉40个左右太少，每一个面积太大，不好控制，就变成100多个郡。这样，每个郡的力量都不太大，不足以对中央构成挑战。

但是，当郡级政府的数量变成100多个后，就出现了一个问题：数量太多，皇帝不好记，也不好管。

所以汉武帝把全国分为13个部，也就是13个大区，每个大区设一个刺史，每个刺史管几个郡。不过这个刺史不是固定的地方官，而是流动的，他们的主要任务是监察地方官，防止皇帝管不过来，地方官在下面营私舞弊。所以他们的级别不高，是13个小官。汉武帝不想让他们成为大区区长。为什么呢？全国13个大区，每一个力量太大了。

然而东汉末年，黄巾大起义，整个中国北方陷入一片大乱，每个郡都太小，无法单独抵抗起义军，只有联合起来。怎么联合呢？就是把全国原来的13个大区变成13个战区，叫“州”。13个大区原来级别很低的刺史，变成大权独揽的长官州牧。我们知道，秦代设立的郡县制度，在郡一级原来就是三权分立的，军权、财权、人事权是分开的，但是州牧是集权的，因为这样才有利于集中地方权力镇压起义。这样，中国的行政体制就由郡县二级制演变为州郡县三级制了。

然而，由二级变成三级，问题一下子就出来了。全国13个州，每个州的势力都很大，所以镇压完黄巾起义，这13州本身却成了分裂的力量。东汉在13州的结构之下，很快演变成了军阀割据，进入三国时代，东汉灭亡。所以我们读三国的时候，经常会听到各种州的名字。刘备是豫州牧和荆州牧，曹操是兖州牧和冀州牧，孙坚也做过豫州牧，孙权做过荆州牧。因此，三国的军阀大都是州的长官。

三国之后是魏晋南北朝时期，统治者为了安全，就不停地把州越划越小，到了南北朝的后期，达到了200多个州，唐代则进一步达到了358个，全国是以358个州统辖1551个县。

对一个皇帝来说，一级政区300多个其实是太多了，连名字都记不过来。因此唐太宗只好把300多位州刺史的名字写在卧室屏风上，天天背诵。但是唐太宗宁肯自己如此不方便，也不愿意在州上面再加设一级，为什么呢？因为他牢牢记住了东汉后期的历史，生怕地方势力控制不住。

结果后来的皇帝没有唐太宗这样的好耐性，这358个州实在是让他们头痛，只好重复汉代的故事，在州上面新设一个级别叫“道”，40个道，但它们并不是固定的一级政府，作用只是分巡各州，也就是替中央监视各州。这种设置和汉代设置刺史的目的是一模一样的。

然而后来的历史又一次复制了东汉三国。安史之乱起来后，300多个州导致地方力量太分散，根本没法组织有效抵抗，朝廷只好在地方上把道变成一级实际的政府，叫作“方镇”，任命了一大批集军权、财权和人事权于一身的节度使，来抵抗安史叛军，两年之间，全国共设置了40多个方镇。然而安史之乱被平定后，方镇就成了州之上的一级政区，也就是“藩镇”，又回到了三级政府。结果就像唐太宗担心的那样，这些集军权、财权和人事权于一身的藩镇，最终演变成藩镇割据的分裂局面。

这给了宋朝一个深刻的教训，宋朝统治者读史，认为唐代灭亡是因为给了藩镇太大的权力，发誓绝不能让地方官集军权、财权和人事权于一身。于是设了一个省一级的政区，叫“路”，但是不设集中的路级政府，而是实行多权分立，将路一级政府的财权、人权、物资权分开，设置了彼此牵制的“帅漕宪仓”，即安抚司、转运司、提点刑狱司和提举常平司。

然而事实证明这样也不行，四权分立，极无效率，政出多门，终日扯皮，一旦有事则相互推诿，甚至造成政府职能瘫痪。所以，终宋一代，对外御敌的能力都很弱，“敌至一州则破一州，至一县则破一县”（《宋史·文天祥传》）。这是宋代打不过辽也打不过金的一个重要原因，但是为了皇位的安全，皇帝宁肯这样，也不给地方以集权。

到了元代，情况变了，元代认为宋代地方那样太没有效率，因此一开始就把全国分为十几个省，正式建立了省级政府，而且“行省平章”是集权的，大权独揽。

为什么元代皇帝魄力这么大，不怕地方上尾大不掉呢?

因为元代是少数民族建立的。汉人建立的王朝，皇帝总担心地方官员与地方社会合作，得到地方民众的支持，运用地方资源与中央对抗。所以千方百计要把省一级政府划小，把省级长官权力限制住。[1]

但是，元朝派到各地当省长的都是蒙古人。这些省长以异族身份来统治汉族人，朝廷不担心他们会和汉族地方势力结合起来，对中央构成威胁。所以元代的省很大，省长权力也大。

这一点上清朝也是这样。清代也是少数民族建立的，所以清代一开始就直接在全国建省，任命总督和巡抚，权力也很大。清代的总督基本上也都是满人和旗人，皇帝不担心他们和汉人团结起来对抗他。

但是夹在元和清之间的明朝就不敢这样处理了。明代是学习宋代，虽然有省一级政区，但是不设省一级主官，只设置布政使、按察使、都指挥使，让他们分别掌握财政权、司法权、军权，相互牵制。结果这样一来，又和宋代一样，导致明代在防御外敌比如蒙古、女真以及镇压大规模农民起义时就很不得力。明代后期不得不设立总督和巡抚，又一次在地方上集权，来对付农民起义和外敌入侵，但是已经晚了，镇压不力，导致亡国。

不过清代的总督和巡抚制最终也导致民国时的军阀混战，为什么呢？因为清代后期，特别是太平天国起义时期，满族统治者无法用自己的力量镇压起义，只能广泛起用汉人做总督和巡抚，天下督抚中汉人占了大部分，这样一

---

[1]曹正汉：《中国的集权与分权：“风险论”与历史证据》，《社会》2017年第3期。

来，督抚和地方势力就结合起来了，最后形成了分裂局面。

二

中国历史上汉人建立的王朝，秦、汉、隋、唐、宋、明，都有一个特点：一开始都是二级政府，而且坚决不愿设立面积较大或者权力统一的省级政府，但是后来因为省一级政府力量太小，地方动荡无法平定，只好下放权力，让省一级政区扩大，集权，以便有能力镇压起义，结果变成三级政府。然而地方每一次权力太大，总会导致分裂局面出现，新的王朝接受前代的教训，再一次强干弱枝。[1]因此汉人王朝的地方政府设计，就是在二级三级间不停地循环。只有少数民族建立的王朝，即元和清，不存在这种周期性循环。因为他们不担心省级长官和地方势力结合。[2]这是第一个规律。

第二个规律，也是这个大规律下面的第一个小规律，就是省一级政府集权和分权的循环。历代王朝建立之初，通常会将地方官的权力一分为三或一分为四，比如秦汉郡一级的政权就是三权分立。好处是地方官相互牵制，无法对抗中央，然而坏处是地方政府力量很弱。所以东汉本来地方分权，黄巾起义爆发后，不得不让州牧集权。结果一集权，就造成割据势力，新王朝不得不再度分权。到了宋代，分权达到极致，四权分立，结果地方上没能力抵抗外族入侵，到了元代，再度集权。就这样，在分权、集权中不断循环。

第三个规律，是朝廷总不放心地方官，喜欢派出流动的巡视组来巡视地方，然而时间长了，这些巡视员权力越来越大，就演变成固定的地方官，然后朝廷再一次不放心，再派新的中央巡视组。所以，中国历史上地方省一级官员的名字听起来都不像常设官员，都有个动词，都像是在运动中，比如刺史、行

---

[1]参考周振鹤《体国经野之道——中国行政区划沿革》（上海书店出版社，2009）及《周振鹤谈政治地理视角下的中央与地方》（《东方早报·上海书评》，2014年2月16日）。
[2]曹正汉：《中国的集权与分权："风险论"与历史证据》，《社会》2017年第3期。

省、巡抚。

汉代刺史的“刺”是什么意思呢？就是刺探的意思，检核问事的意思。所以这个官职本意是临时派出，相当于中央巡视组。结果到了汉末，刺史之权渐重，终于演变为州牧。

唐朝300多个州，管不过来，中央于是分设诸道，在道中设诸采访使，这也是一个动态的名字，目的是分巡各州，只是起监察性的作用，帮着中央看住地方官。但是后来又都变成了节度使，形成藩镇割据。

元代各行省长官叫“行中书省事”，本来是作为战时中央代表，临时行使中央特派之事，后来变成了固定的地方官。

明代后来不得不设置巡抚，来统合地方力量。一开始，这个巡抚也是如同汉代的刺史和唐代的诸道的采访使一样，是流动的，相当于巡视员，“巡抚”全称是“巡抚××地方都察院副都御史（或佥都御史）”，就是代皇帝巡行地方的巡视组长的意思。然而到了明末，巡行渐渐变为常设，清代就直接把巡抚变成了一省的主官，明代设的布政使、按察使到了清代成了巡抚的副官。

所以中国历史政区的演变，后面体现的是皇帝对于地方官的猜疑和不信任，秦晖先生说，这也是“儒表法里”治理原则的一个体现。

三

我们看中国地图，会发现所有的省界都是弯曲的，非常不规则。为什么呢？因为划分省界的一个主要原则是“山川形便”。就是把天然的大山大河作为界线，这个很好理解。因为这样很方便，所以湖南和湖北就是以洞庭湖为界，河南与河北就是以黄河为界，山东和山西以太行山为界。

但是中国政治家划分省与省之间的界线，还有另一条原则，叫“犬牙相入”，又叫“犬牙交错”，像狗牙那样参差不齐。

这是什么意思呢？因为山川形便，对皇帝来说有不利的地方：以山川为界，经常会形成一个独立的地理单元，所谓“四塞之国”，周围都有天险，一旦宣布独立，凭险割据，就会变得很难控制。

所以皇帝就要打破大山大河的界线，把你的一块地方划给我，我的一块地方划给你。这样，你要是闹独立，你的险要地方在我这儿，我就很方便地越过天险去打你。

比如秦始皇征服岭南地区后，发现要控制这个地方很难，一个原因是很远，另一个原因是，五岭是天然的分界线，所以秦始皇就最先想出了“犬牙相入”的办法：让长沙郡一块叫桂阳县的地方越过岭南，让岭南的象郡的一部分越过岭北。有了这个地理优势，后来汉武帝才能够很容易地出兵平定南越国，让岭南地区重新统一到汉王朝中。

这个原则在元朝应用得最广泛。蒙古在征服南宋的过程中发现地理因素太重要了，经常一个关口拿不下来，一座山越不过去，征伐之路就要费很多劲。所以元代就广泛运用犬牙相入的原则，让任何一个行省都不能成为一个独立的地理单元，比如陕西行省越过了秦岭，把原来四川的一块划入陕西。这主要是为了解决四川的独立问题。四川盆地北边有秦岭，东边有巫山，关起门来自成一统，易守难攻，是天然的独立区，所以中国历史上凡是天下一乱，四川都会出现一个割据政权：两汉之际，公孙述在四川称帝；三国时期，蜀国虽然又弱又小，但是能与魏、吴鼎足而三；东晋十六国时期，这里又建立了一个成汉；到了五代，又出现前蜀、后蜀两个政权。[1]

所以元代就一定要把秦岭以南的一大块区域划到陕西，这样，从北边出兵四川就方便了。果然，从元代之后，四川没再出现割据政权。元代行省面积和权力都很大，但没有出现过地方分裂。

[1]周振鹤：《山川形便原则是促成地方割据的重要因素》。

第二十二章
中原与草原的循环

一

在中国历史的循环中，还有一个大的规律，那就是大分裂和大统一相间。

中国历史的一个规律是合久必分、分久必合，从春秋战国到鸦片战争，中国共经历了三次大分裂和三次大统一。

第一次是从春秋战国的长达500多年的漫长分裂时期，到秦朝获得统一，出现统一大帝国的第一阶段，建立了秦汉帝国。第二次是三国、两晋、南北朝300多年的分裂到隋朝获得了统一，出现统一大帝国的第二阶段，建立了隋唐帝国。第三次是五代十国宋金辽300多年的分裂到元统一，出现统一大帝国的第三个阶段，建立了元明清帝国。

这种大分裂到大统一背后的规律是，大统一后通过兼并战争建立的第一个王朝都是起自靠近草原的边缘地区，或者直接起自草原地区。第一次分裂由起自西部边缘受草原文化影响很深的秦统一，第二次分裂由隋统一，隋是直接建立在鲜卑人的北周基础之上的，隋的开创者是鲜卑化了的汉人，因此隋的政治基因中也有浓重的草原因素。第三次分裂由元统一，元是直接起自草原的。[1]

由草原民族或者深受草原文化影响的军事力量来完成统一，主要是因为

---

[1]参见许平中《王朝盛衰兴亡、国家分合交替之谜新解》。

草原民族的战斗力强。草原的生活方式本身在不断地训练一代代的骑兵，《多桑蒙古史》说蒙古人是“生而为战士者”。几乎所有的马背民族都具有类似的性格，《后汉书·西羌列传》中有描述：“以战死为吉利，病终为不祥。耐寒苦同之禽兽，虽妇人产子，亦不避风雪。性坚刚勇猛。”[1]战死是最光荣的死法，死在床上是一件没面子的事。马背上的民族如同野兽一样能耐受饥寒，性格刚强勇猛。

农业文明则与此相反。在封闭的土地上，农民们提高自己生存概率的秘诀是谨慎、老成、“不招灾惹祸”。他们习惯于重复单调的田间劳作，却缺乏应对突发事件时必需的勇敢和果断。因此，在中国历史循环中还有一个循环，就是草原与中原、边缘与中央的循环，也就是游牧民族周期性入侵。

少数民族进入中原还有一个规律，那就是在地理位置上大致呈现顺时针的次序。

我们前面讲过，周人是起源于西北方的游牧民族，以封建制建立了大一统的周朝。

然后，新的西北少数民族犬戎入侵，导致周人东迁，西周变成东周。接下来，游牧民族化的华夏政权，也就是起自西北的秦，统一天下。

到了秦汉晋帝国时代，对中原王朝造成威胁的，由西北变成了正北方的匈奴和突厥，为了维护统治，几代王朝都耗费了巨大的精力。

晋代之后，威胁中原的力量就基本都是从东北部来的了：建立了北魏的鲜卑最初起自东北地区，鲜卑化了的汉人建立了隋唐帝国，再接下来，仍然是几个起自东北的少数民族唱主角：契丹人建立了辽，女真人建立了金，蒙古人[2]建立了元，满族人建立了清。

---

[1]草原的风景非常美丽，自然条件却非常严酷。草原的冬天漫长而寒冷，夏天烈日炎炎。一年四季雪灾和旱灾交替出现，对人口的淘汰远远残酷于农耕地带。因此，在这里活下来的人，都是大自然严格选检过的，其平均体能远非农耕区的居民可比。

[2]蒙古人早期被称为蒙兀室韦，主要的生存地域在今天的黑龙江流域和嫩江流域。

二

那么，为什么游牧民族进入中原会按照这个顺时针次序呢？第一个因素，是中原统治中心的移动。

周、汉、唐三代的统治中心都是长安，所以西边的少数民族总是被长安的繁华和富裕吸引，不断杀到长安。

后来，因为历代定都，关中平原地力和环境长期消耗，水土流失非常严重，长安的地下水经过几百年污染，“水皆咸卤”，没法吃了，已经不适合基本生活需要。因此中国的统治中心渐次移到了洛阳和开封。而洛阳和开封在地理上是没有防御能力的，这样，正北的乃至东北的少数民族就被刺激动员起来，加入对中原财富的抢掠之中。

来自西北和正北方的匈奴人和突厥人一般满足于掠夺和杀戮，并不想在内地建立自己的政权。但是来自东北的少数民族就不同了，他们对内地的征服越来越深入。一开始是鲜卑族统一了北方，建立了正式的王朝北魏，不过统治的时间不长。而同样起自东北的辽和金就进行了更长期、更稳定的统治。接下来，元更史无前例地征服了全中国，当然最成功的还是后起的、奠定了今天版图基础的清。因此，魏晋之后的中国历史，一半是被“东北人”主导的。

为什么来自东北的少数民族能成功地统治内地，而来自西北的只满足于劫掠或者当雇佣兵呢?

因为东北和西北的地理条件不同。西北草原地带降水稀少，只能长草，不能长庄稼。所以西北少数民族只懂得游牧一种生活方式。

今天的中国东北地区，是一个非常重要的农业区，每年生产大量的粮食。也就是说，东北的降水量，足以支持农业生产。

因此，东北的游牧民族不只会游牧，还会种地。或者用学术语言说，他们兼游牧、渔猎、农耕三种生活方式于一身。这样的话，他们既懂得游牧民族的生活特点，也了解定居的农耕民族的生活特点。

拉铁摩尔最早注意到这一点，他说，“我相信（在我之前）还没有人指出过”，所谓的游牧人征服，主体并不是纯粹的游牧人，而是混合文化人群[1]。巴菲尔德则直接指出，正是因此，“满洲边缘地带”是中国历史上很多王朝的摇篮。《哈佛中国史》精练地总结，正是因此，“他们能熟练地将游牧者的军队与汉式的行政管理结合起来”[2]。

所以在中国历史上，来自东北的鲜卑人创建了一种二元结构，就是把游牧民族的军事体制和汉族的农耕社会结合起来，而不是对立起来。历史上，来自我的老家，也就是今天辽宁朝阳一带的慕容鲜卑，曾经建立了一个朝代叫前燕，这个朝代建立了两种并行的行政体系，一种专门用来管汉人，一种专门用来管鲜卑人。这样的国家在经济上能成功，因为有汉人负责提供粮食和赋税，有稳定的农耕为基础，[3]经济上已经汉化了。这样的国家在军事上也能成功，因为他们军事上不汉化，保持了马上民族的军事能力，能“理解游牧民族的联盟如何构成以及他们的弱点在哪儿”。

纯汉人政权建立的朝代，统治区域通常都局限在胡焕庸线以南，或者说，通常只在农耕区内，无法对草原进行有效的控制。

葛剑雄先生曾阐明过原因：

> 农业是中原王朝赖以生存的基础，……因此中原王朝对自己疆域的要求基本上是以是否适宜农耕，是否能养活当地的居民为标准的。符合这一条件的地区可以理直气壮地占领，而对不符合这一条件的地区，可以称之为夷狄蛮荒之地，非华夏声教所及，本不在九州范围之内。如果硬要去占领，必然会被正统的政治家和学者指斥为穷兵黩武。除去儒家理论的仁义和夷夏之辨的外衣，实质问题还是对农业的依赖。

---

[1]拉铁摩尔：《中国的亚洲内陆边疆》，江苏人民出版社，2005年，第347页。至于蒙古人，虽然最初也生活在东北，但后来是直接在北方草原上崛起的，拉铁摩尔解释说，成吉思汗原本“不是大草原的人，而是草原边缘的人”，不过从小“被放逐到草原上而已”。“当他返回草原边缘时，有许多混合文化的下属，可以引导他从事新的征服。”

[2]陆威仪：《哈佛中国史——分裂的帝国：南北朝》，中信出版社，2016，第76页。

[3]前燕奠基者慕容廆非常重视农耕，甚至向晋朝朝廷求取桑种和蚕种。

> 寒冷和干旱的气候限制了农业的发展，所以即使在北方游牧民族退却的时候，中原王朝的正式政区一般也不会超过这一界限。[1]

但是，在二元结构下，可以同时对草原和中原进行有效控制。因此，前燕之后，同样是鲜卑人建立的北魏，以及继承了北魏遗产的隋唐和后来同样起自东北的辽、金、元、清，都在一定程度上成为二元或者多元结构的朝代。

三

秦文化受草原文化影响很深，隋朝的政治基因中也有深重的草原因素。

其实不光是隋，初唐政治也受到鲜卑文化的深刻影响。统一了整个中国的隋唐，是鲜卑化了的汉人政权。对此可能很多读者有不同意见，因为在我们传统观念里，隋唐应该是比较典型的汉人政权。

但是只要深入观察一下就会发现，历史上除了有少数民族“汉化”，也有很多汉族的少数民族化的事实。

我们知道，北魏在孝文帝汉化改革后，很快就分裂成了北齐和北周。北周是鲜卑族建立的，北齐是汉族人建立的。按理说，北齐是一个汉人政权，应该与北周不同。但是如果你对比一下就会发现，北齐与北周相比，鲜卑化程度有过之而无不及。因为北齐的统治者是“鲜卑化”了的汉人。

“神武既累世北边，故习其俗，遂同鲜卑。”北齐奠基人高欢是渤海籍的汉人，但是因为祖上很早以前就与鲜卑族杂居，已经完全鲜卑化了。高欢能讲一口流利的鲜卑语，崇拜鲜卑文化，看不起汉人，因此朝廷上下弥漫着“大鲜卑主义”的气氛，“共轻中华朝士”。高欢的儿子高洋经常“散发胡服”，

[1]葛剑雄：《统一与分裂：中国历史的启示》，商务印书馆，2013，第88页。

甚至“数为胡服，微行市里”。高洋的太子喜欢读书，这让高洋很不高兴，说他太像汉人了，“每言太子得汉家性质，不似我，欲废之”。在他的影响下，北齐朝廷中呈现严重的反汉化倾向。有一个叫韩凤的大臣，也是鲜卑化了的汉人，他非常仇视没有鲜卑化的汉人，动不动就宣扬“狗汉大不可耐，唯须杀却”，向皇帝建议杀光汉人文官：“汉儿文官……宜加诛戮。”而皇帝竟如其言，对汉人文官“并斩之殿庭”。

所以我们通常只知道北魏孝文帝的汉化改革，“断诸北语，一从正音”，却不知道北齐鲜卑化了的汉人主导的“反汉化”运动。正是在这些鲜卑化汉人的主导下，北齐恢复了很多被北魏孝文帝禁止的鲜卑旧俗，比如“鲜卑语复盛，……谓之国语”。比如皇位继承中的“兄终弟及”，北齐文宣帝高洋、孝昭帝高演、武成帝高湛三位就是同父同母的兄弟。

那么，北齐为什么如此卖力地反汉化呢？因为有孝文帝汉化改革的历史教训在先。鲜卑人建立的北魏一开始也是二元结构的，但是孝文帝取消了二元结构，要求30岁以下的鲜卑人一律放弃母语，从头学习汉语，用中原制度统一整个帝国。结果不旋踵，北魏王朝丧失了战斗力，迅速灭亡。这一历史教训正是后来北齐和北周反汉化的根本原因。

四

隋朝的创立者杨坚也是一个鲜卑化的汉人。史载杨坚出自关中名门弘农杨氏，陈寅恪则认为杨坚家族是山东的普通百姓家族。不论如何，这个家族数代都为鲜卑人服务，和鲜卑族生活在一起，已经严重鲜卑化，改姓“普六茹”氏。杨坚娶鲜卑柱国独孤信之女为妻，因此隋炀帝杨广身上至少有一半鲜卑血统。

正是因为已经鲜卑化，所以杨坚从自己的外孙——北周的末代小皇帝周静帝手中夺取政权时，得到大多数鲜卑贵族的明确支持。隋朝建立之后，从中央到地方，从文臣到将军，鲜卑贵族都占据着非常重要的位置。[1]这是理解隋代历史的一个重要背景。

---

[1]参见邱久荣《鲜卑贵族在隋代统治集团中的地位》，《中央民族学院学报》1981年第4期。

第二十三章
唐太宗是胡人还是汉人

一

唐代开国皇帝李渊也是一个鲜卑化的汉人。

关于李氏家族的血统，学者历来有所争论。有人说这一家族是少数民族，冒用了汉族血统。早在唐代李世民当上皇帝的时候，就有一个和尚当面对李世民说李唐隐瞒自己的出身，乱认祖宗。唐释彦琮在《唐护法沙门法琳别传》中记载，法琳大师对唐太宗说："弃北代而认陇西，陛下即其事也。"您本来是北代胡人的后裔，为什么非要认陇西汉人为祖宗呢？宋代大理学家朱熹也很肯定地说"唐源流出于夷狄，故闺门失礼之事不以为异"（《朱子语类·历代三》）。李唐本来出自夷狄，所以不像汉族那样讲究礼仪，随便乱来。明代学者杨慎讲得比这更彻底："唐……乃夷狄，非中国人。"（《升庵集·李姓非一》）

不过陈寅恪先生考证认为，李唐虽然不是出自他们冒称的陇西李氏凉武昭王一系，但应该还是汉人，"本为赵郡李氏之'破落户'或'假冒牌'"[1]。

那么，我们就姑且认为李氏的父系远祖确实是汉人，但是由于李唐家庭先是跟着鲜卑人拓跋魏起家，接着又投靠了鲜卑化的匈奴人宇文北国，被赐姓"大野氏"，世代与少数民族通婚，所以李唐血统中融入了大量匈奴人、鲜卑

---

[1]陈寅恪：《金明馆丛稿二编》，生活·读书·新知三联书店，1980。

人的血液。唐高祖李渊之前的混血情况没有详细记载[1]，但是主流的历史研究资料显示，李渊的生母、皇后[2]和一个儿媳均为鲜卑人，也就是说，唐太宗李世民的祖母、生母和皇后是鲜卑人，唐高宗李治的曾祖母、祖母和生母是鲜卑人。几代连续混血，使中国历史上最伟大的皇帝之一的唐太宗李世民最多只有3/16的汉人血统。所以如果纯粹按血液成分的多少来算，李唐一族也可以算成是少数民族。

不光皇帝如此，唐代很多著名的文臣武将都是鲜卑人。比如现在被我们贴在门上当“门神”的人物尉迟敬德，还有宇文士及、长孙无忌、元稹等22位宰相，还有刘禹锡等诗人，都是出自鲜卑族。[3]

二

只有了解了鲜卑传统，我们才能理解隋唐两朝的许多政治和社会现象。

比如唐高宗娶了唐太宗的“才人”武则天，相当于儿子娶“母亲”，这对汉人来说是完全不可接受的，但对胡血甚浓的李唐家族来说，这正是遵从“父死，妻其后母”的鲜卑风俗。就如朱熹所说“闺门失礼之事不可以为异”，即对唐代人来说，在家里没什么礼仪是正常的。

李唐皇室中，儿子管父亲叫“哥”，父亲对儿子也自称“哥哥”。比如《旧唐书·王据传》：“玄宗泣曰：‘四哥仁孝，同气唯有太平。’”这里的四哥，指的是唐玄宗的父亲唐睿宗。《淳化阁帖》收有唐太宗写给他的儿子李

[1]冯承钧《唐代华化番胡考》：“唐高祖李渊，其来历颇为不明。《唐书·宗室世系表》列举李氏祖先人名，余以为多出臆造。渊祖李虎，兄名起豆，弟名乞豆，乞豆之母，乃名达磨。达磨者即梵文Dharma之对译，华言法也。起豆、乞豆，与印度似无关系，然与鲜卑人，必有渊源。此可疑者一也。”

[2]冯承钧：“渊后窦氏，实生世民。窦后，窦毅之女，窦威之同族，原姓纥豆陵之鲜卑也。”也有人认为窦毅是匈奴之后。

[3]吕一飞：《北朝鲜卑文化之历史作用》，黄山书社，1992。

治的信，在信里，唐太宗自称“哥哥敕”。李唐皇族为什么会有此家法呢？方壮猷、胡双宝、赵文工等学者认为，这个“哥”字源自鲜卑语的“阿干”一词，鲜卑人以此称尊长。

唐三彩多是胡人模样，唐朝人“以胖为美”，喜欢体态肥胖的壮实女人，这都是鲜卑人的标准，而不是“纤纤弱质”的汉人标准。

为什么中国历史上只有唐代出现了女皇呢？这也是鲜卑传统的浮现。

草原民族没有汉族男尊女卑的传统，特别是鲜卑族“贵母贱父”“其俗从妇人计”，妇女在家庭中占有非常重要的地位，拥有极大的发言权，性格也比较强悍。隋文帝的皇后独孤氏就是一个典型代表。隋文帝是一个公认的性格强悍的君主，但也是一个著名的怕老婆的男人，每天在后宫活得胆战心惊，不敢沾别的女人。有一次他偶然临幸了一个宫女，结果独孤皇后马上把这个宫女杀了。隋文帝不敢向独孤皇后发作，感觉非常郁闷，一生气离家出走，一个人策马出宫，跑到二十多里深的山谷。大臣们劝他回宫，他叹息道：“我贵为天子，竟然不得自由！”每次隋文帝上朝，独孤氏都同辇而去，到殿门方止；待隋文帝退朝，又前往相接，一同返宫。鉴于她和隋文帝有着不相上下的政治影响力，宫中把她和隋文帝并称为“二圣”。读者可能通常会以为“二圣”是武则天与唐高宗的合称，殊不知是独孤皇后开的头。

我们再往前追溯，《魏书·皇后列传》记载：“（灵太后）临朝听政，犹称殿下，下令行事。后改令称诏，群臣上书曰陛下，自称曰朕。”开始大家管灵太后叫“殿下”，后来称“陛下”，灵太后下达的命令叫“诏书”，自称为“朕”。汉族王朝中虽然也有不少后妃主持朝政，却没有一位后妃公开称朕、称诏、称陛下，这是北魏灵太后开的头。

因此，武则天不过是继承了灵太后和独孤皇后的传统，并且发扬光大，成为中国历史上唯一的女皇。

三

少数民族对中原地区的周期性征服，对中国历史发展有非常重要的影响，这种重要性不仅体现在中国历史上几次大分裂后的大统一都是由游牧民族或者游牧民族化了的汉人政权完成的，而且体现在这几次统一都带来了重大的制度创新。

第一次是起源于北方、靠近草原的周人建立了大一统的周朝，周人建立了系统化的封建制，开创了天命观，奠定了中国文化的基本性格。

第二次是在中国历史陷入漫长的春秋战国分裂后，吸收了草原文明特质的秦人又一次完成了统一。秦人建立了大一统的郡县制度，或者说皇帝制度，决定了此后2000年的政治游戏规则。

第三次是在魏晋南北朝几百年的漫长分裂后，鲜卑化了的汉人政权建立了大一统的隋唐，并且继承了鲜卑人的二元结构，在唐前期建立了第一个大一统的、包含二元结构的帝国。

唐初的二元性主要体现在“府兵制”上。府兵制起源于鲜卑的部落兵制。府兵制下，鲜卑人当兵，全家可免除赋役。而汉人负责耕种，缴纳赋税来供养府兵。府兵制带有部落兵制的色彩，军人地位高，有特权，有荣誉感，晋升快，所以军队的战斗力很强。依靠府兵制，唐代建立了“天可汗”体制，即唐朝皇帝成为中原和草原的共主，这在中国以前的历史上是没有过的。然而后来唐代放弃府兵制，开始募兵，当兵只为吃粮，军人地位日益下降，“役使如奴隶，长安人羞之”，当兵如同当奴仆，大家认为当兵是抬不起头的事，结果军队丧失了荣誉感，战斗力迅速下降。唐帝国只好开始使用安史集团那样的少数民族雇佣兵，结果导致安史之乱和藩镇割据。

除了开创了二元结构外，唐代在中国历史上另一个引人注目的制度是“均田制”，由国家均分土地，在中国历史上诸大统一王朝中独树一帜。这其实也是鲜卑人的制度，是北魏首创，隋唐继承。北魏为什么实行均田制呢？因为这是草原传统。草原民族的习惯是牧场公有。唐长孺和王仲荦在探讨北魏实施均田制的社会经济背景时，把拓跋鲜卑游牧时代的经济制度、牧地所有权观念，看作北魏均田制得以实施的基础。

我们以前读史，可能更多地注意到少数民族的汉化。其实，中原文化和制度受草原传统影响的一面，也是值得注意和研究的。

阎步克先生多次强调北朝对中国历史的影响，提出了著名的“北朝历史出口说”。“北朝异族政权的特殊政治结构，进而又为帝国体制的复兴提供了更大动力”，草原民族成了华夏传统复兴的主要承担者，“北朝军功贵族与异族皇权的结合，使北朝成为帝国复兴的历史出口，进而带动了一系列的制度演化”。陈寅恪先生说：“取塞外野蛮精悍之血，注入中原文化颓废之躯，旧染既除，新机重启，扩大恢张，遂能别创空前之世局。”

学者罗新认为，内亚史[1]自成一个历史系统，它并非必须依附于中国史才能成立，但是，内亚史又一直与中国史发生或浅或深的接触。因此中国史与内亚史的重叠交叉是贯穿全部中国历史的。中国历史中的所有时期都有内亚因素的参与，只是存在着强弱轻重的差别而已。几千年来，边疆民族如同注入湖泊中的活水一样，不断通过入侵给中原王朝输入活力。这是观察和思考中国历史时不可忘记的背景。

---

[1]“内亚”一词起初主要是流行于英语世界，即英语的Inner Asia，后来才逐渐成为一个在国际上频繁使用的专用词，指以蒙古高原为中心的亚洲腹地。

第五篇

秦以后王朝的周期性崩溃

第二十四章
关于“封建”与“郡县”的2000年争论

一

中国历史上，一直存在一个激烈的争论。那就是到底是先秦的那种“封建”制度好，还是秦始皇之后的郡县制度好。

这个争论在中国历史上是很有名的，争论了差不多2000年。西晋著名学者陆机是支持封建制的，他认为三代时期的封建制好。好在哪儿呢？在封建制时代，“民有定主，诸侯各务其治”，民众各自有稳定的统治者，这些诸侯对民众不会像地方官那样残暴，因为这是他们的世袭领地，他们要追求长远利益。“为上无苟且之心，群下知胶固之义。”在上者没有苟且之心，百姓也很团结。而相比之下，郡县制下的长官的眼睛只盯着上面，他们的利益只在于升迁，反正我三五年就走人了，因此很急于出成绩，很容易干出暴虐百姓的事。用陆机的话来说就是“五等之君，为己思治；郡县之长，为利图物”。五等之君就是诸侯，他们的治理是为了自己。而地方官则是为了皇上，很容易贪污腐败，“百度自悖”。而且，在封建制下，如果一两个小国出现问题，也不会蔓延到全天下，即使出现内乱，受害的只是局部。而大一统的郡县制时代，一处有乱，则天下大乱，无处能免。

这是一派。

当然还有另一派，赞同郡县制。比如柳宗元曾经专门写过一篇著名的文章，叫《封建论》。他的看法和陆机截然相反。他认为，大一统专制的郡县制度下，可以更公平地选拔人才，因为人才是流动的、竞争的。有能力的人容易脱颖而出，被任命为官员。而封建制下，诸侯都是世袭的，不管你有没有能力，你都是统治者。柳宗元的话是“使贤者居上，不肖者居下，而后可以理安”。只有让有能力的人当官，没能力的人被管理，这个社会才能平安。

另一点，柳宗元认为即使从防止叛乱的角度来考虑，郡县制也要比封建制好。秦、汉、唐三代，“有叛民无叛吏”“有叛国无叛郡”“有叛将无叛州”，就是说，官员都是向着皇帝的，即使天下大乱，官员也基本不会叛变。而在封建制时代，周代后期，各地诸侯都不听天子的，天子对此什么办法都没有。

那么，这两种制度到底各有什么长处和短处呢？

二

我们来比较一下秦以前王朝的寿命和秦以后王朝的寿命。

从秦始皇建立皇帝制度后，中国历史上，每个王朝建立之初，都梦想着自己一家一姓永远统治下去，所以秦始皇规定自己以下的皇帝依次称二世、三世……梦想能传至万世而无穷。到了最后一个王朝，统治者更是动不动就称，“我大清亿万年无疆之运”，如果非要给我们爱新觉罗家的统治加一个期限的话，我希望是一亿年。

为了达到这个目标，历代皇帝都进行了不懈的努力。我们上几章讲过，皇帝们如何从制度上防范威胁皇权的因素，让天下永远在自己一家人手里。

然而，很不幸的是，秦制下没有一个王朝能达到这个目标。秦朝统一之前，中国王朝寿命都不短。夏、商各500年左右，周朝约800年。

然而，秦代之后，王朝的寿命明显变短。从秦到清，中国历代统一王朝的寿命都远低于三代。我们来直线数一下，秦朝的寿命是15年，西汉是215年，新莽也就是王莽建立的新朝14年，东汉195年，曹操建立的曹魏是53年，西晋是52年，十六国（从西晋灭亡算到北魏统一北方）122年，北朝包括北魏、东魏、西魏、北齐和北周五朝加起来142年，南朝东晋103年，宋、齐、梁、陈加起来169年，隋37年，唐289年，五代的五个朝代加起来53年，北宋167年，南宋152年，元97年，明276年，清267年。如果我们按传统算法，南北朝时期以东晋和南朝为正统，五代时以北方王朝为正统，则中国历史上改朝换代23次，从秦到清2132年，每个王朝平均存在92年。

因此，王夫之认为，“郡县之制”实际上是不利于皇帝的。“秦、汉以降，祚不永于商、周；……郡县者，非天子之利也，国祚所以不长也。”（《读通鉴论·卷一》）秦汉以后，王朝的寿命远不如商周。看来郡县制这个事，其实是不利于最高统治者的，导致他们享国时间大大缩短。

三

中国会频繁地改朝换代，一个重要因素是频繁的农民起义。自秦始皇以来，每隔百十年，华夏大地上就会有一次大的农民起义来“沉重打击地主阶级的统治，部分地调整生产关系，迫使后继王朝调整统治政策，推动历史前进”。那些大规模的农民起义我们耳熟能详：陈胜吴广、红巾黄巾、黄巢赤眉、瓦岗寨梁山泊、李自成洪秀全……除去这些大型起义之外，地区性、局部性的起义更是遍布中国历史的每一页。据学者们统计，仅清代，清初以后200多年间，《清实录》记载的农民起义在300次以上，平均每年一次还多。

中国历史还有一个规律，就是建立在大规模农民起义基础上的王朝一般都十分长寿。我们前面提到，秦、隋和元都在漫长的分裂后实现了统一。但秦朝只存在了15年。而接下来建立在秦末农民大起义基础上的西汉王朝却活了200多年。隋37年而亡，而接下来建立在隋末农民大起义基础上的唐朝也是200多年。元只存在了不到100年，而分别建立在元末农民大起义和明末农民大起义基础上的明朝和清朝存续时间都超过200年。

这是为什么呢？因为在秦、隋、元前面，没有一个农民大起义来彻底打碎旧的社会结构。而接下来的长寿王朝，都是在农民大起义的基础上建立的，这些农民起义把原来的社会破坏得很彻底。这就是所谓“大乱达到大治”。[1]

而全国范围内的大型农民起义也是郡县制下的独有现象。封建制下从来没有发生过全国规模的农民起义。夏商周三代，只有一个小规模的“国人暴动”，而且暴动的目的不是推翻周朝，实际上是统治阶级的“内部矛盾”。夏商周三朝的政权变化，包括西周变为东周，都与农民起义无关。而大一统郡县制建立不过15年，中国历史上第一场大的农民起义，以陈胜、吴广为代表的秦末农民大起义就轰轰烈烈地发动起来了。

四

在古代，中国学者热衷对比封建制和郡县制。近代以来，西方学者则喜欢探讨中国的大一统与欧洲式的分裂各有什么优缺点。

在启蒙时代之后，欧洲学者关于这一点就有两种截然不同的看法。随着环球航道的开通，一些传教士来到了中国，在这里的所闻所见带给他们很大震撼。当时欧洲四分五裂，战争连绵，中国却是个统一的大帝国，几千年来一直延续着一种文明。在传教士看来，中国有贤明的君主、良好的法律、健全的行政机构，比欧洲强太多了。传教士在发往欧洲的信中，对中国大加赞赏，还把中国的“四书五经”翻译到了欧洲。因此，欧洲文化界的许多著名学者都对中国文化大感兴趣，在欧洲掀起了“中国热”。

当然，还有一类学者认为欧洲模式更好，他们认为，中国大一统有利于稳定，但是容易造成文明的“僵化”。而欧洲的动荡纷争，有利于保持文明的活力。因此，这些学者对中国有一种听起来让人很不舒服的评价。孟德斯鸠说：“中国是一个专制的国家，专制的原则是恐怖，专制的目的是平静。”英国历

---

[1]参见许平中《王朝盛衰兴亡、国家分合交替之谜新解》。

史学家麦考莱（Macaulay）将中国文明比拟为《格列佛游记》里的“斯特鲁布鲁格人”，也就是一种奇特的长生不老之人。他们虽然垂垂老矣，但是永远无法死去，深陷在痛苦中不得解脱。麦考莱在论文中说：“为了避免中国的命运，欧洲付出了1000年野蛮生活的代价。”这个代价在他们看来是值得的。毫无疑问，这些说法都带有明显的“西方中心论”的色彩。

五

其实，我们提到的这两个争论，封建制好还是郡县制好，中国式的大一统好还是欧洲式的分裂好，本质上是一样的。因为欧洲分裂时代，也就是封建制时代。从罗马帝国崩溃后，欧洲就是贵族分封、小国林立，和中国周代一样。因此，这两个争论实际是一个争论，那就是封建制和大一统郡县制各有什么优劣。

我们在前面对比了中国历史内部的周制和秦制下王朝的寿命。接下来我们不妨放眼世界史，对比一下大一统郡县时代的中国与中世纪的欧洲以及明治维新前的日本。我们会看到，中国历史上很多现象是其他国家没有或者罕见的。

第一，世界史上极少出现中国这样频繁的“改朝换代”。如果我们只读中国史，也许会以为改朝换代是人类历史发展之常态和必然。但是你看一下世界史，就会发现并非如此。日本是万世一系，从上古神话时代到现在，日本的天皇始终是一个家族。西罗马（共和加帝国）立国近千年，拜占庭帝国享国近千年。英国自1028年威廉一世诺曼征服后至今，国王都是威廉一世的后人。只不过英国的王位继承不是中国式的严格的父死子继，而是掺杂了父女关系，兄弟关系，外孙、外孙女关系，以及堂兄弟关系。从不严格的意义上说，英国王位也可以说是千年一系了。

有人说，不对，你不懂英国史，英国历史上1000多年一共经历了9个王朝呢，也是频繁改朝换代。其实欧洲史上的这些王朝和中国王朝的意义完全不同。英国的王朝基本上都是由于上一个王朝的末代国王绝嗣，由亲戚入继大统，才导致改朝换代。比如征服者威廉登基后开创了诺曼王朝，王位先后传给他的两个儿子威廉二世和亨利一世。三王之后，“绝嗣断统”，断绝了男性继承人。于是亨利一世的外孙继位，称亨利二世，开创金雀花王朝。之所以叫这个名字，是因为他本是法国的安茹伯爵，纹章以金雀花为图案。金雀花王朝传了8代，最后一位国王理查二世被他的堂弟亨利四世发动宫廷政变夺取王位。新上台的亨利四世是兰开斯特公爵之子，新王朝因此而得名“兰开斯特王朝”。欧洲其他国家的王朝更替，也都属此种情况。但这种王朝更替，只相当于中国一个大王朝内部的纷争，而不是中国式的改朝换代。

中国式的农民起义，也是世界历史上独一无二的现象。略略翻一翻世界史，人们就会惊奇地发现，“农民起义是历史前进的动力”这一规律似乎主要在中国有效。西方的农民起义为数甚少。西欧从8世纪起，史书上才出现农民起义的记载，从那时起到16世纪的800年间，几十个国家里数得上的农民起义总共不过七八次。西方没有一个王朝是被农民起义推翻的。西罗马（共和加帝国）一共存在了近千年，内部矛盾也曾十分尖锐，但没有发生一次导致改朝换代的全民族革命。

而且更为关键的是，中西农民起义的性质完全不同。中国的农民起义使命是改朝换代，规模巨大。而西方农民起义则更像是一种社会运动，破坏性远较中国为小。1024年的法国布列塔尼起义，以恢复古老的村社制度为目标。997年，诺曼底农民举行过一次大起义。一位编年史学家记载说，这次起义的原因是农民要“按自己的法规来使用森林附属地和水源”。

中国历史的一个独特现象，叫“皇帝梦”。在中国，成为皇帝没有门槛，谁都可以做，因此有一句话叫“皇帝轮流做，明年到我家”。在中国历史上，乞丐、流民、士兵、权臣、异族，在皇位面前人人平等，都有机会成为“太祖高皇帝”。因此陈胜说出了那句著名的豪言壮语：“王侯将相宁有种乎？”然而在欧洲，王侯将相确实是有“种”的，要做国王有一个基本条件，就是必须是贵族出身。因此欧洲的几十顶王冠，一直是在天潢贵胄间传来传去。在欧洲历史上，从来没有出现过中国这样一个农民振臂一呼、揭竿而起，就“杀到东京夺了鸟位”的情况。

日本也是这样。王学泰先生在一篇文章中说："一位同事曾向日本学者请教，日本人有没有想当天皇的？那位日本朋友很惊讶，说那怎么可能呢？天皇是神啊。"言下之意普通人怎么能当天皇呢？日本历史基本和欧洲一样，也是封建制，贵族一直是贵族，武士一直是武士，老百姓一直是老百姓。印度更是这样，印度实行种姓制度，各种姓之间不能通婚，低种姓的人做国王是不可想象的。所以，动不动就来场农民起义建立新王朝这个事，全世界范围内只有中国有。

第二十五章
中国历史上人口的大起大落

一

前面我们讲了中国历史的独特现象：频繁的改朝换代，频繁的治乱循环，频繁的农民起义。

如果政治动荡只局限于政治家之间的争斗和残杀，其实无论多乱也没什么了不起。但问题是，中国历史上的频繁动荡还导致了另一个引人注目的情况，那就是人口数量的大起大落。

中国历史上，和平时期的人口密度一直是比较大的。因为中国中原王朝均建立在稳定的农耕生活方式之上，加之祖先崇拜和多子多福观念，中国历史上人口密度大部分时间是高于西欧的。

然而中国史书上记载的人口数字又经常减少，而且是非常剧烈地减少。如果只读“二十四史”，读那些人口数字的变化，你肯定会被吓得睡不着觉。

《汉书》说，“汉极盛矣，口五千九百五十九万四千九百七十八”。有整有零，非常精确。也就是说，汉代的人口高峰是近6000万人。

然而到了三国时期，人口变成了多少呢？唐代杜佑写《通典》的时候，综合《三国志》裴松之的注释，以及晋代《帝王世纪》的数字，也得出一个非常精确的人口数字：“七百六十七万二千八百八十一。”只有人口极盛时的1/8。从字面上来理解，7/8的人口消失了。

隋朝的人口高峰，正史记载是4600多万，经过威武雄壮的“隋唐演义”，正史记载，唐代建立时人口有1000万左右，只剩下隋代的1/5。

到了开元盛世，唐代人口达到最高峰，正史数字是4844万，然而安史之乱一来，人口又剧减70%，降为1692万。

可见，人口动不动就被消灭百分之七八十，甚至接近90%。这实在太吓人了。

当然，我们要看到，正史记载的数字，往往是官方掌握的户籍资料反映出的数字，并不完全准确。第一，这些数字大部分体现的是中原汉族地区的人口变化，而忽略了边疆少数民族地区的人口情况。第二，动乱时期，很多流亡人口往往没有体现在官方户籍之中。

所以近年以来，学术界对正史数字进行了很多修正，其中公认学术水平很高的是葛剑雄先生主编的六卷本《中国人口史》。这部人口史的统计分析全面而深入。比如讲到三国时期人口，葛剑雄先生论证说，这一阶段的户口漏计和隐匿相当普遍：世家豪族荫附了很多户口，同时屯田生产者不列入郡县编户，再加上没有统计的少数民族人口，东汉三国间的人口谷底应该是2300万左右，而不是767万。

不过，即使按修正后的人口数字，其变化幅度仍然是很惊人的。东汉从人口高峰6000万，降到2300万，也已经减少了60%。

我们在这一章，不妨就参照这部多卷本的《中国人口史》，梳理一下中国历史上人口变化的脉络。

秦始皇统一全国的时候，中国人口接近4000万，秦汉之际，降为1500万~1800万，损失率为一半多。

西汉末的公元2年，中国人口达到6000万，成为人口史的高峰之一。然而王莽之乱和东汉初的战争让人口又降到3000多万。东汉后期（永寿三年，157年），再一次突破6000万。三国时期，人口损失达到60%，至2300万。

魏晋南北朝，人口多次出现起落，北方地区在十六国期间，人口最低点只有500多万，[1]只及原来的1/4，损失了3/4。

隋大业五年（609年），人口恢复到6000万。隋唐易代战争让人口再次损失超过一半，唐初中国人口只有2500万。

---

[1]葛剑雄主编：《中国人口史》（第一卷），复旦大学出版社，2002，第473页。

唐代在安史之乱前的755年，人口增长到8000万左右，达到新高峰。安史之乱使全国的户口数从891万户锐减到大历中期（770年左右）的130万户。人口损失当然没有这么夸张，但是幅度也非常巨大。

南宋和金的经济恢复使13世纪初全国人口（也就是宋、金、西夏、大理等）加到一起超过了1.4亿，成为中国人口史上第三个高峰。但是宋元易代，使得北方人口损失高达80%，只有1000万。[1]1290年，全国人口降为7500万。[2]

明初人口不到6000万，17世纪突破2亿。明清易代损失40%，清初时为1.2亿，康熙时恢复至2亿，乾隆时3亿，道光三十年（1850年）时创造了4.3亿的新高峰，之后经历了太平天国后又损失了1亿。

读了这些数字，你不难明白为什么中国会有所谓“离乱人不如太平犬”的说法，明白战乱给人们带来的痛苦，以及中国人为什么盼望和平统一。

确实，中国历史上战乱之中的悲惨场景，实在是太触目惊心了。目睹三国动乱浩劫的仲长统说：“以及今日，名都空而不居，百里绝而无民者，不可胜数。”那些著名的大城市都成了空城没人居住，走上100里地不见人烟的情况，在各地非常普遍。袁谭为青州刺史时，“邑有万户者，著籍不盈数百”，很多县人口只剩原来的百分之几。曹丕称帝时，“人众之损，万有一存”，一万个人只活下来一个。这当然是夸张的说法，但曹操的名句“白骨露于野，千里无鸡鸣”却并非夸张，而是写实。

在中国历史上，最惨的一个省是四川省。南宋时期，四川经济非常繁荣，户数为259万户。宋元之际的战争中，“蜀人受祸惨甚，死伤殆尽，千百不存一二”，元朝建立后的至元二十七年（1290年），四川户数不过9万余户。这还不是最惨的，其后更有名的是明清易代时的“张献忠屠蜀”。“张献忠屠蜀”只是一个代表性的说法，事实上导致当时四川人口大量损失的，除了张献忠的军队外，还有其他军队以及饥荒、瘟疫、虎灾等多重因素。具体人口损失情况，《中国人口史》认为是从崇祯三年（1630年）的735万，降到清初的50

[1]葛剑雄主编的《中国人口史》认为金亡时人口下降了87%，见第三卷，第383页。

[2]葛剑雄主编：《中国人口史》（第三卷），复旦大学出版社，2002，第621页。

万，也就是说，超过90%的人都死亡了。[1]当然，人口损失不可能是均匀的，所以部分地区的人已经基本死绝了。南明兵部尚书李乾德在答孙可望信中说，他所见的四川，已经不是人间景象，而似乎是在阴间：自从进入四川，只见遍地是荆棘塞道，万里人烟断绝。荒野之中，只有野兽成群，不见人类踪迹。偶尔见到一两个幸存下来的人类，又都是五官残缺，割耳截鼻，缺手断脚之人，看上去像妖魔鬼怪，让人感觉不是行走在人间。康熙六年（1667年），朝廷委派的四川巡抚张德地抵达四川之后向皇帝汇报说，对四川很多地区来说，他只是个空头巡抚，因为事实上已经没人需要他来管理："四川有土无民。"

二

那么，封建制下人口变化情况如何呢?

虽然三代时期人口数据很少，但大多数人口史学家都推测，三代时期，也就是夏商周时期，包括充满战乱的春秋战国，也没有这样剧烈的大起大落现象。从西周、春秋到战国，人口变化的趋势是持续增长的。

如果说中国三代的人口数据不详细，不足以说明问题，那么我们来看看欧洲。欧洲封建制下小国林立，相互之间的战争打了1000多年，人口有没有这样的大起大落呢?

也没有。

我们来看英国经济学家安格斯·麦迪森（Angus Maddison）的一部很有名的作品《世界经济千年史》（*The World Eanomy: A Millennial Perspective*）。这本书（北京大学出版社2003年版）第20页中，有一份2000年间西欧人口变化的统计数字。

公元元年，西欧人口2470万。200年，2760万。400年，2290万。600年，1860万。800年，2040万。1000年，2541万。1200年，4088万。1300年，

[1]葛剑雄主编：《中国人口史》（第四卷），复旦大学出版社，2002，第446页。

5835万。1400年，4150万。1500年，5726万。1600年，7377万。1700年，8146万。1820年，13288万。1998年，38839万。

我们把这个数字做成图表如下。

欧洲人口变化图（公元元年~1700年）

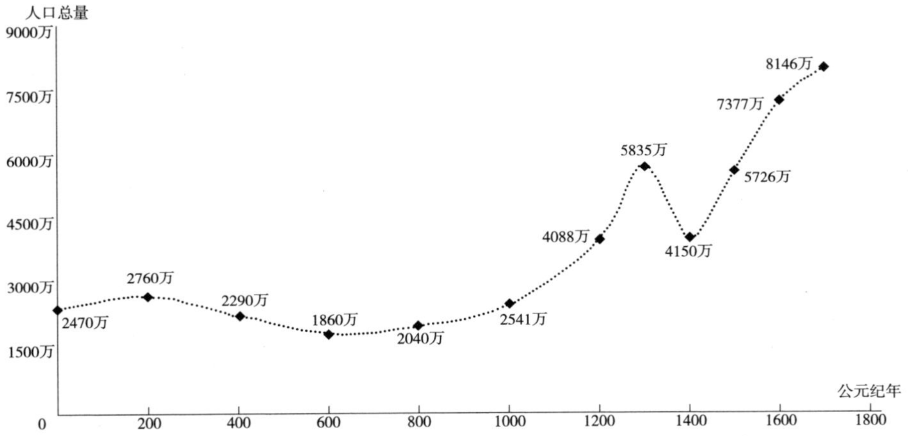

（制图：胡列箭）

麦迪森在分析西欧的人口变化时认为，造成人口损失的因素是灾荒和传染病，他并没有提到战争。从这张图表上可以看出，西欧人口下降出现在两个时段：第一次是200年~600年，第二次是1300年~1400年。为什么出现在这两个时段呢？第一个时段的人口下降是罗马帝国的衰败导致的，第二个时段则是黑死病导致的，此后人口变化又开始呈现为上行曲线。

薛涌说：

欧洲公元二〇〇年前的人口发展，是罗马帝国前两百年最繁荣时期的写照。自此之后，人口不断下降，反映着罗马帝国的衰落。这种下降趋势，一直持续到公元六〇〇年，其间并没有因为日耳曼人的入侵和西罗马的灭亡而出现大的波动，说明“野蛮人”的入侵并没有加速人口的衰减。从公元六〇〇年开始，人口呈加速度的反弹，到一〇〇〇年时几乎接近了罗马帝国鼎盛期，一二〇〇年则远远超出罗马帝国的鼎盛期。到一三〇〇

> 年，西欧人口竟比罗马帝国的高峰时期人口还要高出一倍多。一四〇〇年人口的下降，则体现了十四世纪中期黑死病所造成的祸害。这时正好也进入了文艺复兴时代。[1]

也就是说，欧洲历史上的两次大的人口下降，主要都不是因为战乱。我们把这个数字和中国人口数字进行对比，可以得到下面这张图。

中西人口发展对比图[2]

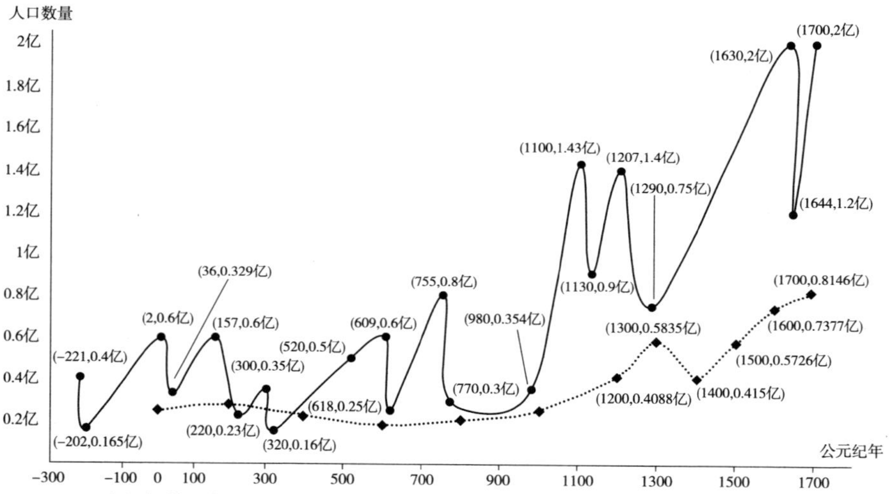

注：圆点实线为中国人口数字，菱形点虚线为西欧人口数字。制图：胡列箭

---

[1]薛涌：《“黑暗时代”不黑暗：中世纪的再发现》，《书城》，2011年第9期。

[2]中国部分数字如下：前221年，4000万，前202年，1650万（《中国人口史》第一卷，第312页）。2年，6000万，36年（建武十二年），3290万（《中国人口史》第一卷，411页）。157年，6000万。220年，2300万。300年，3500万（《中国人口史》第一卷，458页）。320年，1600万（北方十六国期间，最低点人口只有500多万，《中国人口史》第一卷，第473页。东晋初时人口1000万，《中国人口史》第一卷，464页）。520年，5000万（《中国人口史》第一卷，475页）。609年（隋大业五年），6000万。618年，2500万。755年，8000万（《中国人口史》第二卷，182页）。770年（大历中期），3000万。980年，3540万（《中国人口史》第三卷，621页）。1100年，1.43亿（《中国人口史》第三卷，621页）。1130年，9000万（《中国人口史》第三卷，621页）。1207年，1.4亿（《中国人口史》第三卷，621页）。1290年，7500万（《中国人口史》第三卷，621页）。1630年，2亿。1644年，1.2亿。1700年，2亿。

虽然麦迪森认为，这2000年中，欧洲人口变化的步伐很不均匀，然而如果和中国一比，西欧人口的变化曲线就显得过于平滑了。

秦晖先生总结说：

> 中国人口繁荣时期增长比欧洲快，而崩溃时期的剧减更是骇人听闻。相比西方人口下降三分之一的灾难程度，中国不仅灾难频率更高，每次灾难的程度，如果我们相信史书的说法，也要高出一倍以上。……所有这几次“封建”欧洲史上的大难，都与“改朝换代”无关。
>
> 西方的人口下降主要表现为瘟疫，次数比中国少，下降的幅度也没有中国大。[1]

欧洲中世纪的历史，充满了战争和动荡，给民众造成沉重的负担和不断的痛苦。高层政治也一样充满阴谋、血腥和野蛮。那么，为什么欧洲历史上的人口损失不如中国剧烈呢？因为在封建制下，天下并非一统，战争通常局限于局部，不会造成全面的破坏。

郡县制下，在承平时代，对政治秩序和社会秩序的保障显然要比封建制下好得多，这是郡县制的优势。因此，中国的人口密度通常大于欧洲，人口曲线也通常位于欧洲人口曲线的上方。但是一旦政治秩序崩溃，带来的破坏是全面而剧烈的。

正如中国宋代学者罗泌比较郡县制与分封制时说的：“建封之时，一人纵以失德于上，而万国之中，各有政化，闻者得以兴起。郡县之世，一人失德，则波颓瓦解，而四海共罹其祸。”封建制下，一个国家的统治者失德，只能影响天下的一小部分。郡县制下，最高统治者一个人的错误，需要全体臣民共同承担，因为你想躲都没地方躲。

---

[1]秦晖：《为什么人们厌恶帝制》，《南方周末》。

第二十六章
为什么秦之后不停地治乱循环

一

为什么秦以后会出现频繁的王朝兴废，人们有很多解释。

中国传统史书的解释将此归因于人类的意志力，或者说皇帝的素质问题。说历代开国皇帝都是艰苦奋斗出来的强人、雄主，很厉害，所以制定了很好的制度，解决了很多问题。然而后来的皇帝都生于深宫之中，长于妇人之手，越来越软弱，越来越昏聩，终于亡国。这就是所谓的“黄炎培定律”：

> 所谓“其兴也勃焉，其亡也忽焉”，一人，一家，一团体，一地方，乃至一国，不少单位都没有能跳出这周期律的支配力，大凡初时聚精会神，没有一事不用心，没有一人不卖力，也许那时艰难困苦，只有从万死中觅取一生。既而环境渐渐好转了，精神也就渐渐放下了。有的因为历时长久，自然地惰性发作，由少数演为多数，到风气养成，虽有大力，无法扭转，并且无法补救。[1]

但是这解释不了为什么世界上有些国家没有中国这种规律性现象。传统时代，各国统治者大都是长成于深宫之中、妇人之手，但为什么大部分国家没有

---

[1]贾思楠：《1915—1976——毛泽东人际交往实录》，江苏文艺出版社，1989，第73~74页。

如此频繁地改朝换代呢?

第二种解释是气候原因。说中国历代王朝衰亡，往往是因为遇到了像“小冰河期”之类的气候灾变。有的时候，中原赤地千里，或者洪水遍地，民众没有饭吃，只好起来造反。另一些时候，草原雪灾严重，牲畜大量死亡，游牧民族策马南下，抢得顺手，就推翻了中原王朝。

但是这个解释实际上也是讲不通的。秦晖先生说，气候变化应该是全球性的，然而西方历史上的盛衰与中国传统时代的治乱却明显并不同步。中国两汉之际大乱时，西方却正值繁荣的“罗马和平”。西方于六七世纪之交发生第一次鼠疫大灾难时，中国正值“贞观之治”。全球性的小冰河期怎么解释这些相反的事实?中国历史上一二百年就有一次大乱，难道唯独中国历史上每隔一两百年就出现一次小冰河期吗?

所以这种气候变化，与中国历史上的战乱偶尔会有一两次吻合，但是放宽在历史整体背景下观察，是不成规律的。

第三种解释则是周期性的“土地兼并”惹的祸。

据说每个王朝建立之初，因为农民战争消灭了大量地主，所以土地平均分配了，农民生活好过了点。但是每到王朝中后期，因为贫富分化，又会出现严重的土地兼并，大部分土地都被少数地主占去了，所以贫民“无立锥之地”，只能给地主做佃户。而周扒皮、黄世仁、刘文彩这类恶霸地主，又把农民压迫得走投无路，农民们只好走上反抗的道路。等到农民战争结束后，土地又一次相对平均，这就形成了中国历史上的治乱周期循环。

但是近些年历史研究已经梳理出大量新数据，比较充分地证明，传统时代的中国和同时代其他国家比，并不存在严重的土地分配不均问题。秦晖先生一直在进行农民学研究，他对关中地区积累的大量地册进行分析之后，发现“关中无地主”。也就是说，自从隋唐以后，关中几乎就成了一个自耕农的世界，土地极为分散，地主非常少，大部分土地掌握在自耕农手中，不论是王朝初期，还是王朝后期，基本都是这样。

秦晖先生总结说，其实过去的中国，自耕农一直占很大的比重，而且历史上中国土地分配相对世界上其他国家来说，其实一直是比较公平的。大部分国家比古代中国土地更集中。[1]

这一观点在近年来基本已经成为学术界的共识。比如代表官方研究水平的中国社科院近代史研究所集体研究的一个大项目，多卷本的《中国近代通史》，对清代就是这样看的。这套书中讲到，在整个清代存在“土地兼并”与“土地分散”两个同时发生的过程，一方面当然有人因为致富多买土地，由农民上升为地主。但同时，富人也不断分家，由大地主变成小地主再到自耕农，也就是所谓的“富不过三代”。所以清代初期、中期和后期，土地集中的程度是差不多的，“地主阶级手中的土地越来越多”的趋势并不存在。

此外，我们不看土地集中现象，仅看农民起义现象本身，就会发现“地主和失地农民的矛盾”导致农民起义的逻辑其实也不能成立。比如明代后期，北方基本上是以自耕民为主，南方则是佃户居多，南方的大地主基本把土地租给佃户去种。那么按理在明末，应该是南方阶级矛盾更激烈，农民起义更多，然而事实是明末的农民起义基本集中在北方，南方极少。

因此我们在历史记载中也找不到佃户以起义的方式反抗地主的证据，随处可见的倒是农民起义反抗政府的材料。中国历史上描写农民起义的最著名的文学作品是《水浒传》，然而这本书里没有反映任何地主和佃户的矛盾，相反，用秦晖先生的话来说，《水浒传》讲的就是一帮庄主（也就是地主）带领庄客（也就是佃户）来造官家（也就是政府）的反的故事。《水浒传》中大地主晁盖的第一个大的举动，是劫取“官家”的生辰纲。而生辰纲这个东西，代表的是国家对民众的横征暴敛，而不是地主对佃户的压迫。

[1]“总体来讲，在中国传统农村中，自耕农所占的比重要比以往所讲的要大得多，将传统农村理解为佃农的农村恐怕是很成问题的……在横向比较中，传统中国乡村地权分配的不均度小于世界上绝大多数传统与现代国家。”（秦晖：《关于传统租佃若干问题的商榷》，《中国农村观察》2007年第3期。）

二

所以，中国历史上绝大部分农民起义，反映出的是农民与政府的矛盾，而不是农民与地主的矛盾。历代农民起义，都是农民起来造官僚体系的反，造国家机器的反，而不是造地主阶级的反。《中国近代通史》也认为，真正导致清朝衰亡的，不是所谓的土地兼并，“真正侵蚀王朝肌体、造成王朝衰败的，其实正是凌驾于社会之上、充当社会调节力量的中央朝廷和地方各级官府”。

所以中国史书中并没有“主逼佃反”这个词，而只有“官逼民反”。陈胜、吴广为什么起义呢？是反抗秦代政府强迫他们服劳役，而不是反抗地主欺负他们。李自成时代的口号是“迎闯王，不纳粮”，这个不纳粮的“粮”，并不是给地主交租子，而是指给政府交的税赋，即所谓“皇粮国税”。如果说中国起义的农民都是佃农，是为了反对地主，那就应该提“免租”，不应该提出“免粮”这种口号，然而事实上，在大规模“农民战争”中，从来没有人提出过“免租”，提出的都是“抗役、抗粮、抗税”的诉求，所抗的对象，都指向官府。[1]

还有一个证据，历代农民军有目的地屠杀的对象，或者说发泄仇恨的对象，都是代表政府力量的官员和贵族，而不是普通地主。

陈胜初起兵之时，“诸郡县苦秦吏暴，争杀其长吏，将以应胜”。各地民众都痛恨秦朝政府官吏的残暴，争着杀掉地方官来迎接起义军。

东晋孙恩起兵，“所至醢诸县令以食其妻子，不肯食者辄肢解之”。所至之处，把各县县令剁成肉酱，让县令的老婆孩子们吃，不肯吃则将其“肢解”。这是什么样的仇和怨？

隋末农民起义军是“得隋官及士族子弟，皆杀之”。

唐末黄巢陷京师，“尤憎官吏，得者皆杀之”。

南宋钟相、杨幺农民起义军也是“焚官府、城市、寺观、神庙及豪右之家，杀官吏、儒生、僧道、巫医、卜祝及有仇隙之人”。

北宋方腊起义，“凡得官吏，必断脔支体，探其肺肠，或熬以膏油，丛镝

---

[1]秦晖：《追怀高王凌兄及论租佃制》。

乱射，备尽楚毒，以偿怨心”，目的就是发泄仇恨。

而明末张献忠、李自成起义，每破一城池，也是必先斩皇室宗亲及地方官吏。明末起义军的一大特点是在诛戮明皇室成员时表现出的坚决、彻底，只要是朱元璋的子孙后代，不论是主动投降还是被动俘获，不论是立地不跪还是苦苦求生，不论是拒不交代藏宝地点，还是痛痛快快地献出所有财富，结果都是一样，一律诛灭。史书中涉及王府在兵锋下的遭遇，“尽”“皆”“合族”这样的词频繁出现。张献忠攻占常德，“荣王宗室殆尽”；攻克重庆，瑞王朱常浩及其家人“尽杀之”；据有成都，蜀王朱至澍“合宗被害”……史家总结道：“凡王府宗支，不分顺逆，不分军民，是朱姓者尽皆诛杀。”

最有代表性的是河南福王的下场。崇祯十四年（1641年）正月，李自成攻克洛阳，抓获福王朱常洵。这个300多斤的大胖子，以亲王之尊跪趴在李自成面前，汗流浃背，乞求免死。李自成不为所动，当众斥责福王：“汝为亲王，富甲天下。当如此饥荒，不肯发分毫帑藏赈济百姓，汝奴才也！”命左右把他拉下去，先痛打了40大板，血肉横飞之后，再一刀枭首，将头颅示众。至于那300多斤的躯体，李自成也充分利用，“福王常洵遇害。自成兵汋王血，杂鹿醢尝之，名‘福禄酒’”，剔去毛发，拔掉指甲，又杀掉几只鹿，放在一起炖了几大锅，摆酒开宴，名叫“福禄酒会”。

阅读这些材料，我们感受到的，都是农民阶级对当时政权浓烈的仇与恨，因为官员和皇族都代表国家机器。

第二十七章
沉重的“轻徭薄赋”

一

秦始皇建立大一统郡县制度之后，这个制度反复出现一个巨大的缺陷，就是汲取能力过度发达，很快就会超过社会的承受能力。

在秦代之后，几乎中国每一王朝都宣称要轻徭薄赋，减轻民众负担。但是事实上，几乎每个王朝的后期，官员的横征暴敛都会导致农民揭竿而起。

这是为什么呢？

讲这个问题，我们首先要搞清楚一个区别，就是“名义赋税”和“真实赋税”。名义上，大部分王朝的赋税都是很低的。比如汉初制定的税率，是三十税一，非常低，在全世界都是最低水平。但是汉代人写的《盐铁论》却记载，名义上对自耕农虽号称三十税一，但实际是按亩定额征收，加上“口赋更徭之役”，已是“率一人之作，中分其功”，实际的税率达到了50%。

明朝也是这样，朱元璋也是中国历史上最强调轻徭薄赋、减轻农民负担的皇帝，他规定的税率也是三十税一。但是实际上，明朝中后期实际税收是名义税收的十几倍，沉重的赋税导致大量的农民破产。

为什么历代名义税率和实际税率会出现如此大的差距呢？当然是因为政府的收入不够花，只能变着花样加税。

政府的收入为什么不够花呢？

二

第一个原因，是财政供养人员太多。

中国历史上有一个鲜明的规律，那就是每一个王朝建立之初，官吏数量比较精简。但是随着时间的推移，无不成倍增长。

比如唐代，初唐时厘定的京官定员只有640人。到了玄宗开元末期，京官人数达到2620人，外官人数则达到16185人。

宋朝草创之初，内外官员不过才5000人；到了景德年间（1004年~1007年）间，已达1万多人；而皇祐年间（1049年~1053年），更增加到2万多人。南宋只有半壁江山，但是庆元年间（1195年~1200年）内外官员竟达4万余人。

明代也是这样。世宗嘉靖年间（1522年~1566年），刘体健上疏指出，明初洪武四年（1371年），天下文职官吏数目不过“五千四百八十员”，武职官数在国初也不过为28000员。“自宪宗五年，武职已逾八万，全文武官数盖十余万。至武宗正德年间，文官二万四千六百八十三员，武官十万。”

这是指官员。传统社会，官吏是分途的。也就是说，我们刚才说的数字都是“领导”，还不包括“科员”。至于科员也就是“吏员”数量，更是惊人，传统时代，吏员经常处于严重超编状态。吴思根据《虞谐志》计算，明代后期，常熟县的吏员超编二三十倍，一个县吏员合计为5900人。清代也是这样，比如清代河南山东总督衙门“经制书吏，上下两班，每班十名，共二十名。今现在办事书吏头班二班俱有百余名，是较经制十倍有余”，超编十倍。吴思在《潜规则：中国历史中的真实游戏》一书当中提到，学者、循吏刘衡在清朝道光年间任巴县知县，他说巴县吃衙役饭的约7000人，而巴县的额定衙役只有70人，也就是说，实际人数竟然是规定编制的100倍。

三

官僚系统为什么会不断扩张？

第一个原因，官僚系统的不断扩张，是皇权专制制度不断强化的结果。官僚系统是君主专制的工具，官权是皇权的延伸。传统王朝承平日久，通常会出现经济恢复发展、人口不断增加、社会生活日趋复杂的局面。皇帝应对复杂化社会的方式，从来不会是鼓励民间组织的自我管理，他们唯一的手段是“管”，“人人而疑之，事事而制之”。通过增加机构、增加人员，来把国家和社会的方方面面管起来，以防社会动荡。“科条文簿日多一日，而又设之监司，设之督抚。”规章制度越来越多，文件越来越厚，机构越来越多。“一个制度出了毛病，再定一个制度来防制它，于是有些却变成了病上加病。制度愈繁密，人才愈束缚。”[1]

因此，社会的发育注定官僚系统也不断延伸膨胀。官权是皇权的代表，皇帝裁撤官吏数量，就意味着要简政放权，放松对社会的控制，这是皇帝所不愿意看到的。皇帝为了自己能更有力地控制社会，不得不依赖官僚集团，因此也就没法从根本上过度触动他们的利益。

第二个原因是，官僚体系的存在虽然是为皇权服务的，但是一旦出现，它本身就成为一个独立的利益集团，具有自我保护、自我繁殖的特点。官僚机构总是倾向于尽一切可能实现权力寻租，倾向于机构不断扩张，表现在官员数量上只能增不能减，既得利益只能增加不能减少，这些特点导致的结果是行政效率不断降低。比如宋代“景祐三年正月，诏御史中丞杜衍沙汰三司吏。吏疑衍建言。己亥，三司吏五百余人诣宰相第喧哗，又诣衍第诟詈，乱投瓦砾”。也就是说，当时皇帝命御史中丞杜衍负责裁减三司吏员，这些吏员怀疑这事是杜衍向皇帝建议的，十分愤怒，500多个吏员集体跑到宰相府去闹事，然后又跑到杜衍家门口破口大骂，乱扔瓦块石头，进行抗议。这一事件发生后，朝廷虽“捕后行三人，杖脊配沙门岛”，但“沙汰”之举也被迫“因罢”。再比如清代戊戌变法期间，光绪皇帝大规模减撤冗员，成为保守派官员强烈反击的起点，不几日，变法即遭失败。

---

[1]钱穆：《中国历代政治得失》，九州出版社，2013，第96页。

四

财政供养人数的扩张本身其实并不太可怕，真正可怕的是随着人数的扩张，背后是腐败的加剧。如此多的人拼命挤进官僚系统，并不是为了挣那份死工资，而是为了能获得寻租的机会。

传统时代的社会运转机制是“权力决定一切”。传统社会生产生活的各方面，都是在权力的直接支配之下进行的。在传统社会，有了权力，就有了一切；没有权力，就失去一切。

然而与此同时，中国式权力又基本不受约束。中国古代传统社会历来讲究人治，因此权力运用表现出极大的任意性。各地官员则是各地的“土皇帝”，在自己的地盘上一手遮天，说一不二，独断专行。虽然中国历代王朝为了约束权力也进行了一些制度设计，但是因为相信“人性本善”，相信教化的作用，相信“有治人无治法”，所以实际上这些制度发挥的作用很小。用孟德斯鸠的话说就是：“专制政体的原则是不断在腐化，因为这个原则性质上就是腐化的东西。”

因此，每个王朝的中后期，腐败无不迅速发展，甚至达到无孔不入的地步。由腐败造成的民众负担加重，往往是官员俸禄的数倍、数十倍。而这种腐败通常得不到有效治理，因为在腐败导致王朝崩溃前，官僚集团是受益者，受损的只是老百姓而非政府。瞿同祖精辟地指出：“地方官员与绅商之间、群众与官吏及其从属人员之间、人民与在地绅商之间，都有着一种隐含的冲突关系。所有这些集团，都在现行体制下获得了最大的回报，唯一例外的是普通百姓。因此，尽管会有紧张（冲突），他们却没有兴趣去改变现状。”

腐败使得税收大量流失，发展到极端，到了王朝后期，有可能税收最终到达中央的只有1/20，其他95%都流失在税收过程当中，也就是说被各级官吏贪污掉了。[1]

---

[1]清代号称轻徭薄赋，而且清代康熙时还搞了个摊丁入亩改革，就是把全国税收总额固定化了，不管老百姓人口增长多少，富到什么程度，我皇帝就只收这么多钱，一文钱都不多收。听起来很不错，自我约束意识很强。但清代仍然“往往正供有限，而缴用多过廿倍”，税收多于国家规定20倍。

五

官员人数增多、腐败蔓延，只是导致财政负担加重的一个原因，传统社会还有其他既得利益群体，比如皇族，也给民众造成了沉重的负担。

大明弘治五年（1492年）年底，山西巡抚杨澄筹向皇帝汇报了一个消息：居住在山西的庆成王朱钟镒又一次刷新了生育纪录，截至这一年的8月，他已生育子女共94人。

朱钟镒“生育冠军”的称号不久之后就被他的一位后代，也就是另一位庆成王所夺取。这位庆成王光儿子就多达100余人，以致出现了这样的尴尬场面：每次节庆家庭聚餐，同胞兄弟们见面，都要先由人介绍一番，否则彼此都不认识。这就是史书上所谓的“每会，紫玉盈坐，至不能相识”。到了正德初年，庆成王府终于弄不清自己家的人口数了。正德三年（1508年）2月，庆成王焦虑地向皇帝上奏：“本府宗支数多，各将军所生子女或冒报岁数，无凭查考，乞令各将军府查报。”就是说，如果皇帝不命令各将军府自己清查人口上报汇总，他已经弄不清他这个大家庭有多少人了。

庆成王一府的人口增长，仅仅是明代皇族人口爆炸的一个缩影。

朱元璋建国之初，分封皇族于各地，不过49人。180多年后，嘉靖三十二年（1553年），增至19611人，增长了400倍。而万历三十二年（1604年）又增至8万多人。[1]这仅仅是玉牒上列名的高级皇族数目，不包括数量更多的底层皇族。据安介生等人口史专家推算，到明朝末年，朱元璋的子孙已经繁衍到近100万人之多。明代皇族人口增长率是全国平均人口增长率的10倍。

为什么皇族人口增长如此之快呢？这是制度决定的。朱元璋为了让他的子孙后代们充分享受幸福，特意规定皇族不能从事任何职业。每一个皇族后代都由国家养起来。由于不能从事任何社会职业，皇族们增加收入只有一个渠道，那就是多生孩子，每多生一个孩子，国家就按等级多发放一份俸禄。所谓“宗室年生十岁即受封支禄。如生一镇国将军，即得禄千石；生十将军，即得禄万石矣。……利禄之厚如此，于是莫不广收妾媵，以图则百斯男”。俸禄如此丰

[1]陈梧桐：《洪武皇帝大传》，河南人民出版社，1993。

厚，刺激着各地皇族拼命娶妾，拼命生孩子。

皇族们的俸禄都来自百姓的税收。从明代中期开始，各省的长官发现，他们全省的财政收入，已经不够供养居住在本省的皇族。比如山西省全省地方财政收入为152万石，而山西王爷们每年消耗的俸禄是312万石。河南年财政收入为84万石，而需要供应给王爷的是192万石。“借令全输，已不足供禄米之半。”因此，这些皇族的存在，对百姓来说是不折不扣的灾难。

我们上一章说到的河南福王的下场为什么那么惨呢？因为他给民众造成的负担太重了。福王朱常洵大婚时，万历皇帝一下子抛出30万两的巨款；朱常洵“就藩”时，万历皇帝一下子赐了上等良田4万顷。有了这样巨大的财富，朱常洵还不满足。他在洛阳与民争利，“河南官校藐法，横行于洛中”，“驾帖捕民，格杀庄佃，所在骚然”。这种凭借皇族的特权祸乱地方的情况，几乎在每一个王府都有发生，因此起义军对皇族才如此痛恨。

六

除了以上这几个原因，导致民众负担急剧上升的通常还有一个原因，那就是皇帝的“多欲好动”。

秦皇汉武都是最好的例子。秦皇的事迹我们说过了，我们再来看看汉武。

对汉武帝的评价，一般都少不了“雄才大略”这四个字，他的一生是在一个又一个大事当中度过的，“征匈奴”“征南越”“征西南”“开漕渠”……真可谓彪炳史册，光耀千秋。

不过，“功业”与“代价”总是紧密相连的。汉武帝固然伟大，但是问题也不小。如果仔细分析，这些大事，有些是有必要做的，比如“征匈奴”“开漕渠”，有的是没有必要做的，比如“征南越”“征西南”，因为这些地区对帝国的安全并没有构成威胁。

有些必要的事，也做得有问题。汉武帝先后开凿大量河渠，这些河渠有的发挥了作用，也有很多是计划不周，盲目兴工，最后废弃了。比如他凿渠通褒水和斜水，可惜“渠成而水多湍石，不能供漕运之用”。

汉武帝于在位53年间，共发动战争达26次之多。其中很多次战争毫不慎重，没有必要。比如武帝后期在北方的军事行动，经常在敌情不明、准备不足的情况下，盲目劳师远征，深入绝域，带有某种赌博色彩。所以后期战争，钱基本都是白花了。因此吕思勉评价说：“……原也是做得的事。然而应当花一个钱的事，他做起来总得花到十个八个；而且绝不考察事情的先后缓急，按照财政情形次第举办。无论什么事情，总是想着就办，到钱不够了，却再想法子，所以弄得左支右绌。”

此外，汉武帝有很多和秦始皇一样的爱好，比如“营宫室”：他先后在长安大兴土木，建未央宫、甘泉宫、建章宫、蜚廉桂观、益延寿观、通天茎台等。大都极为豪华，极尽奢靡。“于是作建章宫，度为千门万户。前殿度高未央，其东则凤阙，高二十余丈。其西则唐中，数十里虎圈，其北治大，渐台高二十余丈，名曰泰液池，中有蓬莱、方丈、瀛洲、壶梁、象海中神山龟鱼之属，其南有玉堂、壁门、大鸟之属。乃立神明台、井干楼，度五十余丈，辇道相属焉。”他也喜欢“求神仙”和“巡幸天下”，而且出手比秦始皇更豪爽。元封元年（公元前110年）第一次出巡，封泰山，所过赏赐，就用去帛百余万匹，钱以“巨万”（万万）计。此外他还“笃信幽冥，有神必祭，大礼盛典，几无虚岁”。

纵观汉武一朝，花起钱来真是随心所欲，非常潇洒。这自然就大大加重了民众的负担。

综上所述，虽然很多王朝开国都宣称轻徭薄赋，但是不久都会变成沉重盘剥。

第二十八章
名义税率与实际税率

一

上一章我们讲的，是历代王朝为什么要收那么多税。

那么，这些税是怎么收上去的呢？国家规定的名义税率那么低，这些超过名义税率的部分，都是什么内容呢？

第一部分是隐性加税，最典型的是明代。明代的税率看起来虽低，却从宋代的"货币化税收"恢复到了"实物征收制"，农民要给国家交粮食，而且最要命的是要求百姓自己把粮食送到官仓去。这样一来，实际税率就翻了很多倍，因为运费很高。正统四年（1439年），于谦曾经上奏，说山西每年运往大同、宣府、偏头关三边的税粮，道途之费"率六七石而致一石"。交一石粮食，运费要花六七石，相当于税率一下子翻了六七倍。

最夸张的还是明代的白粮。明初定都南京，京官所吃的大米由附近江南五府（苏州、松江、常州、嘉兴、湖州）农民交纳。这五府离南京很近，问题还不大。但传统时代的政策改革有一个规律，是"只改其不便君者，不改不便民者"，改革只改不利于统治者的，不改不利于百姓的。明成祖把首都从南京迁到北京后，仍然由江南五府负担京官大米。这五府的民众要千里迢迢自己把粮食运到北京，运费就远远超过粮食本身。李俊丽研究明代北方赋役情况的结论是："明朝初年朱元璋制定的轻徭薄赋政策并没有被其后代君主坚持下去，到明太宗朱棣时期，各种赋役负担逐渐增加。……北方地区交纳的税粮不但数额大，运输费用也高，最低为所运粮食的1/2，最高能达到六七倍。”[1]

第二部分是交税过程中的索贿受贿。

明代运费还不是农民最主要的负担，更可怕的是官吏克扣，因为是实物税，农民在把粮食交到官府的时候，官府的工作人员往往千方百计挑剔，说粮食质量不达标，太湿了，或者品质不好，要农民回家换新的来。上千里的路途，不可能重新换，怎么办？贿赂他，因为他实际上就靠这个活着。所谓“厂基之典赁，芦苇之搜求，人工之费用，旗甲之盘剥，门吏皂快之需索，诸弊难以屡数”，里面的门道太多了，各种克扣，往往致使纳粮者十户而九都要“破家荡产，鬻妻卖子”。连明代皇帝都对此种情况心知肚明，在圣旨中说过：“公家所用十不二三，民间费耗常十数倍，加以郡邑官鲜得人，吏肆为奸，征收不时，科敛无度，假公营私，弊不胜纪。”意思是说各地官员素质不高，吏员更都是坏蛋，拼命多收税，结果收上来的到国家这里不过20%~30%，而百姓的负担却比国家规定的多了十几倍。名义上三十税一，实际上却超过了50%。

这种腐败还是比较低层次的腐败，更高层次的腐败是修改税基。官员和吏员们利用信息不对等的优势，帮助官员家族和地方大户通过“洗抹涂改或者故意毁灭”的方式，修改税收底册，把豪强士绅负担的部分分摊给平民百姓。[2]更为普遍的操作方式是由于明代官员有免税免役权，就是说官员的家庭不用交税，也不必服劳役，所以大量百姓就投靠到官员之家，把土地投献给官员，以求少交赋税，这样，又有很多负担就转移到剩下的百姓身上。

官府增加民众负担的第三个办法是通过“附加税”，税外收税。

古代中国和全世界其他国家比，有一个很鲜明的特点，那就是政府直接面向每一个农民收税。而其他国家在前现代化时代绝大部分实行的是“包税制”和“纳贡制”。“包税人”和“头人”管理一个地区，具体如何征税国家并不管。中国却是通过国家机器直接到每家每户收税。

---

[1]李俊丽：《明代前期北方地区流民成因研究》，硕士学位论文，东北师范大学，2006。

[2]郭艳茹：《交易费用、权力控制与明代管制型制度体系的演变》，《南开经济研究》2008年第2期。

这看起来比较“现代”。但问题是，在传统时代，技术上无法建立起现代税收体系，税收管理极为粗放，县令收多少税是有非常大的弹性的。由于传统中央政府在制定税收政策时，通常只顾保中央的收入，不顾地方利益，给地方政府分的比例太低，因此地方政府通常会以地方办公经费的名义额外征收各种附加费。对这种情况，中央政府也只能默许。但问题是，多收多少，国家并没有固定的标准。黄仁宇说，传统中国的一大弊病是“不能在数目字上管理”，征收多少，实际上是地方官的“良心账”。

既然如此，地方官员自然就“不讲良心”，尽可能多收。本来应该在正税之外多收10%就能满足办公需要了，但最后可能变成20%~100%，甚至更多。多的部分除落入了自己的腰包外，再层层上供上级，叫作“陋规”。因此才有“三年清知府，十万雪花银”的说法。

二

当然，我们以上说的都是常态下的办法。在非常态下，传统官僚体系还有很多新花样。

我们前面讲了，汉武帝大笔花钱，府库为之一空。于是汉武帝决定向民间收割财富。最肥的一茬是谁？当然是商人。

武帝初年，随着经济发展，一大批大工商业主崛起，家业万贯，实力相当雄厚。汉武帝对这些巨商非常反感，认为他们虽然如此有钱，却对国家没什么用，因为他们“不佐国家之急，黎民重困”，指责他们不帮助国家的急难，导致黎民百姓陷于重困之中。

那么，怎么搞到他们的钱呢？

汉武帝的第一步是“卖爵”。挂起一批诱人的诱饵，把他们的钱钓出来。“诏令民得买爵及赎禁锢，免减罪。”

买了爵位有什么好处呢？打仗不会征发你去当兵，也不再征用你当劳力，免除终身的徭役。买了武功爵的人，还可以当官，可以免罪。

此项政策一出，商人们纷纷踊跃出资，国家获取了巨额的财富。

然而汉武帝花起钱来如同漏斗一样，这笔钱不长时间就花光了，怎么办?

汉武帝还有第二步，“加税”。钓不出来，就直接加税。汉代对商人本来征1.27%的商税。汉武帝发布了一道“算缗”令，要求商人主动向政府呈报财产，老实交代家里有多少房子、多少马匹、多少钱财，税率由1.27%提升为6%，提高了4倍多。

6%的税率，今天看起来并不能算高。而且官府的规定是你主动申报，并不主动上门来查。听起来很宽松，汉武帝很仁慈啊。

所以“富豪皆争匿财”，人性古今相同，几乎所有商人都心存侥幸，多多少少有所瞒报，也就是说，普遍违法。但要命的是汉武帝有后手跟着，等商人都申报后，又下发了一个“告缗”令，这个厉害了：谁隐瞒不报，或呈报不实，其他人可以向官府告发，告了以后，官府就查抄没收他的全部财产，分给告发者一半。这叫作“告缗”。

这一下，几乎所有商人都掉进陷阱了，而且掉得还没法抱怨：谁叫你不老实，想占国家的便宜?这回报应了吧?

为了将“告缗令”落到实处，汉武帝任用了一批残酷无情的酷吏，去各地审理告缗专案。一时间人们为了发财纷纷告发，“告缗”成了穷人的生财之道，国家和底层百姓都发了财。

这还没有完。等大量普通百姓通过“告缗”发了财之后，汉武帝又搞了一个扩大化，下令无论城乡一概实行“告缗”，普通百姓也列入范围。“其初亦只为商贾居货设，后告缗遍天下，则不商贾而有积蓄者，皆被告也。”一开始“告缗”针对的是商人阶层，接着全国所有人都被纳入其中。

穷人通过告人得来的不义之财，转眼也因为被别人告而被剥夺。“告缗遍天下，中家以上大抵皆遇告。”“中家”就是中等富裕的人家，在当时的财产是10万钱左右，也就是说，家里的财富达10万钱的都被告了。天下所有中产阶级以上的人都破产了。

这套组合拳打得如此漂亮，全天下人毫无招架之力。国家得到多少钱呢?《汉书·食货志》说，朝廷“得民财物以亿计，奴婢以千万数；田：大县数百顷，小县百余顷；宅亦如之”。单“告缗”一项，朝廷得民财数以亿计，老百姓因为交不起钱被没入官府为奴婢的以千万数，武帝时期的全国总人口大约为4000万，因告缗成为奴婢的居然达到1000万。其他没收入官的土地、住宅更是不可胜数。国家财政得到极大改善，“县官有盐铁缗钱之故，用益饶矣”。地方财政也有钱了。

不过这并不是最后一步。最后一步是什么呢？更绝了。

我们讲过，汉武帝“搞创收”的第一步是卖爵，百姓买了爵，可以不用服徭役，不用去沙场征战了。

不过这样一搞，国家虽然有了收入，但是可以征发的民众减少了。“法既益严，吏多废免。兵革数动，民多买复及五大夫、千夫，征发之士益鲜。”因为国家不停打仗，老百姓拼了家底买爵位，替国家当兵服役的人不够了。

这对汉武帝来说不成问题。把天下人的钱搞得差不多了，汉武帝又开始了“政策调整”，进行爵位贬值，要求“于是除千夫、五大夫为吏，不欲者出马”。原来说的话不算数了，爵位低的，仍然要服劳役。百姓在买爵位上已经花了很多钱，但是并没有带来想象中的“免役”，而是跟往常一样，依然服徭役，“故吏皆适令伐棘上林，作昆明池”，去给他修上林苑和昆明池。

因为这样一次一次地收割财富，到武帝末年，小农普遍破产，流民剧增。几十年征战，50岁以下、16岁以上的壮丁几乎都被征发当兵，青壮年妇女也要戍守边疆。史书说，汉武帝的统治导致“户口减半”，也就是国家掌握的户口比以前少了一半。而今天学者的研究成果证明，汉武帝时期，人口减少了1500万。

汉武帝打击匈奴、安定边疆，这当然是有大功于后世的。然而，一个人做事的时候，必须对成本与收获有一个基本估计，对国家和社会的承受力有一个基本估计。不能一代人非要完成几代人的事。或者说，一顿非要吃下10顿饭的量。这是一个简单的道理。

三

因此汉武帝晚年，中国历史上出现了第一次巨大的流民潮，“元封四年，关东流民二百万口，无名数者四十万”。此后，流民大潮在汉代历史上就经常出现，而且动辄上百万。

流民潮的出现，是民众不堪重负的明显表征。过去历史学对流民的解释通常是由于人多地少，地主兼并了他们的土地，农民失去土地，只好流亡。但是今天的历史研究已经清楚地证明，导致农民流亡的原因是政府的税费太重，农民无法承担，只好有地不种、弃地而逃。

如果说农民流亡是因为人多地少和地主的兼并，那么土地资源应该是越来越稀缺，土地价格在王朝后期应该越来越贵。但事实上，很多王朝后期，土地价格是越来越便宜。“村野愚懦之民以有田为祸”，很多农民是把土地当成一个负担。“至欲以地白付人而莫可推”，想把地白送人没人要。“地之价贱者亩不过一两钱，其无价送人而不受者大半。”

资料表明，明朝确实有很多大贵族大量兼并农民土地，但是如果深入研究，就会发现，这“并不是土地兼并造成了逃民，即农民不是因为田土被官豪势要之家侵占而逃，而是民先逃，而后土地被侵占”[1]。

农民不断逃亡，就造成一个恶性循环：逃亡农民的负担会加到没逃亡的农民身上，农民负担越来越重，最后不得已，全都逃亡。这就形成了巨大的流民潮。

天启七年（1627年），官员吴应箕在一封信里谈到他途经河南真阳的见闻：“今天走了四十里路，这四十里，都是废耕之田，一望皆黄茅白草，两边的村庄都成了废墟。我问当地人，为什么不耕种。几个人同声说：‘差役太重，承受不了，只好逃亡去了。人走了，地自然就没人种了。’当地人说，一家逃走了，他家的差税就被归到他本家或者亲戚名下，久之，本家或者亲戚也没办法，也逃了。剩的人越少，每家承担的差税越重，一来二去，全村都逃光了，就造成现在的情况。”

---

[1]李俊丽：《明代前期北方地区流民成因研究》，硕士学位论文，东北师范大学，2006。

自此之后，每到王朝负担加重之时，流民就大量出现，并最终导致大规模农民起义的发生。

事实上在汉武帝活着的时候，天下已经四处起义，“天下骚动”，渐有“亡秦之迹”。天下大乱，起义遍及关东地区，大者数千人，小者数百人，起义烈火几乎葬送大汉王朝。最终，汉武帝在危急关头不得不颁轮台诏，向全国民众承认错误，进行了彻底的政策大调整，这才在灭亡的边缘把大汉王朝又拉了回来。

第二十九章
欧洲没有“官逼民反”

一

以上我们花了很多篇幅，讲了郡县制度下，农民负担怎么变得越来越重，以致无法承受，只好官逼民反，导致大规模的社会动荡和人口损失。

那么，封建制下是什么样的呢?

封建制下，农民和农奴当然也受到比较沉重的剥削。贵族作威作福，农民受苦受罪。但是与郡县制不同的是，封建制下农民的负担是比较恒定的，不会一天比一天加码，最后导致社会崩溃。

比如在三代时期，按照传统的说法，井田制下基本就是九税一。当然，这只是一个大略的说法，关于周代封建制下农民具体的负担，没有太多文字材料留下来。不过我们还有一个其他渠道来了解封建制下农民的负担，那就是欧洲中世纪的情况。

一提起欧洲中世纪，很多人认为同时期的中国肯定比欧洲强。为什么呢?一是我们头脑中有一个观念，那就是欧洲中世纪是一个黑暗的世纪。另外一个原因是，中国从秦代以后，在土地上耕作的就一直是农民，而欧洲中世纪的庄园中，很多都是农奴。从字面上来看，“农民”的地位当然应该比“农奴”高，因为农民是自由人，而农奴是奴隶，他是领主的财产，不能逃离庄园。

然而事实上，西方农奴的生活水平并不见得比中国的农民低，因为西方农奴制下农奴受契约保护，负担要远比中国的农民稳定。

中国的封建社会是建立在“血缘”和“周礼”的基础之上，而西方的封建社会是建立在契约关系上的。这种契约关系是从上到下的。国王与贵族之间有契约，而贵族与农奴之间也有契约，规定相互之间的权利和义务。[1]

为了维护这种契约关系，中世纪很多庄园都有自己的习惯法，叫“庄园惯例”（custom of the Manor），这种“庄园惯例”并不是像我们想象的那样，是一种大而化之的原则性的东西，而是非常清楚、精确的，每家每户有什么权利、什么义务，哪块地一年交多少东西，都一清二楚。经过几百年的沿袭，庄园主和农奴对这些惯例都了如指掌。

而且庄园里还有一个普遍存在的机构，叫庄园法庭。即使是在农奴制最残酷的时代里，一个领主如果不经过庄园法庭，也不能直接对某一个农奴治罪。这个法庭虽然通常是由领主或者领主的管家主持，但是受理庄园里的所有纠纷，农奴也可以起诉领主。比如1272年，英格兰斯塔夫德郡的一个庄园，庄园法庭的全体人员要求领主应召前来，答复他的一个农奴对他的指控，领主却缺席了，因此法庭宣布扣押领主的财物以示惩罚。

控辩双方可以在法庭上自由辩论，所依据的是延续几百年的习惯法，而不是领主的个人意志。1294年的一个庄园法庭上，农奴们指控说，他们的领主用犁耕坏了一块公用道路，以致车辆不能像以前那样正常穿行。法庭发布命令，要求领主必须将道路修复完好。1517年，贝塔夫德郡的阿斯特威克庄园通过了一项法令：“由佃农们规定，领主不应在属于公地的牧场上放牧他的牲畜。”[2]

因此，如果领主不讲理，想增加农奴的负担，让他多交点东西或者多干活，农奴可以跟自己的领主锱铢必较，并在法庭上据理力争。如果领主随便剥夺他的土地，或者侵犯农奴的权利，他可以到庄园法庭起诉，一般情况下会获胜。

因此中世纪英国许多庄园的地租长期稳定，“一个佃户的地租往往长达

---

[1]雍正江说：“就像封君封臣之间的采邑关系一样，领主和农民之间的关系是采邑式关系的缩小版，他们之间是通过习惯性的誓言所规定的权利和义务的关系。”

[2]“By-Laws of Gleaning and the Problems of Harvest”, *The Economic History Review*. London: New Series, Vol. 14, No.2 (1961).转引自张新军《抗争语境下的中世纪英格兰庄园法庭》，《宁夏师范学院学报》2006年第4期。

200年或250年保持不变”[1]。

封建制下，庄园里的农奴只面对庄园主，无须面对官府的压榨，这意味着农奴的负担固定化，和中国封建制下井田制时代的九税一类似。因此，封建制下一般不会出现越到后期农民负担越重的情况。

二

第二个区别是郡县制下的农民缺乏社会保障，而封建制下的劳动者有更好的社会保障。

我们知道，现代国家通常分为两种，一种是福利国家，大政府，比如北欧诸国，税收很重，但是福利很好。[2]另一种是“自由放任”国家，像美国这样的，小政府，税不算高，但是福利也不好。换句话说，现代国家权力和责任通常是对应的。国家多收税，就要多给老百姓做事。

郡县制下的中国是第三种类型的国家。一方面是大政府，权力大，对民间社会控制能力很强，特别是税收很严厉，秦汉实行什伍之制，隋唐“大索貌阅”，明代“大军点户”，都是为了能更好地收税，“任是深山更深处，也应无计避征徭”。

另一方面却是小政府，政府收完税，并不负担老百姓的基本福利。用黄宗羲的话来说，这种制度就是“利不欲其遗于下，福必欲其敛于上”，任何好处也不想给下层的人剩下，所有的利益都要集中在上层。所以中国古代历史上几乎没有真正的社会保障，只能多生孩子，“养儿防老”。

这是因为确定了中国政治基本逻辑的法家是坚决反对福利国家的。法家仇

[1]雍正江：《15—17世纪英国农民福利保障模式转型研究——以土地和劳动关系演变为视角》，硕士学位论文，南京大学，2014。

[2]历史上有些国家公共服务职能发展得比较早，如罗马时代国家要负责给公民提供“面包与马戏”，雅典城邦有类似于现代的养老金、低保制度等。

视贫民，韩非子说过："贫穷者，非侈则堕也。"穷人为什么穷呢？因为他们不好好劳动，不是懒汉就是二流子，所以绝不能救济他们，越救济他们越懒。

韩非子说，即使有能力救济灾民，也不能救，宁可把物资扔了，也不能给饥民用。

> 秦大饥，应侯请曰："五苑之草著，蔬菜、橡果、枣栗，足以活民，请发之。"昭襄王曰："吾秦法，使民有功而受赏，有罪而受诛。今发五苑之蔬草者，使民有功与无功俱赏也。夫使民有功与无功俱赏者，此乱之道也。夫发五苑而乱，不如弃枣蔬而治。"一曰："令发五苑之蓏、蔬、枣、栗，足以活民，是用民有功与无功争取也。夫生而乱，不如死而治，大夫其释之。"

秦国出现重大饥荒，应侯对昭襄王说："咱们五苑之中，有大量的蔬菜、橡果、枣和栗子，平时没人吃，现在把它们发给贫民吃吧。"秦昭襄王雄才大略地说："你这个人目光短浅，我们秦国的制度，是有功才赏，有罪就罚。如今老百姓没有功劳，你就赏给他们吃的，这样国家就乱了。因此，宁可让这些枣子和蔬菜烂掉，也不能给穷人吃，这样秦国才能大治。与其让百姓活着使国家混乱，不如让他们饿死，国家有序运行。"

在张贴在秦国各地的商鞅律法中，引人注目的有如下一条："事末利及怠而贫者，举以为收孥。"意思就是说，因不努力耕种土地而破产的农民，要被罚作奴隶。

因此，从秦代开始，中国历代政府在社会福利方面致力很少，即使后来，因为表面上独尊儒术，有所规划，也往往有名无实。

葛剑雄先生说：

> 太仓是王朝用于粮食储备的，……但统一王朝往往储备过多的粮食和物资，或者置地方的灾害于不顾，不愿动用朝廷的储备，……（"太仓陈陈相因"，然而）就在积聚大量增加的这七十年间，百姓平时的贫苦生活和遭受天灾后流离失所的记载在史书上不难见到。

> 隋末天灾战祸频繁，无数百姓衣食无着，嗷嗷待哺，但统治者却不愿意动用储备。直到隋亡，在洛阳的含嘉仓中还有大量的屯积。
>
> 由于地方官的合法权力相当有限……一些突发性的事件经过层层报告，然后得到层层下达的命令，往往已经失去实际意义。自然灾害的赈济常常要等到灾情已经非常严重或者灾害发生后很久才能进行，因而即使采取措施也已失去了最有利的时机。在二十四史的传记中，不止一次可以发现对清官循吏这样的歌颂：在灾害发生时不等朝廷或上司的批准就下令开仓救济灾民，而劝阻他的僚属大多会提醒他这样做可能带来的严重后果。这就证明，在绝大多数情况下，绝大多数官员是不会这样做的。所以这些凤毛麟角才会得到史官的重视而被记录下来。从史料记载看，越是靠近首都，越是经济文化发达地区，往往自然灾害越多，而边远地区却很少有灾害的记录。这显然并不符合客观规律，只能证明边远地区不大可能获得及时的救济，因而灾情报告不是没有留下记载，就是被层层的官僚机构耽搁了；或者是因为人口稀少、交通不便，根本就没有上报。[1]

明代正是这样，表面上虽有仓政，但无实际。各处仓廪“朽坏倾圮，殆不可支，且诸廒空虚，绝无粒米，一值岁欠，饿殍盈涂”。仓库都已经年久失修，关键是里面根本没有存粮。明代官府的赈济往往不及时，官府即使偶有开恩赈济，“往往又弊端百出。用人不当，官员腐败，在赈济过程中上下其手，从中渔利，从而使灾民不得实惠。并且明代官府的赈济往往不及时，这也减少了赈灾的有效性。这种灾荒体制几乎丝毫不能减轻人民的饥饿状况”。[2]

事实上，绝大多数情况下，大灾之时，历代政府不但没有救助措施，而且还要继续催收赋税。王廷相在《答献忠论救荒事宜书》中说：“夫荒歉之时，百姓乏食，自活不暇矣，而官司不省事此，遇灾不行申达，既灾之后，犹照旧贯追征税粮，是已病羸之人，而服劳苦，安得不毙？故流殍载途，闾井萧然，

---

[1]葛剑雄：《统一与分裂——中国历史的启示》，商务印书馆，2013，第174~175页。
[2]李俊丽：《明代前期北方地区流民成因研究》，硕士学位论文，东北师范大学，2006。

祸民深矣。”饥荒的时候，百姓吃不上饭，但是官府不管这一点，照旧追征税粮，从而使本来就已经贫困到极点的民众雪上加霜。

所以一遇到灾荒，中国农民的境遇往往非常悲惨，人吃人是几乎每个朝代都会出现的固定情节。

万历四十四年（1616年），山东诸城县举人陈其猷进京会试，途经灾荒地区，依据亲身见闻，给皇帝的上书：“我从正月离家北上，出了县境才二十里，就见到道边有人在割人肉剥人皮，如同杀猪杀狗一样，根本不避人，路人见了也不为怪。这令我毛骨悚然。又往前行走了半日，见一位老妪在路边放着一个死去的孩子，一边割了煮一边哭。我问她：‘你既然要吃他，又何必哭？’老妪说：‘这是我的孩子啊，我要不吃，也是给别人吃了。所以我不如自己吃掉。’我因此数日吃不下饭。”

过度汲取和没有福利保障，是中国社会循环性崩溃的主要原因。往往只有到快饿死的时候，农民们才开始起义：“民有不甘心食石以死者，始相聚为盗……间有获者，亦恬不知畏，且曰：死于饥与死于盗，等耳！与其坐而饥死，何如为盗而死，犹得为饱死鬼也。”那些不甘心活活饿死的老百姓，聚起来当强盗造反。你要是把他们抓住，他们还毫不愧疚，并大大咧咧地说，饿死和造反而死一样都是死，那还不如造反，死前还能吃几顿饱饭！

三

欧洲中世纪的社会矛盾，通常不会发展到这样极端的情况。面对天灾人祸，农奴是享有一定保障的。

首先，中世纪农奴的基本权利是受到保护的。比如领主不能随便拿走他的土地，虽然从产权上讲，这些土地是属于领主的。即使在中世纪农奴制最残酷的13世纪，领主也要保障农奴的基本假期，“享受许多宗教假日和收获节日”。领主还要负责在耕地时，为农奴提供牲畜和车辆，平时领主要负责维修庄园的各种设施。

在传统中国社会，农民家里的主要劳动力死了，妻儿老小只能投亲靠友或流离失所。而在庄园当中，一个农奴家里的主要劳动力死了，庄园主要负责养活他的家人，这是当时社会的惯例。“中世纪英国庄园的许多惯例体现了对贫困农民的救济和保护。”农奴的孩子如果父母双亡，成了孤儿，庄园主就要成为他的监护人。[1]

这就保证了他们不会因为破产而失去土地，全家流离失所，成为中国古代社会那样常见的流民。

其次，欧洲和中国周代一样，在层层分封关系中，下一层向上一层效忠，上一层则有义务向下一层提供免遭人身和财产侵害的保障。

在天灾人祸降临时，庄园主要负责救济农奴。给农奴发粮食，让他们度过灾荒生存下去，这样做显然是符合领主本身利益的，因为他要靠劳动者的劳动生活。

除此之外，庄园生活还有其他温情的成分。农奴们世世代代生活在一起，因此相互之间自然会形成一种亲情和互助。“他们之间可以互相借贷，帮助彼此之间解决许多困难，在这相互支援的过程中，同样地会产生正义的情操和社会成员之间的相互感情。这种感情很快地就会被转化为对社会本身的依恋。例如，遇上残疾或是疾病时，邻居会来援助。”[2]

其实商周封建制也正是这样，在小共同体内，有灾难的人们可以相互救助。《孟子·滕文公上》中说：“死徙无出乡，乡由同井，出入相友，守望相助，疾病相扶持，则百姓亲睦。”

和中国周代不一样的是，欧洲除了庄园之外还有教堂，这是一个天然的慈善机构。一遇灾难，每一个教堂都负责照顾本教区老弱病残，成了救济所和寄宿所。“教会慈善活动是中世纪西方公益活动的典型形式。”[3]

因此欧洲在中世纪，虽然偶尔也会发生大面积的灾荒，但不会出现大面积

---

[1]“根据惯例，对于父母双亡的孩子，如果没有任何亲属向法庭申领孤儿的监护权，庄园领主就必须从孩子的利益出发，承担起监护责任。”

[2]雍正江：《15—17世纪英国农民福利保障模式转型研究——以土地和劳动关系演变为视角》，硕士学位论文，南京大学，2014。

[3]同上。

的流民。因为庄园和教堂会把大部分灾民固定在本地，不会成为全国范围内的破坏性力量。[1]

四

欧洲历史上没有大规模起义的另一个原因是，农奴和庄园主之间如果发生冲突，会有一定申诉或者妥协的空间。

农奴和庄园主发生冲突，可以向更上层的领主或者国王请愿。欧洲国王们的王权是脆弱的，国王也需要依靠普通百姓的力量来与贵族博弈。当内部矛盾发展到一定阶段时，不同利益集团会坐到一张谈判桌上来协调各方的关系。

但是，秦以后的中国社会高度一元化，并具有高度的刚性。农民没有类似的诉求渠道，他们是被取消了嘴巴并且被分割成一盘散沙的“沉默的大多数”，在忍无可忍之时，他们才会自发选择聚众示威甚至小规模暴乱等手段来进行抗争。然而不幸的是，他们的抗争几乎从来没有成功过。这种自发组织起来的行为，触了历朝统治者的大忌，帝王们对这类行为从来都是严厉打击，绝不手软。因此百姓面对官府，永远是一种恐惧、躲避和驯服的表情，只有永远不断退却、无限度忍让这一种选择。一方过于蛮横，缺乏约束；一方过于懦弱，缺乏自我保护能力。在这样一个没有自我纠错能力的社会里，当官进民退到逼近生存这一底线时，便只剩下造反这一种可能。

[1]因此，封建制下的人身依附是一个矛盾，一方面，农奴是不自由的，中国周代宗族制下的个体也是不自由的。另一方面，他们也是受保护的。农民们若想得到保护，就必须接受束缚，而若要摆脱束缚，便不能接受任何外在的保护。马克思因此曾认为，中世纪的农奴比现代无产阶级更有“保障”。

五

因为中国历史上的这种频繁的王朝崩溃和民生灾难，中国知识分子在秦朝之后就开始频繁地称颂“三代之治”。

什么叫三代之治呢？就是夏商周三代的王道政治。

朱熹说：“尧、舜、三代自尧、舜、三代，汉祖唐宗自汉祖唐宗，终不能合而为一也。”

也就是说，周秦之变以前和周秦之变之后，是完全不同的历史阶段，不能捏合到一起。三代之治“天下为公”，而郡县制时代的政治都是由私心和私欲支配的政治：“千五百年之间，正坐如此，所以只是架漏牵补，过了时日，其间虽或不无小康，而尧舜、三王、周公、孔子所传之道，未尝一日得行于天地之间也。”即使汉高祖、唐太宗也不过是私心，出于人欲，与三代圣王不可同日而语。

王阳明说：“三代以下之治，后世不可法也，削之可也。唯三代之治可行。”完全否定了周秦之变之后的政治文明。

黄宗羲说：“三代以上有法，三代以下无法。”三代之法，是为天下人，天下为公。而三代之后的法律，都是为了保护君主的私产。所以秦始皇以后的皇帝都“以为天下利害之权益出于我，我以天下之利尽归于己，以天下之害尽归于人”。即好处都归我，坏处都给人。

薛福成说：“唐虞以前，皆民主也。……迨秦始皇以力征经营而得天下，由是君权益重。秦汉以后，则全乎为君主矣。”三代时期，什么事都是百姓做主，后来则全是皇帝做主。

谭嗣同说：“二千年来之政，秦政也，皆大盗也。”秦代之后的皇帝其实都是大盗，孔孟之道在中国早已被毁灭，秦后“二千年由三代之文化降而今日之土番野蛮者”。中国本来是一个很文明的国家，但是经历历代皇帝的残害，甚至到晚清退化到野蛮的土人阶段。

就连认为从封建变为郡县是历史发展的必然的王船山，也一再叹息三代之后，“伯统裂，天下溃，三代之道法坠地而不复修”。秦统一天下之后，历代皇帝“贪天位、戕人伦”，以致“盗贼、夷狄交相蹂躏中国，不知其所终”，即农民起义和异族交替造成社会动荡，而且这种历史规律还没有终结的办法。因此，他对秦朝充满仇恨，认为这是禽兽之治。“暴秦岐人纪以同于禽兽之自王，可胜诛哉！”[1]

对三代之治的推崇，代表了知识分子心目中对秦政的反感。在很多人看来，三代之时，人才活得像个人，秦政以后，社会就完全变质了。

六

当然，以上看法无疑过于“儒学原教旨主义”，有夸张偏激之处。其实以平和的心态看，相比封建制，大一统郡县制也有其优势，在很多方面也取得了封建制所不能取得的巨大成就。

首先，虽然大一统王朝不断崩溃，但是在王朝存续期间，还是给地域广袤的中国带来了较长的和平时期。

欧洲历史上的动荡和冲突，虽然和中国比起来烈度和影响面积通常要小，但是持续而连绵。而中国在大一统王朝的控制下，可以实现数十年甚至一百多年的长时期和平。秦汉帝国崩溃后，虽然也经常经历分裂时期，但是在大一统郡县制度下，总能成功地再度完成统一。葛剑雄先生统计说，在中国历史上，大约一半的时间是统一的。而西欧在罗马帝国崩溃后，就没能再统一（能够勉强算为统一的时间，至今也不超过10%）。

中国的地理特点和文化心态，决定了在分裂状态下，群雄通常争战不休，“神仙打架，百姓遭殃”，结果是人口锐减，经济崩溃。在中国人的历史经验中，只有建立起稳定的大一统政权，才能享有长期和平，这就是所谓的“乱世人不如太平犬”。秦朝建立后，大臣颂扬秦始皇“以诸侯为郡县，人人自安乐，无战争之患”，认为他的主要成就就是结束了持续几百年的战争。明代开

[1]王船山惋惜地说，孔子在定哀之际，也许是有机会大有为，可以使三代而四的。那样一来，则“封建之宇宙可维，百王之常道不远，圣人之道未穷”。可惜孔子没能做到。

国皇帝朱元璋也批评不愿意为他出山服务的读书人夏伯启说，是他这样统一天下的皇帝把夏伯启从战乱中拯救出来，过上了安定的生活，“尔所以不忧凌暴，家财不患人将，所以有所怙恃者，君也”，也就是说，你们所以能安然生活，所以不怕别人凌暴，家财不怕人抢，靠的是君主。

其次，在长期的和平中，中国人创造出众多物质和精神文化成就。统一带来的度量衡标准的一致、边界的废除、便利的交通，这些都有利于广大领土内部的物质财富流动和精神文化交流。郡县制也实现了同时期世界上其他国家没有的大面积的身份平等。从秦代开始，除了皇帝之外，其他所有人实际上都属于一个共同的阶层，这就是黑格尔所说的“普遍奴隶制”。为了维系大一统的结构，中国又发明出了独特的“科举制”，这一制度直接启发了后来西方的文官选拔制度。和印度的种姓制度、欧洲的贵族制度、日本的武士制度比起来，中国社会实现了空前的流动性。

因此，在所谓的欧洲中世纪的黑暗时期，中国历史发展却进入了高峰期。在长期的和平下，一个王朝的经济通常会稳定发展，因此出现了很多盛世，比如唐代的贞观之治、开元盛世和清代的康乾盛世。在长时期的和平与巨大的体量基础上，中华文明取得了多方面的成就。虽然哲学上已经丧失了春秋战国时代的原创力，但是在文学艺术上，却创造了灿烂的文化成就，比如唐诗宋词；在具体的实用技术上，经过漫长的积累，也出现了诸多突破，比如四大发明。

很多时候，文化与体量是有直接关系的。虽然朝鲜、越南和日本学习中国长达千年，并且亦步亦趋到自认“小中华”的程度，但是无论是学术还是文学、绘画、书法，它们所取得的成就还是远不及中国，这个我们稍一翻阅资料就一目了然。体量的优势当然更体现在超级工程上。只有在“集中力量办大事”的郡县体制下，中国才有可能出现万里长城和大运河这样的物质成就。如果你参观过韩国王宫、越南王宫，你会发现，它们无论是气象、体积还是精美程度，都完全不可与中国的故宫同日而语。

第六篇

欧洲与中国的交错

第三十章
中国历史循环中的突破

一

在第四篇中，我们花了好几章的篇幅，来讲述从秦到清2000多年的循环。当然，分析这种循环，并不等于说我认为中国这2000年的历史就是“停滞”的。

事实上，在漫长的历史循环当中，其实也有变化、突破和进步。因此，仅仅讲述循环，不讲变化，也不足以全面地了解历史。从这一章起，我们花两章的篇幅，来讲一下郡县制时代的内在变化。

我们说，秦始皇建立了大一统郡县制度，终结了贵族政治，对社会实现了强有力的控制。在秦代和汉代前期，皇权通过官僚系统如臂使指地直达社会基层。

但是皇权的控制力不久就遇到了地方豪强大族的重大挑战。

前面我们说过，秦汉两代初期打散了大家族，民众被原子化，政府汲取能力大幅提高。这是周秦之变的最大成果之一。

然而，到了汉帝国中后期，一个重大的制度漏洞导致地方势力死灰复燃，一部分民众从政府的控制下逃离，被豪强大族控制。这样，中央的力量大为削弱，最终导致三国分立。整个社会也进入“士族时代”，也就是“半贵族社会”。

这个漏洞是什么呢？就是官吏选拔机制。

我们知道，中国古代长期使用科举制来选拔官员。但是科举制直到隋代才发明，从汉到隋，中国主要用什么办法来选拔人才呢？用汉代发明的“荐举制”，即地方官推荐地方上的人才给朝廷。

推荐人才的标准是德行，重视道德品质，所以“荐举制”又叫“举孝廉”，荐举孝顺和廉洁的人。所以后来的科举有一个环节中有“举人”的称谓，就是从这儿来的。

这个制度看起来很好，提倡以德治国，规定德行是唯一标准，打破了门第限制，表面上看起来很开放，很公正。

然而，历史证明了凡是这类只有粗糙标准的选拔，都注定会出现严重的问题。因为没有可量化的标准，“荐举”很快就被随意操纵，演变成巨大的腐败漏洞。

在汉代也是这样。“德行”这个标准弹性极大，官员们在“察举”人才时，肯定要举荐自己熟悉的人，只选拔自己小圈子里的人，甚至是互相举荐亲人。这样一来，官位实际上就被社会上层的家庭垄断了，形成了一种变相的世袭。到了魏晋南北朝，干脆形成了“上品无寒门，下品无世族”的士族门阀制度，与秦之前的世卿世禄有异曲同工之处。

与此同时，从汉代起，官员还有免税免役的特权。为了表示对官员的优待，官员的家庭可以不交税，他的家庭成员甚至他的仆役们也不用去服劳役。

这又造成一个什么结果呢？很多人会主动把自己的土地“投献”给官员们，主动跑到官员家里成为“徒附”，因为交给他们的租子要少于交给官府的赋税劳役的负担。打个比方，如果你的土地归官府管，你可能要上交你劳动所得的一半。但是你要是投奔官员家族，你也许只交1/4就行了。

这两个因素一结合，世家大族就形成了。[1]

各大家族世代为官，几百年兴旺不衰，来投奔的人不断增多。因此，到了

---

[1]秦汉之初全力打散大家族制，而汉代独尊儒术之后，儒家“父子无异财”的观念导致上层社会大家族又开始出现。比如东汉桓帝年间，姜肱几兄弟“友爱天至，常共卧起。及各娶妻，兄弟相恋，不能别寝，以系嗣当立，乃递往就室”。穷人为了避免战祸和谋生，也往往凭宗族血缘关系集体投靠豪强大族。

东汉后期，大族的田庄遍布各地，里面都是来逃避朝廷的赋役负担的人，“奴婢千群，徒附万计”。为了抵抗政府来追查逃亡人口，这些大田庄往往还拥有自己的武装，[1]东汉墓葬普遍出土的陶制庄宅模型，许多都有碉楼、高墙等防卫设施，“警设守备”，成为地方武装集团。东汉末年，有的豪族武装甚至“阻兵守界”，拒绝郡级机关委派的地方官员入境。

这个非常厉害。这样一来，老百姓就从中央政府的控制之下，慢慢变成了地方大户的控制之下，中央政府就收不上税了，中央权力自然大为衰弱。

所以到了汉代后期，天下土地和人口分别被政府和世家大族控制。在政府控制的土地上，仍然编户齐民，东汉三国的资料显示，政府控制下的村子姓氏仍然分散，政府可以收税，但是更多的人口已经不归政府控制，而归地方豪强控制，在这样的地方，政府是收不到税的。

当中央不能控制地方的时候，国家自然分裂了，于是进入三国时代，接下来又是两晋南北朝漫长的分裂时期。根据王育民的判断，三国时期，政府直接控制的编户齐民人口有767万，而地方豪强势族控制的人口多达1534万，就是说，豪强控制的人口比国家控制的多了一倍。[2]

“没有强大的中央集权力量，地主经济就很容易退化到庄园制经济。”魏晋南北朝时期，战争连绵，动乱不断，皇帝如同走马灯一样换来换去。与皇权的不稳定形成鲜明对照的，则是世家大族的稳定性。许多世家大族势力急剧膨胀，甚至发展到“百室合户、千丁共籍”的类似领主状态。许多士族富厚过于王侯，东晋士族庄园遍布江左，他们“势利倾于邦君，储积富乎公室……僮仆成军，闭门为市”。势力大得如同小国君主，财力强过朝廷，仆人可以组成军队，关上寨门就成了集市。

那个时代官位虽然不是明确的世袭，却是在上流社会转来转去，财富也稳定地集中于一些大家族，与秦以前的贵族时代有很多相似之处，因此，我把从

---

[1]东汉建立者光武帝本人就是一个土豪，他曾经“藏亡匿死，吏不敢到门”。

[2]王育民：《中国人口史》，江苏人民出版社，1995，第130页。葛剑雄先生认为这个数字对荫庇人口的估计太多。但是葛剑雄在《中国人口史》中说，因为资料缺乏，他也无法估算这个人数。

东汉后期一直到宋代以前的社会，叫“半贵族社会”。

二

中央和地方的争夺，造成社会持续动荡，人口大量流失，但是凡事都有两面，这种地方势力不断上升，也导致皇权受到有力制衡。魏晋时期，世家大族对皇权形成强大的牵制，天子只能和士族分享权力。比如司马睿建立东晋，主要依赖北方大族琅琊王氏家族的支持。因此司马睿举行登基大典之际，突然从御座上走下来，拉着王导的手，非要他一同坐在龙椅上，共同接受群臣的朝贺，因此出现“王马共天下”的谚语。

因此，皇帝与上层精英共治天下的观念从魏晋开始树立起来，到了唐代，大一统郡县制度经过长达800余年的发展，经历了重重挫折，吸收魏晋世族与皇帝共治的政治传统，终于迎来了一个良性的制度成就：封驳制度。

所谓“封驳制度”，就是皇帝的指示，要经过政府部门“给事中”的审查，给事中认为没问题，才能下达。如果给事中认为皇帝的想法不合理，则不给签字。《新唐书·百官志》说：“诏敕不便者，涂窜而奏还，谓之‘涂归’。”皇帝的圣旨有问题，给事中干脆直接在上面修改，退给皇帝，让皇帝重新考虑。这是一个很大的历史进步。我们知道，在以前，皇帝的旨意，无论臣子们是否理解都得执行。但是唐朝就不一样了，皇帝的想法要经过大臣们的审查，这样，皇帝犯错的概率就大大降低了。

这是对“秦制”的重大修正，完全突破了法家的政治原则。我们知道，法家在君臣关系上唯一的原则是“君为臣纲”，认为“君主必须超乎一切批评之上”。《管子》说：“君臣共道则乱，专授则失。”

然而，封驳制度的理论却是“君臣共治”，每个人都会犯错误，只有集思广益，政策才能合理，因此，大臣不能事事顺从皇帝，必要时一定要敢于提出反对意见。唐太宗鼓励大臣们反对自己。他说，“人之意见，每或不同”，大家可以保持自己的不同看法，“勿上下雷同也”，不用非得统一思想。因此他要求官员们一定恪尽职守，在有关国家的大政方针上，一定要帮皇帝好好把关，皇帝的话如有不妥之处，必须要驳回。

这一制度在唐代得到了认真的贯彻。贞观三年（629年），唐太宗扩军，因为兵源不足，打算降低入伍年龄，征发年满十八岁者为军。当时魏征出任给事中，坚决反对。唐太宗龙颜大怒，写了旨意强行下发，结果“征又不从，不肯署敕”。最终唐太宗认输了，认为魏征说得有理，取消了这个命令。

唐中宗时，“安乐公主志欲皇后临朝称制，而求立为皇太女”，在朝廷上下不可一世，卢粲坚持两次封驳制书，直至获准。

唐代政治文明的另一个进步是完善谏官制度。谏官虽然古已有之，但是唐以前不仅谏官废置不定，而且编制也不固定。唐代谏官制度完善，谏官数量众多。[1]“左散骑常侍二人，正三品下。给事中四人，正五品上，谏议大夫四人，正五品上，左补阙二人，从七品上。左拾遗二人从八品上。”

唐代统治者主动培育诤谏精神。唐太宗说：“人言作天子则得自尊崇，无所畏惧。朕则以为正合自守谦恭，常怀畏惧。”有人说有了权力就要任性一点、潇洒一点，为所欲为。我却认为最好经常怀有敬畏之心，才能当好皇帝。有一次，唐太宗弄到一只很漂亮的小猎鹰，正拿在手上玩，魏征来了，要和皇帝商量事情。唐太宗怕魏征批评他不务正业，赶紧把这个小猎鹰揣怀里了。魏征一看，唐太宗衣服底下怎么鼓鼓囊囊的，肯定有问题，于是就故意说话说得长一点，想看看到底怎么回事。结果等魏征终于说完了，走了，唐太宗把衣服解开一看，小猎鹰已经在怀里闷死了。

因此，唐代谏官权力极大，而且言无禁忌，甚至可以在奏折中公然谈论皇帝的性生活。比如朱敬就在奏折中直接批评武后弄了太多的“内宠”，说您有这方面的欲望，大家都能理解，找一两个“男宠”，也不是不可以，但是问题是现在弄得太多了，缺乏节制啊。“嗜欲之情，愚智皆同，贤者能节之不使过度，则前圣格言也。”

---

[1]《“唐代江南社会”国际学术研讨会暨中国唐史学会第十一届年会第二次会议论文集》，江苏人民出版社，2015，第419页。

有学者以两部《唐书》为根据，算出唐代谏官进谏成功率为68%。而且“唐代虽然拒谏时有发生，但是因进谏而身亡的事件极为罕见”[1]。

唐代封驳制度和进谏制度在防止权力过于集中和皇帝错误决策方面起了很大的制约作用，这是贞观之治出现的重要原因。唐代宽松的政治环境，也是唐代文学艺术繁荣的重要原因。我们知道，唐代著名大诗人白居易写了很多讥讽皇帝的诗，比如著名的《长恨歌》，就是讽刺唐玄宗的。这要是在别的朝代，很容易被抓起来，结果唐宪宗读了，感觉写得太好了，太有才了，“见而悦之，召入翰林学士”。不但不追究他讽刺自己祖先的罪过，还让他进宫当官。

三

唐代前期虽然建立了封驳制度，完善了进谏制度，但是有一个问题仍然没有彻底解决，那就是人才选拔机制。

本来隋代已经为解决这个问题进行了制度创设。隋炀帝杨广是一个非常聪明的人，从王莽开始一直到隋文帝，历代皇帝都致力于压制地方势力，重振中央集权，为了把人口和资源从世家大族手中抢回来，采取了从王莽的“限田令”，到光武帝的“检核垦田”，再到北魏的“均田制”，最后到隋文帝的“大索貌阅”，都无法从根本上解决问题。一直到隋炀帝才想明白，世家大族的出现，主要是因为人才选拔机制的漏洞。只有打破用人的框框，大家族的根基才会动摇。

因此杨广创立了著名的“科举制”，以打破士族对官位的垄断。科举制的最大特点是标准统一、可量化，把以往混乱无序的选官手段变成了理性化的制度。这一制度成功地打破了门第、地域、年龄界限，具有相当大的开放性和一

[1]《“唐代江南社会”国际学术研讨会暨中国唐史学会第十一届年会第二次会议论文集》，江苏人民出版社，2015，第422页。

定的竞争性，不能不说是一个非常“现代”、非常“理性”的产物，体现了中国传统社会难得的科学精神。作为社会政治领域的一项重大发明，和世人皆知的“中国古代四大发明”相比，它毫不逊色。

这一制度让底层的人才能脱颖而出，士族失去了对官位的垄断权，推开了门阀世族势力消失的大门。但是任何一个制度的成长都需要时间和环境，科举制并不是一下子就发挥了扭转乾坤的作用。隋代很快灭亡，这一制度基本没发挥作用，整个隋代“秀异之贡，不过十数”，一共才取了十来个人。就是到了唐代，科举在选拔官员的过程中，仍然只起了辅助性的作用。唐代289年间，进士及第者平均每年只有22名，90%的官员还是因为门第和军功等入仕。因此，虽然唐初皇帝曾经大力打击门阀势力，但是中唐之后，门阀复盛，荥阳郑氏自中唐开始，连续出现了十多位宰相和重臣，遂有“郑半朝”之称；清河崔氏中唐后也陆续有八人为宰相；山东五姓世代通婚，不与外族为婚；高门士族甚至瞧不起皇室，不愿与皇帝联姻；唐文宗时，宰相郑覃宁愿将孙女嫁给士族出身的九品小官崔皋，也不肯与皇太子联姻。唐文宗尴尬地说：“民间修婚姻，不计官品而上阀阅。我家二百年天子顾不及崔、卢耶？”[1]我们李家当了200年皇帝，仍然比不上世家高门啊。

因此，科举一定程度上只是政治的装饰物，并没能从根本上解决世族政治的种种弊端。唐代实际上仍然是一个基本上由世族控制的社会，比如在中央，皇族内斗重重，在中央与地方的关系上出现的问题更为严重，出现了漫长的藩镇割据。事实上，大唐虽然号称289年，但是统一的时段不过137年，藩镇割据却长达152年。接下来的五代十国这另一个分裂时期，其实也是藩镇割据的延续。

中国古代社会的彻底改变，是从宋代开始的。宋代为了解决武将当权问题，才开始真正大规模地推行科举，把科举当成最主要的选官手段，科举录取人数大大增长。唐代进士平均每年录取不过20多人，宋代则翻了10倍，平均每年200多人。太宗在位21年，由科举为官者近万人。仁宗在位40年，仅进士出身的官员就有4517人。唐代最有名的23位宰相，基本都出身士族。而北宋

[1]魏风华：《唐代士族政治》。

的71名宰相中，除赵普等4人为开国功臣任宰相外，只有3人不由科举而任宰相，其他64名均为进士或制科出身。

这一局面导致中国社会的运转规则发生巨变。日本历史学者内藤湖南因此提出著名的“唐宋变革论”：宋以前的中国，是“贵族—半贵族”社会，宋以后的中国变成了平民社会。

钱穆先生说：“论中国古今社会之变，最要在宋代。宋以前，大体可称为古代中国，宋以后，乃为后代中国。秦前，乃封建贵族社会。东汉以下，士族门第兴起。魏晋南北朝定于隋唐，皆属门第社会，可称为是古代变相的贵族社会。宋以下，始是纯粹的平民社会。……故就宋代而言之，政治经济、社会人生，较之前代莫不有变。”

科举制的普及让君主专制制度大大完善，君权的稳定性大幅提高，秦始皇开创的中央集权制，由此才达到真正的完善阶段。

第三十一章
中国文明的顶峰和衰落

一

中国历史到了宋代，因为科举制的普及，由半贵族社会变成了平民社会。这一演变，令皇权终于摆脱了地方世家大族势力的威胁，真正做到了独尊。

在宋代以前，高门大户往往能传递几百年，其势能严重影响皇权的运行。宋代却实现了“富不过三代”，因为科举制导致社会流动性剧增，“朝为田舍郎，暮登天子堂”。由底层爬上去容易，而从顶层掉落到底层则更容易，因为权力及身而止，再加上中国的诸子均分制，富家大族的传递因此变得极为困难，“贫富无定势”“富儿更替做”。因此“朝廷无世臣”“无百年之家”。世家大族的命运终结了，地方上不再有可与政府相抗衡的庞大家族。

因此，君主独裁统治正式开始。不再有贵族和皇帝相抗衡，赵匡胤才有可能随心所欲地对传统政治制度进行大幅度修改，杯酒释兵权，让中国由尚武变成崇文，此外，还运用“分权”和“制衡”之术，把宰相大权分割成了几块，将地方权力一分为四，相互制衡。由此皇帝独揽军、政、财一切大权，君权达到空前稳定。

应该说，君权的稳定，不只是皇帝一个人的愿望，也是秦制下大部分社会成员的愿望。因为从唐代藩镇割据到五代十国，政权的不稳定造成的混乱，给社会各阶层都带来巨大的痛苦。赵匡胤的集权进行得非常顺利，一定程度上是因为全社会对五代纷乱政治的痛苦反思。北宋因此取得了中唐之后难得的政治稳定，160多年中不但不再有贵族与之相抗衡，也不再有权臣、外戚、宦官的威胁。

更为重要的是，科举制彻底解决了地方分裂势力的问题。科举制普及之后，流官才彻底“流”了起来，不再像以前那样受世家大族的掣肘，文官主持下的州县也不会像以前武将控制的地方那样演变成威胁中央的力量。从宋代之后，中央与地方的关系中，中央彻底占了上风，宋、元、明、清四朝从未出现地方挑战中央成功的事例。

二

但是宋代的集权与后世不同的一点，也是宋代政治最引人注目的一点，是在君权强化的同时，文臣对君权的制衡也达到前所未有的高峰。

姚大力先生认为，唐宋两朝皇帝制度中，存在着“专制君权持续强化”和“限制君权的制衡程序同样在增强”两种趋势，彼此构成一种“张力”，保证了宋代政治文明向前发展。

宋代政治继承了唐代“封驳制度”和“谏官制度”的成就，同时，科举取士的普及，让儒家“从道不从君”的传统得到复兴，士大夫“以天下为己任”的意识非常强烈。他们宣称，“（君）虽得以令臣，而不可违于理而妄作；臣虽所以共君，而不可贰于道而曲从”。皇帝虽然可以命令大臣，但是不能违背道理；大臣虽然要为皇帝服务，但是不能盲目曲从。

与此同时，宋代统治者也更加充分地认识到对最高权力进行约束的重要性。据说赵匡胤曾立下誓碑，“不杀士大夫及上书言事者”，在石碑上留下遗嘱，告诉后代皇帝不得杀掉给皇帝提供意见的人，以“养成臣下刚劲之气”。不管此事是真是假，有宋一代，确实基本没有杀戮过士大夫。“与士大夫共天下”成为北宋君臣间一条不成文的约定。文官犯了再大的错，受到的惩罚也不过是贬官而已。宋高宗时，监察御史方庭实居然敢这样对皇帝宣传“民主理念”：“天下者，中国之天下，祖宗之天下，群臣、万姓、三军之天下，非陛下之天下。”皇帝也没能拿他怎么样。

宋真宗有一次派人拿着亲笔诏书来见宰相李沆，诏书的内容是封他宠幸的刘氏为贵妃。李沆认为这个命令不合理，什么话也没说，当着太监的面，把皇帝的诏书放到蜡烛上一把火烧掉了，然后对太监说，你就跟皇上说，我不同意。（《宋史·李沆传》）皇帝也只能无可奈何。

宋代还形成了朝省集议制度，就是集体决策，遇到重大问题，要文武百官一起开会，大家商量解决，皇帝不搞一言堂。有的时候，如果这项政策会影响到普通老百姓，影响到某个行业，还会邀请老百姓参加，就像今天的政策听证会。比如宋太宗的时候，要起草关于茶叶经营的法律，就专门请来几十名经营茶叶的商人，让大家充分发表意见，“将立茶法，召茶商数十人，俾各条利害”（《宋史·陈恕传》）。北宋熙宁年间，在改革财政税收制度之前，朝廷专门请市井商人，甚至杀猪的、卖肉的，都到朝堂上参与讨论，“其议财，则市井屠贩之人皆召而登政事堂”（《续资治通鉴长编》卷二二五，熙宁四年七月丁酉）。这在其他朝代，是绝对不可想象的。

宋代政治当然也存在着传统政治的大量弊端，比如重文轻武、防民过甚，导致国防实力下降；比如地方分权过甚，官员数量过多，造成“三冗”；再比如我们后文将要讲到的王安石变法中的一些内容。但是，总体来说，宋代仍然可以说是中国政治文明发展的最高峰。宋代享有空前绝后的出版自由和新闻自由，出现了许多民间的小报，称作“新闻”。小报有自己的专业“爆料人”“记者”：“近年有所谓小报者……访闻有一使臣及合门院子，专以探报此等事为生……以先得者为功……人情喜新而好奇，皆以小报为先，而以朝报为常，真伪亦不复辨也。”这种小报非常注重时效性，由于消息新奇快捷，发行面广，势头甚至压倒了政府发行的朝报，因而利润颇丰，成为我国最早的新闻产业。另外，宋人还享有广泛的结社自由，只要不拿武器，政府保证人民的结社集会自由，从不加以干涉。宋代演戏，经常讽刺朝政。宋高宗时，著名的奸臣秦桧走后门，让自己的儿子成了状元，结果不久，就有人把这件事编成了一出戏，公开演出，秦桧也无可奈何，没法处罚。北宋著名昏君宋徽宗看戏的时候，演员在台上公开批评他的政策不好，“只是百姓一般受无量苦！”，让老百姓受了很多苦。宋徽宗听了，“为恻然长思，弗以为罪”，也不敢怪罪这个演员。

推动文明发展的因素是复杂的。中国2000年不停的循环，实际上反映出两方面力量的较量，君权与臣权，中央与地方。这种较量曾经达到了一种难得的平衡，导致即使在基于君主利益而设计的大一统郡县制度的框架内，君权也曾经得到过比较有效的约束，大一统郡县体制在遭遇危机后终获平衡，因此收获了比较辉煌的政治文明和文化成就。

在比较高的政治文明的基础上，宋代也取得了辉煌的物质文明。很多人认为，中华文明的顶点在宋朝。陈寅恪说：“华夏民族之文化，历数千年之演进，造极于赵宋之世。”中华文明经过几千年的曲折发展，在宋朝达到了文化的高峰。

日本学者宫崎市定把宋代比作欧洲的文艺复兴：“中国宋代实现了社会经济的跃进、都市的发达、知识的普及，与欧洲文艺复兴比较，应该理解为并行和等值的发展，因而宋代是十足的‘东方的文艺复兴时代’。”法国汉学家谢和耐则说：“（在宋代）一个新世界诞生了，其基本特点已是近代中国的特点。”

三

我们头脑中通常有一个错误印象，那就是历史总是进步的，后面的总比前面的要强。但事实上并非如此，我们比较一下宋朝和明朝就知道了。

宋朝和明朝这两个朝代相隔只有89年。朱元璋建立明朝的时候，打的是“日月重开大宋天”的旗号，宣传他要恢复宋代的开明统治。然而事后我们看到，明朝和宋朝相比，在很多方面都出现了剧烈的倒退。

我们首先来看财政。

一提到宋朝，我们就想到“弱宋”，感觉这是一个很衰弱的朝代，总是挨打。但是如果从经济角度看的话，宋代其实很强。宋朝第三个皇帝宋真宗的时代，国家财政收入接近16000万贯，这个数字是唐代最高额的3倍。明朝在财政收入最高的时候，也不过是宋朝这个数字的19%。

更具说服力的是财政收入的构成，也就是说，钱是从哪儿来的。中国历史上，农业税一直是国家收入的主体，国家税收都是从农民手里收上来的。但是到了宋朝，财政收入主要靠工商税收，占财政收入的70%，农业税只占30%。在中国历史上，像宋朝这样的情况绝无仅有。这说明，宋朝巨大的财政收入不是靠加重对农民剥削，而是由于国民经济飞速发展，工商业极度繁荣。到了明朝时，农业税又一次占了大头，占了总收入的81%，工商杂税只占总收入的12%。从这个数字我们能看出，和宋代相比，明朝商品经济是何等落后。

因此，宋代达到了中国历史上商品经济的最高峰，社会流动性和平等化的最高峰。[1]学者夏振坤说，宋代中国的城市化水平高达22%，这是领先全世界的水平。但是到了明代和清代，城市化水平一下子降到7%左右。[2]而根据学者张杰提供的研究数字，明清的城市化水平只有4%。[3]

四

在“现代”的经济和社会结构基础上，宋代的人权发展水平也很高。

宋代在中国古代史上第一次取消了奴隶制。

在宋代之前，中国历史上一直存在着使用奴隶或者叫奴婢的现象。大户人家大量使唤奴婢，而且奴婢的社会地位十分悲惨，可以随便买卖，和牲畜的地位差不多。

到了宋代，虽然也使用“奴婢”这个词，但是这个词的意思已经和以前朝代完全不同了：在宋代，“奴婢”也是平民，是被人雇佣的，类似于今天我们所说的“保姆”或者“司机”。他们不是雇主的私产，而是自由民，就是为了挣工资给你打工而已。

---

[1]参见吴钩《宋代中国已迈入了近代的门槛》，《南方周末》。

[2]夏振坤：《发展的多维视角：反思与前瞻》，华中科技大学出版社，2014，第205页。

[3]张杰：《“郑和谜题”：国家的贸易激励、选择权与制度冲突》，《社会科学战线》2008年第2期。

宋朝对贩卖人口的惩处也是极为严厉的。拐卖人口者，会被处以绞刑。比今天把人拐进黑砖窑受到的处理要重得多，今天我们顶多判上几年。而且和今天惩处拐卖妇女儿童的法律不同的是，宋代规定，不光拐卖者要处重刑，买方也要从重惩处，买家的罪责仅比人贩子减一等。[1]

然而你要是读《金瓶梅》等明代文学作品，可以发现，到了明代社会，奴隶现象再度盛行，而且非常普遍。主人可以像处理自己的财产一样，把奴婢随意送人。在家里，对待这些奴婢的态度也是想打就打、想骂就骂，虐待奴婢这种情况在明代非常普遍。

最能代表明代人道主义水平倒退的是殉葬制的恢复。这本是先秦时代的野蛮习俗，随着文明的发展，春秋之后，殉葬的现象就越来越少了，到了汉朝之后，就完全没有了。

然而明代却把这个事给恢复了。明太祖朱元璋在临终之前，发布了一生最后一道命令，命令他的妃子们为他殉葬。他的40位妃子都不得不上吊自杀，跟朱元璋埋到一起去了。这道命令，复活了在中国已经消失了1000多年的殉葬制，到了明代中期才废除。

五

为什么由宋到明会出现如此剧烈的倒退呢？主要是元代承上启下的结果。

宋代基本消灭了奴隶制，但是按蒙古军制，战争俘掠的人口可以作为军人的私有财产，所以大量的平民在元代征服战争中被掳为奴隶。元代奴婢数量极大，至少上百万户。

宋代均田制被废除，土地可以自由买卖，佃户可以自由更换地主，任意徙居。这在以前的中国社会是少有的现象。所以宋代城市才如此繁荣，贸易才如

[1]参见吴钩《宋朝政府如何对付“贩卖儿童”》，《各界》2017年第5期。

此发达。

而明代却把老百姓强制分成为不同户籍。把全国人口分为农民、军人、工匠三大类，在三大类中再分若干小类，比如工匠之中，还分为厨子、裁缝、船夫等。如果你是军人，那么你的子子孙孙世世都是军人，除非做官做到兵部尚书一职，否则不许脱离军籍。同理，如果你爸爸是裁缝，那么你和你的后代永远都得以裁缝为生，不管你是不是有手指或者其他部位的残疾。

这也是继承自元代。蒙古军队屠城时，只有匠人不杀，因为有用。随着军事征服不断扩大，为了便于管理，蒙古人就给他们分门别类。建立元朝之后，也就继续这个习惯，把被征服的民族按照职业划成不同的类别，这实际上是把所有百姓变成官府的奴隶。明朝就继承了这种制度。

唐宋时期，臣权对君权形成了有效束缚。而到了元代，君臣关系却出现了重大倒退。

元朝建立之前，蒙古社会基本上还处于马克思主义史学所说的“奴隶制时代”。草原贵族，无论地位多高，功劳多大，在黄金家族面前，地位都是奴隶而已。成吉思汗把手下功绩最著的几名战将称为“四骏”和“四狗”。所以如清代满族大臣对皇帝自称奴才一样，元代大臣们在皇帝面前公然自称奴婢。

在君臣地位如此悬殊的情况下，元王朝对以前中原王朝已经发展出来的那些制衡君权的有效制度自然不可能加以采用，元代没有恢复具有封驳权的门下省，不设谏官，重要政策多用蒙古文直接发出，不必经由中书省。皇帝是主子，大臣是奴才，什么都由主子说了算，奴才没有插嘴的份。因此元代成为一个皇权单方面膨胀的朝代。

这一趋势被明代继承下来，并且青出于蓝而胜于蓝。朱元璋在元代君权独大的基础上进一步直接废掉宰相和相权，仅保留由大学士组成的御用秘书班子，这与元朝“家臣治国”的习俗出自一体。明代皇帝多恣意妄为，非常任性，处处流露着“我家天下任我为之”的蛮横心理，这与元朝“家产制国家”的皇权观念一脉相承。

唐宋两朝对大臣基本不用污辱性刑罚，宋代更是“待士大夫有礼莫如本朝”。而元朝皇帝有一个习惯，用鞭子打大臣。这种制度到了明代，被发扬光大成了著名的“廷杖”。明代皇帝一不高兴，就把大臣按到地上，脱下裤子，打一顿板子，大臣们在皇帝面前毫无尊严。

唐德刚说：“吾人如大胆地说一句，北宋的朝政，是近古中国政治现代化的起步，亦不为过。可惜的是，传统中国这种有高度现代化和民主意味的开明文官制，在宋亡之后，就再次复古回潮了。”王夫之则说：“汉、唐之亡，皆自亡也。宋亡，则举黄帝、尧、舜以来道法相传之天下而亡之也。”

六

在继承了明代遗产之后，清朝统治者对朱元璋的政治制度赞赏不已。顺治帝说：“朕以为历代贤君莫如洪武。何也？数君德政有善者，有未善者，至洪武所定条例、章程，规画周详。朕所以谓历代之君不及洪武也。”今天的旅游景点明孝陵有一个著名的石碑，是康熙手书“治隆唐宋”4个大字，意思是夸明太祖治国好过了唐宋。

正因为此，清朝基本上把明代的政治制度原封不动地继承下来，并通过设军机处等小调整，使这个制度更加完备。从这个角度说，朱元璋不只开创了近300年的大明基业，连大清王朝也可以算是他政治思维的产物。

清代对朱元璋制度的发展，主要体现在文字狱上。乾隆皇帝通过修《四库全书》，开展“消灭记忆”运动。史载乾隆销毁的书籍“将近三千余种，六七万卷以上，种数几与四库现收书相埒”。吴晗也说过：“清人纂修《四库全书》而古书亡矣！”文字狱最酷烈的乾隆朝，文人学士再也不敢吟风咏月，甚至不敢再写日记。皇权由此伸入臣民的大脑深处，造成“万马齐喑究可哀”的局面。

因此，回顾中国历史，从汉到宋，中国政治文明虽然发展极为曲折，但大体上出现了一个上升的曲线，并且在宋代达到顶峰。然而从元到清，中国政治文明严重退化，社会也出现全面的衰落。而正是大致在中国的元代，西方开始发力超越中国。

第三十二章
没有中世纪，就没有新欧洲

一

人们普遍认为，欧洲的中世纪是一个“黑暗时代”。提到中世纪，我们首先联想到的往往是被烧死在火刑柱上的布鲁诺，荒唐的赎罪券，罪恶的“初夜权”，还有导致一个城市1/3人口死亡的可怕的黑死病。

所以，被蛮族入侵后，欧洲就如同那个吃了毒苹果的公主一样进入了漫长的沉睡期，直到15世纪才再度苏醒。

然而，近几十年来，学者们在大量的数据和扎实的研究基础上，发现所谓的中世纪“黑暗时代”并没有那么“黑暗”，或者说，这是一个黑暗与光明并存的时期。而且这个“黑暗时代”恰恰是今天西方制度的形成期。换句话说，要是没有经历中世纪，就没有今天独特的西方文化。

二

历史并不是沿着“进步”这一条单一的线前进的：西罗马帝国的灭亡带来了无数的混乱、死亡和毁灭，出现了巨大的倒退，城市被付之一炬，欧洲沦为农村。中世纪早期的欧洲，确实在各方面都落后于同一时期的阿拉伯帝国和中国隋唐王朝。

关于中世纪的各种说法，有一些需要澄清。比如“初夜权”早已经被学者证明并非一种真正实行过的制度，而只是一种“乡野传闻”或者说对中世纪的污名化说法。现代法国史学家阿兰·布莱认为，欧洲的初夜权是种乡野传奇而非实质的法律或习俗，他的证据是，到现在为止学者们并没有发现任何一例真的实施初夜权的档案资料。我们都知道，中世纪的社会是在罗马教会的严格精神统治下的，女性的童贞非常重要，一夫一妻制之严格，国王都不能随意离婚再娶，领主们怎么可能制定初夜权法规来触怒教会呢？[1]

也有一些中世纪的黑暗制度是确实存在的，并且可能比普通读者所了解的还要黑暗，比如宗教裁判所和火刑。天主教组织结构本身带有专制倾向。“如果有人稍越雷池一步，挑战教皇，便被教会视为背离上帝，大逆不道，重者甚至要处以极刑。”[2]德国的宗教法庭烧死了10万名女巫，法国和苏格兰也差不多处决了1万多名。至于处死异端就更为普遍。仅在西班牙，宗教裁判所就判处了38万异端分子，其中被火刑处死的就多达10万人。

中世纪欧洲人的生活和中国等文明比起来，在很多方面也是粗鄙落后的。中世纪的欧洲《礼仪书》规定：“痰不要吐到桌子上，也不要飞过桌子。”我们再来看一段《不伦瑞克的宫廷规矩》：“每一个人，无论是谁，白天黑夜、餐前、餐后或就餐期间，都不能在走廊里、居室内、楼梯上或者螺旋形的石阶上随便解手或乱丢污秽之物。”原来，西欧宫廷的金色大厅里，大理石地面上，一不小心，你有可能会看到一堆大便。

因此在中世纪，中国在很多方面遥遥领先西方，这些方面大多已经广为人知，在此就不做赘述了。

但是人们很少注意到的是，所谓“祸兮福之所倚”，即使是在这种混乱和毁灭中，也孕育着新的生机。

在第二次全球范围内的蛮族大入侵中，中国、印度、波斯也同样遭到了

---

[1]参见王顺君《欧洲贵族真的拥有过“初夜权”吗？》，发表于微信公众号“搜历史”。

[2]王晓德：《天主教伦理与拉丁美洲不发达的文化根源——兼与新教伦理对美国发展作用的比较》，《拉丁美洲研究》2006年第4期。

蛮族的蹂躏，但是原有的文明并没有被毁灭，特别是中国文明表现出强大的同化能力和自我修复能力，迅速地消化了蛮族入侵造成的文化不适。“因此，一个生活在公元前1世纪汉代的中国人，若在公元8世纪初复活过来，他一定会感到非常舒适、自在。他将发觉当时的唐朝与过去的汉朝大同小异，两朝民族相同、语言相同、儒家学说相同、祖先崇拜相同以及帝国行政管理相同等等。”[1]

只有一个帝国彻底地崩溃了，文化遭遇了彻底的毁灭，那就是西罗马帝国。罗马帝国的体制不如中华帝国坚固，所以崩溃后再也没能恢复，“如果公元前1世纪的罗马人于1000年、1500年或1800年在欧洲复活，他将会为居住在这一古老帝国许多地区的诸日耳曼民族及其崭新奇特的生活方式而大吃一惊。他将会发现有几种新的日耳曼语和罗曼语取代了拉丁语，上装和裤子代替了古罗马人的宽外袍，新兴的基督教接替了古罗马诸神崇拜……这无疑说明，只有西方的古典文明被永久湮没，被一种崭新的东西代替。欧亚大陆其他地区的文明，……却幸存下来（如中国北方和印度北方）。唯独在西方，古典文明消散殆尽，无法复原”[2]。

马上的蛮族不识文字，基督教被作为唯一的精神支柱，古希腊和古罗马的典籍被弃如敝屣，除了在一些教堂和修道院内被当作古董收藏起来束之高阁外，其他的几乎毁灭殆尽。幸亏阿拉伯人保存并翻译了这些文化典籍，才让它们有机会在文艺复兴时代被欧洲人“重新发现”。

然而，正如同大规模的残酷轰炸一方面摧毁了整个古老城市，另一方面却为重新建设更为现代化的城市扫清了障碍一样，正是因为蛮族入侵的毁灭性，才让西方能毫无束缚地发展起来一种全新的文明。

那么，这个过程是怎么发生的呢?

---

[1]斯塔夫里阿诺斯：《全球通史》，北京大学出版社，2005，第188页。

[2]同上。

三

首先，中世纪出现了罗马帝国时期不可能出现的技术进步。

罗马帝国实行奴隶制，奴隶制是不利于技术进步的，因为奴隶数量巨大，价格低廉。奴隶主不必费心去研究技术，节省劳力。“只要有大量的奴隶劳动力可获取，它也使主人丧失促进技术革新的动机。因而，在韦斯巴芗统治时期，当在今罗马圣皮特罗广场竖立一座方尖碑时，虽然当时有位发明者提出了一项可以大大方便竖碑的技术措施，但皇帝为了不让奴隶们有空闲，宁愿让他们继续从事体力劳动。”[1]奴隶们是没有自主性的劳动者，更没有可能去进行什么发明。

罗马帝国崩溃后，奴隶制也随之崩溃，不再有大量的外来劳动力涌入西欧。相对中国，当时欧洲的人口是很少的。这就促使人们开始琢磨怎么节省劳力。

在罗马，奴隶主高高在上，不跟奴隶共同劳动，也不关心奴隶在劳动中遇到的具体问题。这情形就像中国的士大夫不会关心农民是怎么种地的一样。

而中世纪的庄园是自给自足的，欧洲陷入封建割据，各地自我封闭，不再有商品流通，庄园主需要什么东西，从外面买不来，只能取自自己的庄园。因此，庄园主要亲自组织生产，亲自决定种什么、不种什么，连查理大帝都得操心自己庄园的物产。他在800年左右颁布的敕令中，详细地规定庄园要生产什么东西：“其中必须包括以下项目：饲料草、柴火、火把、木板与其他木材；蔬菜、谷物、稗子；羊毛、亚麻、苧麻；树生水果、大小干果……芜青，鱼池；皮革、毛皮、兽角；蜂蜜与蜂蜡；猪油、牛羊脂油、胰皂；莓果酒、熟酒、蜜酒、醋、啤酒、新旧葡萄酒、新谷陈谷；母鸡与鸡蛋；鹅……每个庄园之中……应当尽量多建造牛厩、猪圈、羊圈、山羊圈，不得

[1]斯塔夫里阿诺斯：《全球通史》，北京大学出版社，2005，第135页。

缺少……”[1]

因为要亲自组织生产，庄园主与农奴保持充分的接触，非常清楚农业生产中会遇到哪些具体困难。同时因为自给自足，每个庄园里拥有木匠、铁匠等各种工匠[2]，这样也有利于生产工具的改进。农奴也不同于奴隶，粮食打多了，他们的生活水平也可以水涨船高，因此，农奴也有热情改进技术，提高产量。以上各种因素的汇合，就促进了技术的进步。

那么中世纪西欧取得了什么样的技术成果呢？

首先是重犁的使用。罗马时代，欧洲用的是轻犁，就是一根木柱，底下装个犁刀，结构简单，只能在地上划出一道浅沟，所以又称“浅犁”。为了提高生产率，中世纪的庄园主们和农奴们进行“技术会商”，渐渐地琢磨出来一种重犁。什么叫“重犁”呢？就是更重、更大也更锋利的犁刀，这种重犁能够有效地深耕，把土壤翻起搅碎，能把杂草丛生、难以耕作的低洼荒地开垦成良田，扩大耕种面积。

重犁需要更大的牵引力，牛的力量就显得不够了。到10世纪时，欧洲庄园发明了一种挽具，套在马的肩部，让马也能轻松愉快地拉犁，结果生产效率大增。16世纪一个法国作家曾经计算过，一匹马一天的工作量是牛的3~4倍。正是因为马大量地被用于耕地，13、14世纪后，欧洲原来的荒地大量被开垦，粮食产量迅速提高。

此外，欧洲人还发明和改进了很多利用水力和风力的工具，比如水车和风车[3]，其中有些技术，比如水车，在罗马时代就已经有了，但是直到中世纪才大规模地应用。

林恩·怀特（Lynn White）在《中世纪的技术与社会变迁》（*Medieval Technology and Social Change*）一书中说，中世纪最辉煌的成就，不是什么哥

[1]转引自应志豪《从衰落走向复兴——8—14世纪西欧商业发展研究》，硕士学位论文，华中师范大学，2004。

[2]查理大帝还要求他的庄园中要有“铁匠、金匠、银匠、鞋匠、旋工、木匠、刀剑匠、渔夫、造胰工人，能造啤酒、苹果酒、果酒以及其他饮料，能烤面包与点心的工人……”。

[3]风车的出现需要扇叶具有更好的力学结构，因此，风车的发明得益于帆的技术进步。634~644年左右，波斯人发明了立轴式风车，随后传入欧洲，又发展出水平轴的样式。

特式教堂，也不是什么经院哲学，而是畜力、水力、风力取代了人力，使欧洲生产效率大为提高。

这些技术革命带来什么后果呢？“12世纪，法国只有约二分之一、德国只有三分之一、英格兰只有五分之一的土地被耕种，其余的都是森林、沼泽地和荒地。……到1300年时，法国的耕地面积比今天还要大。”[1]

结果是推动了经济的迅速发展和人口的增加。以英国为例，1086~1300年，英国GDP提高了10倍以上，人口从大约110万人增加到330万人。[2]也就是说，财富增长是人口增长的3倍，在人口迅速增长的同时，还实现了迅速富裕。

我们在前面讲过，西方农奴和农民的负担是非常稳定的。“一个佃户的地租往往长达200年或250年保持不变。”农奴们每年收获的粮食大大增长，但是交的租税却保持不变，“佃户每交给领主1个便士，就往自己口袋里放进6个便士”。这就意味着农奴变得越来越富，经济地位大为增长，从农奴成长为农民。[3]

更为主要的是，经济的发展为商业复兴和文艺复兴奠定了基础。罗马教廷的专制、野蛮和黑暗不亚于其他专制政权，而这种黑暗正是建立在人们的贫穷基础之上的。直到经济发展之后，人们才有力量开始从愚昧中走出来。“11世纪后，随着经济的复苏与发展、城市的兴起与生活水平的提高，人们逐渐改变了以往对现实生活的悲观绝望态度，开始追求世俗人生的乐趣。而这些倾向是与天主教的主张相违背的。在14世纪城市经济繁荣的意大利，最先出现了对天主教文化的反抗……于是他们借助复兴古代希腊、罗马文化的形式来表达自己的文化主张。”[4]这就是著名的文艺复兴。

---

[1]斯塔夫里阿诺斯：《全球通史》，北京大学出版社，2005，第280页。

[2]谢丰斋：《中西方的经济差距何时拉开？》，《史学理论研究》2012年第4期。

[3]同样，中国周代铁器普及导致生产力增长，但是井田制税率还是不变。因此，农民在种公地之余，有时间大量开垦荒地，获得大量私田，收入大幅增长。正是这种情况导致后来鲁国的初税亩改革。

[4]弗里德里希·希尔：《欧洲思想史》，广西师范大学出版社，2007。

四

传统的观点是，中国一直遥遥领先于西方，一直到工业革命结束，也就是19世纪初，西方才超过了中国。

然而事实真的如此吗?

清华大学李稻葵等人通过对中国古代经济长时间的研究[1]发现，1300年，欧洲部分地区已经领先于中国。

他们认为，在北宋时期，中国人的生活水平处于顶峰，确实领先于欧洲，然而中国农业几千年大致保持同一水平，没有出现过质变，发展曲线是比较平直的。而西方从中世纪后期开始，经济曲线迅速升起，到了1300年，也就是元朝建立之后不久，中国人的生活水平就已经落后于意大利地区。到1400年，也就是明代建立不久，又被英国超越了。到了1750年，也就是中国“康乾盛世”的顶峰，中国从整体上已经远远落后于西欧了。[2]

当然，在14世纪，中国人和西方人生活水平的差距还不算太大，欧洲人生活条件虽然优于中国人，但他们的食物中肉食比重并不算高，一大块面包加一碗浓汤就能让辛苦了一天的欧洲农夫心满意足。

但是随着经济的质变，欧洲人与中国人生活水平的差距已经越来越大。16世纪时，英国一个农民家庭每年生产的粮食是5007公斤，而中国明代农业最发达的地区江南，一户农民也不过生产2173公斤。也就是说，中国最富有地区户均粮食产量不到英国的一半。

> 14世纪和15世纪，也就是大约中国的明朝时期，英国普通农民主食中小麦比例增加，逐渐取代大麦和燕麦；农民已经可以定期地喝到啤酒，酒的消费开始成为农民饮食的一部分，许多村庄出现了永久性的啤酒馆。

---

[1]进行这项研究的是清华大学的李稻葵、北京大学的管汉晖和牛津大学史蒂芬·布劳德伯利（Stephen Broadberry）等人组成的团队。

[2]1750年即清乾隆十五年。虽然中国部分地区，比如江南地区和欧洲最富裕地区的生活水平相距还不太远，但整体上落后了。

肉食也逐渐增多，这带动了乡村屠户的生意发展。[1]

我在《饥饿的盛世》一书中引用过18世纪工业革命前期，英国汉普郡农场的一个普通雇工一日三餐的食谱：

早餐是牛奶、面包和前一天剩下的咸猪肉；午饭是面包、奶酪、少量的啤酒、腌猪肉、马铃薯、白菜或萝卜。晚饭是面包和奶酪。通常在星期天，人们才吃上鲜猪肉。[2]

这是工业革命早期的情况，到工业革命完成之后，英国农民的生活水平又进一步提高。中等农户的消费清单上每天还要加上2.3加仑脱脂牛奶，1磅奶酪，10.5品脱淡啤酒。在经济条件较好的约曼，还会多出黄油和糖各半磅，还有1英两茶。

而在同时期的中国，普通农民是“瓜菜半年粮”，平时只能粗粮淡饭，勉强维持温饱，青黄不接的时候还要挖一些野菜才能度日。

五

欧洲历史上的黑暗、愚昧和残酷，触目皆是。罗马帝国的昏君荒淫暴虐的花样并不比商纣王、隋炀帝少；罗马教廷的酷刑也同样令人毛骨悚然；英国历史上同样不乏血腥变态的国王；社会生活方面，欧洲也长期脏乱差。

但是从中世纪后期开始，欧洲不论是物质文明还是政治文明都出现了迅速发展，发展的结果不是量变而是质变。而从13世纪起，中国的政治文明却基本是反向发展，因此，双方差距越来越大。

---

[1]侯建新：《工业革命前英国农民的生活与消费水平》，《世界历史》2001年第1期。
[2]同上。

乾隆晚年，英国派出马戛尔尼使团到达中国。来到中国前，欧洲人认为中国是一个富庶而强大的国家，如同马可波罗说的那样，黄金遍地，人人绫罗绸缎。然而到了中国之后，他们却惊讶地发现，中国的大部分普通人都远比欧洲人穷困。

英国使臣们在后来写的回忆录当中说，朝廷雇用了许多老百姓来到船上，为英国人端茶倒水，扫地做饭。英国人注意到这些人“都如此消瘦”。“在普通中国人中间，人们很难找到类似英国公民的啤酒大肚或英国农夫喜气洋洋的脸。”这些普通中国人“每次接到我们的残羹剩饭，都要千恩万谢。对我们用过的茶叶，他们总是贪婪地争抢，然后煮水泡着喝”。“不管是在舟山还是在溯白河而上去京城的三天里，没有看到任何人民丰衣足食、农村富饶繁荣的证明……不管是房屋还是河道，都不能跟雷德里夫和瓦平（英国泰晤士河边的两个城镇）相提并论。事实上，触目所及无非是贫困落后的景象。”“生活在水上的悲惨的中国人一向处于半饥半饱的状态，乐于以任何食物为食，即使是腐烂了的也不放过。”[1]

英国人之所以对中国人的生活水平感到如此震惊，主要是因为那时中英两国人均GDP已经有了巨大差距。李稻葵等人的研究认为，北宋时期的中国要比英国富裕得多，但在那之后，英国人均GDP开始不断增长，而中国人均GDP却不升反降，特别是清代因为人口迅速增长，人均GDP更以每年－0.34%的速度衰退，到1840年左右，中国的人均GDP只是英国水平的15.04%。[2]刘

[1]约翰·巴罗：《我看乾隆盛世》，北京图书馆出版社，2007。马戛尔尼使团到达天津口岸后，当地官员给使团的船只送来大量的补给，其中有活牛、活猪、活鸡、活鸭，在运送过程中，经过碰撞，有些猪和鸡死掉了。过了几天，食物变质，他们就扔到海里去了。这个时候他们发现了一个意想不到的情景：英国人的船只附近，很多天津人跑来看热闹，这些中国人一看洋人的船上扔下了死猪、死鸡，好几十人不顾生死游到船边来争抢。英国人立刻明白了，中国人的生活水平很低，连这些已经变质的死猪死鸡都要抢，可见他们是生活在饥饿当中。

[2]脱胎于英国剑桥大学与美国哈佛大学的“加州学派”，以提出道光年间中国GDP占世界的32%而引人注目，这一学派的代表性人物麦迪森认为，宋代中国的人均GDP是450美元，当时是领先世界的，从元到清又提高到600美元。然而16世纪中叶，意大利人均GDP已经达到1600美元。现在包括中国学界在内，学者们一般都认为麦迪森在数据运用和统计技术上存在很大问题，对宋以后中国的人均GDP数字估计得太高。

逖也认为中国近代后期人均GDP是反向发展的，1600年，中国人均GDP大约为白银4.5两，到1840年下降到了约3.4两。[1]

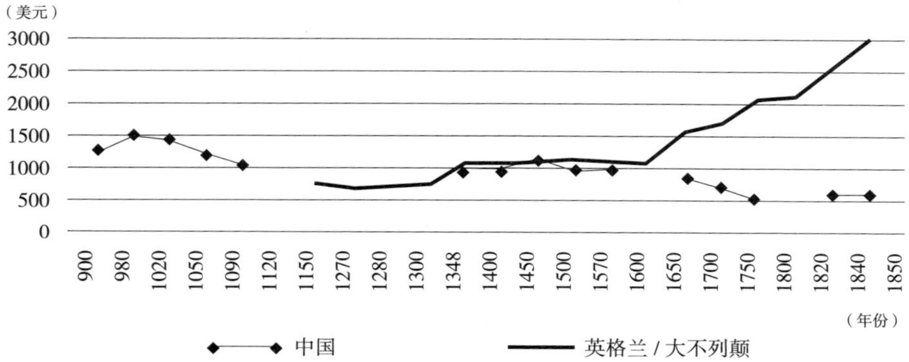

中英人均 GDP 对比图

注：此图来源是李稻葵、金星晔、管汉晖《中国历史GDP核算及国际比较：文献综述》一文，制图为胡列箭。为了对比方便，我去掉了别的数字，只保留了中英对比。他们以1990年美元购买力平价为基准进行换算，得到可以用于国际比较的GDP数据。[2]虽然纵轴上的具体数字可能有问题，但是这张图所反映的历史趋势还是大致正确的。

[1]刘逖：《1600—1840年中国与世界GDP的核算与对比》，《经济研究》2009年第10期。

[2]参见Broadberry和Guan Li发表在2018年12月*The Journal of Economic History*的文章。

第三十三章
“自治城市”：诞生资本主义的容器

一

经济的发展不光改善了欧洲人的生活水平，更重要的是促进了商业的发展。

罗马帝国拥有大量的城市，有四通八达的道路，有许多可以航行的河流，地中海成为罗马的内湖，因此地中海周围的贸易非常繁荣。

然而“蛮族入侵”破坏了全国性的市场，连接全国的道路被林立的小邦阻断，庄园一个个建起，城市成为废墟，商业完全凋零。法国中世纪史专家乔治·杜比（George Duby）说：“在900年时，城镇几乎完全从欧洲大陆上消失，而商业活动事实上等于零。”各地封建主不得不完全依靠自给自足的庄园经济。

直到中世纪后期，随着经济的发展，粮食出现大量剩余，人们开始追求更高层次的消费。“贸易再次开始，货币流通加快，城镇又一次形成。”[1]商业再次复兴，国王们从商业发展中看到了好处，因为可以从商人身上收到大量的税收。各国纷纷制定鼓励商业的政策，商业在欧洲各地蓬勃发展起来。

“尽管从事商业的人只占总人口的一小部分，但中世纪后期商业的巨大发展，对整个社会产生了重要的影响。”[2]

---

[1]卡洛·M.奇波拉：《欧洲经济史》（第一卷），商务印书馆，1988年，第160页。
[2]斯塔夫里阿诺斯：《全球通史》，北京大学出版社，2005，第281~282页。

最显著的影响是商业城市的又一次大面积出现。

如果从人口和体量来看，中世纪再度出现的欧洲城市都不大，有20000人口的城市就算很大的了。不但没法跟中国比，也没法和同时期的印度和中东的城市比。

但是欧洲城市有着世界上其他地方城市没有的特点，那就是“自治”。

城里的商人腰缠万贯，庄园里的贵族们却缺钱，特别是没有现金。因为庄园经济是自给自足的，基本不用货币，大部分庄园里的农民一年到头一个硬币都不用花就能正常生活。甚至很多人从出生到死亡，根本就没见过钱长什么样。贵族需要大量的钱买武器和奢侈品，然而手中没有现金。

当然，贵族有特权而商人没有。贵族的特权对商人形成种种难以忍受的限制和约束。“每个封建主，上自公爵和伯爵，下至子爵和小城主，包括国王本人也不例外，对经过领地的一切商人小贩，课以重税。”[1]各地还流行着一些蛮不讲理的“习惯法”，比如“触地法”，凡是装在车上的货物和其他物品，一旦落到地上，则归当地领主所有。如果货车倾倒，则全车货物都要归领主所有。[2]

有钱却讨厌束缚的城市商人，和有特权却缺钱的地方贵族，如同螺丝和螺母，一拍即合，当时的欧洲，出现了一个世界历史上其他地方很少见的现象，那就是城市居民们联合起来，付给贵族一笔钱，像购买货物一样，从贵族手中买到了城市若干年的“自治权”。

亨德里克·威廉·房龙（Hendrik Willem Van Loom）用通俗易懂的方式介绍了这一过程：一位公爵大人因为欠了意大利银行家的巨额高利贷，百般无奈，不得不向城里人要求一笔贷款。商人们商议后答复说“同意”，说他们乐意帮助公爵摆脱困境。“但作为345金镑的交换，他是否能给他们一个书面许诺（另一份特许证），许诺他们，市镇居民，可以建立一个他们自己的、由城市里所有商人和自由公民选举出来的议会，前述的议会将不受来自城堡一方干

---

[1]高德步：《世界经济史》，中国人民大学出版社，2001，第140页。

[2]参考应志豪：《从衰落走向复兴：8—14世纪欧洲商业发展研究》，硕士学位论文，华中师范大学，2004。

涉地管理市政事务。大人怒不可遏。但是他需要这笔钱，只得同意并签署了特许证……市镇居民们还得到了一份新的，允许他们建造一所‘市政厅’及一座坚固的、可以存放所有特许状、防备火灾和偷盗的塔楼，其实那意思是防备将来大人和他的武装随从使用武力。”[1]

双方签订特权证书后，密封于保险箱里，把保险箱保存在市政厅的塔楼中。在欧洲少数没有被毁坏的市政厅里，我们仍然可以看到这些文件。这样，城市的主人就由公爵变成了市镇议会。

市镇议会的出现，是借鉴了古罗马的智慧。自治城市最早出现在11世纪的意大利。古代罗马文化虽然被中世纪的宗教文化淹没，但是在意大利并没有被彻底遗忘。12世纪的奥托这样描绘意大利北部伦巴底地区的城市：

> 在管理城市和维护他们的共和国的过程中，他们效仿了古罗马人的智慧。他们热爱自由，因此，为避免滥用权力，他们是由执政官而非指挥官的意志统治的。他们中有三个等级：骑士、小贵族和平民百姓。
>
> 为了抑制傲慢，执政官不是从某一个而是从上述三个等级中挑选出来。为了防止他们觊觎权力，他们每年被轮换一次。[2]

1138年佛罗伦萨首次选举执政官，就模仿古罗马的方式。中国人相信天无二日，而古罗马却同时选出两名执政官，任期只有一年，防止专权。佛罗伦萨也是这样，在4个城区各选一人，选出4名执政官，任期一年。和罗马时期相类，自治城市最高权力属于市民大会，如果对政府非常不满，佛罗伦萨人可以举行公民大会来改换政府。但是，由于人口众多，不可能频繁地举行市民大会，只能由市民们选出议员，组成城市议会。威尼斯的议会有300人，选举产生一个由12人组成的内阁，来管理城市。[3]

---

[1]房龙：《人类的故事》，吉林出版集团，2014，第130页。
[2]转引自刘耀春：《意大利城市政治体制与权力空间的演变（1000—1600）》，《中国社会科学》2013年第5期。
[3]杨师群：《明清城镇不存在资本主义萌芽——与西欧中世纪城市的比较研究》，《浙江社会科学》2005年第1期。

意大利各地自治城市兴起后，自然而然地学习佛罗伦萨和威尼斯的治理模式。随着时间的推移，欧洲自治城市越来越多。从12世纪起，意大利、法兰西、荷兰、德意志陆陆续续出现了各种各样的共和国、半独立国家、执政官制城市、自由市镇。[1]这些城市的共同特点是由城市议会来管理城市。在议会的决议下，城市可以自己立法、组织军队、发行货币、决定如何收税。

二

“自治”是解开资本主义之谜的钥匙。

有一些历史学家认为，中国在晚明和清代已经产生了“资本主义萌芽”，江南城镇中出现了很多“资本主义性质”的手工业工场，如果中国正常的历史进程不被西方列强打断的话，中国也许会顺利地走上资本主义道路，继续领先世界。

比较有代表性的是吕振羽的说法：明清之际，中国都市资产阶级经济已经得到很好的成长，可惜这宝贵的蓓蕾还没长成，就“遭受外来的强力袭击———鸦片战争，把它绞杀于母胎之内”。

当然，也有很多人认为，资本主义是一种非常复杂的社会现象，不仅仅在于手工业工场数量的多少，更关键的是与之配套的政治、社会和文化。

约瑟夫·熊彼特（Joseph Schumpeter）说，资本主义“意味着一种价值体系，对生活的一种态度，一种文明”。黄仁宇说，“资本主义在历史上展开时，表现为一种组织和一种运动”“资本主义带着整体性”。杨师群说：“所谓资本主义萌芽是一个包括系统的政治、经济、文化等各方面基因细胞的有机结合体。”王家范概括得更为简明扼要：“资本主义是一个整体性的历史运动，而不是个别经济现象。”

---

[1]杨师群：《明清城镇不存在资本主义萌芽——与西欧中世纪城市的比较研究》，《浙江社会科学》2005年第1期。

而在这个体系和运动中，“自治城市”是非常重要的一环，自治城市是培养资本主义萌芽的重要器皿。

自治城市的第一个核心特点是“自由”，它的所有居民都是自由人。

欧洲大多数城市的习惯法是，“如果一个农奴逃到城市，在那里住了一年零一天而未被捕捉到，他便成为自由人。正如当时的俗话所说的那样，城市的空气能使人自由”。

英王亨利二世给予林肯城的特许状中是这样写的：“任何人在林肯城的居留期达到一年零一日，而且已经照章纳税，……我将准许他与过去那样，继续以市民身份居住在林肯城中。”[1]

封建主的领地和庄园里，有着各种各样的规矩和束缚，但城市里完全没有。市民拥有一切自由权利，可以自由地选择与谁结婚，可以自由地搬迁住址，可以自由地支配他的一切财产。[2]

自治城市的第二个核心特点是平等。

这些城市中，不管是市长、法官、贵族、教士或作坊主、商人，还是受雇佣的帮工、学徒，尽管贫富不同，但本质上都是公民，在法律身份上都是平等的，没有任何人享有多于别人的特权。[3]“所有市镇公民都享有平等的权利。这是一个能繁殖的胚芽……市民中没有一个人被允许有特殊权利。市民、工匠或商人均享有人身自由。”[4]

市民法律地位平等，这是资本主义萌芽的核心条件。资本主义本质上是反特权、反等级制的，因为经济如水，只有去除种种堤坝和障碍，在平等和自由的条件下，经济要素才能流动起来。

---

[1]郭守田：《世界通史资料选辑·中古部分》，商务印书馆，1981年，第134页。此处进行了白话翻译。

[2]布瓦松纳：《中世纪欧洲生活与劳动》，商务印书馆，1985，第202~203页。

[3]杨师群：《明清城镇不存在资本主义萌芽——与西欧中世纪城市的比较研究》，《浙江社会科学》2005年第1期。

[4]布瓦松纳：《中世纪欧洲生活与劳动》，商务印书馆，1985，第201页。

三

经济繁荣的城市有大量的工作岗位，极具吸引力。所以大量的农奴和农民来到城里，大量自治城市如雨后春笋一样在西欧沿海地带生长起来。

当然，并不是所有的封建主都愿意把城市的自由卖给城里人。因此，除了花钱赎买之外，城市获得自治的另一种方式就是“武装斗争”，通过战争打败封建主，获得自由。

到后来，这些自治城市还能够联合起来，挑战国王们的政治权威：“当霍亨斯陶芬王朝的皇帝企图强迫意大利北部的米兰、布雷西亚、帕尔马、维罗纳等富庶城市纳税，并接受帝国管辖时，这些城市便组成伦巴第联盟；联盟在教皇的支持下，成功地进行了反对皇帝的战争。同样，1350年，不来梅、吕贝克、斯德丁、但泽等波罗的海沿岸的90个城市组成了汉萨同盟，反对海盗，迫使外国承认它们的商业特权，实际上垄断了北欧的贸易。”[1]教皇也数次与这些自由城市发生冲突，也曾将一些城市“开除教籍”，但始终无法改变这些城市的独立之风。

中世纪后期，欧洲大陆的城市商人们凭借手中的巨额资金获得了越来越大的社会影响力和权力，他们渐渐成为伦敦的市长、德意志共和国自由市的参议员、荷兰的州长。商人们得意扬扬地借钱给那些穷困潦倒的国王和贵族，让后者不得不在他们面前卑躬屈膝。商人的财富和他的政治权力是同步增长的。这是西方资本主义发展的一个重要基础。

那么，为什么在欧洲能出现自治城市，而在其他地区，比如商业同样广泛存在的中国、印度和阿拉伯地区不行呢？

[1]斯塔夫里阿诺斯：《全球通史》，北京大学出版社，2005，第282页。

第三十四章
古代中国对商人的防范

一

上一章我们提出了一个问题，除了欧洲，世界上很多其他地方商业也很繁荣，但是为什么只有在欧洲才能出现自治城市呢？

首先，欧洲毕竟存在过漫长的希腊-罗马文明，它的历史基因虽然一度潜伏，但是仍然对中世纪后期的历史产生了重要的影响。

其次，中世纪欧洲一直没有建立起大一统的郡县制度，以及庞大的官僚体系，因此，各地实际上只能选择自治，只不过农村是封建主自治，而城市选择了另一种自治方式。城市里的事太纷纭复杂，封建主也不知道怎么管，乐得拿钱了事。

最后，欧洲在历史上不存在对商人制度性的刻意打压，而在世界上其他地方却并非如此。"城市权力的发展给欧洲商人带来了地位和权力，这在欧亚大陆上是独一无二的。在欧洲之外商人根本没有机会上升到权威的地位。例如，在中国，政府的职位由学者占据；在日本，武士享有权力；在马来亚地区和印度的拉吉普特邦，地方贵族管理政府，却没有任何一个地方是由商人占据要津。"[1]

古代中国对商人的歧视非常直接而彻底，这决定了中国商品经济的发展路径不可能与西方同步。

---

[1]斯塔夫里阿诺斯：《全球通史》，北京大学出版社，2005，第282页。

二

亚当·斯密（Adam Smith）在《国富论》中说，人类有追求自利和喜好交易的天赋，这会导致市场分工的自发演进和市场秩序自身的不断扩展。但是这一理论在中国不尽适用。在古代中国，“政治地位高于一切，政治权力高于一切，政治力量可以向一切社会生活领域扩张”。确实，如果说西方资本主义社会是金钱万能，那么中国传统社会则是权力万能。

因为权力的独占性，所以历代君主都对商人阶层抱有戒备和歧视心理。战国时期，中国的统治者们就十分敏锐地认识到，经济力量会威胁政权的稳定。

管仲说：“万乘之国有万金之贾，千乘之国有千金之贾，然者何也？国多失利。……夫民富则不可以禄使也，贫则不可以罚威也。法令之不行，万民之不治，贫富之不齐也。”一个万乘之国如果出现了拥有万金的大商贾，一个千乘之国如果出现了拥有千金的大商贾，这说明什么呢？这说明国家的财富流失到个人手里了。这是很可怕的，因为有些人变得太富，国君就没法用利禄驱使他。有些人又太穷了，光脚的不怕穿鞋的，刑罚也威慑不住他。这样就会导致天下混乱。

因此，管仲提出了著名的“利出一孔”理论，即天下所有的好处，天底下所有的利益，都要从由权力这个“孔”出来，由君主来赐予。他说：“利出于一孔者，其国无敌。……故予之在君，夺之在君，贫之在君，富之在君。”经济权力由国家统一掌握，这样的国家才强大无敌；国君用政策来决定百姓的贫富和生死，百姓就拥戴国君如日月，亲近国君如父母了。

在其他很多古文明当中，商业都是推动社会发展的重要动力。公元前3000年，中东的亚述人就开始签订商业合约，那个时候甚至出现了这样的合伙协议书：14个人集资26块黄金成立一个基金，交由一名叫阿穆尔伊斯塔的商人管理，这个商人也拿出4块黄金加入。基金时效4年，收益的1/3归这名商人。

而罗马人发明了法人制度，创造了公司的雏形。“在罗马法中，人是指能够拥有财产权，能够起诉和被起诉的任何个体。”“用法律保护个人权利，明确所有权归属，这些正是自由交易和市场形成的前提。也许正基于此，很多学者才把发明公司的荣耀归于罗马人。”“罗马的公司由合伙人共同出资，选举管理人经营业务。”[1]

古希腊梭伦（Solon）改革贯穿着一个基本精神，就是“重商”。梭伦采取了一系列保护工商业的措施，他颁布法令：来雅典定居的外邦手工匠人可以获得公民权，他还特别鼓励手工业品的出口。这些经济改革措施有力地促进了雅典经济特别是出口的迅速发展。

而大致与梭伦改革同时代的中国法家变法，几乎无一例外地“抑商”。商鞅制定了一系列歧视性规定，贬低商人的社会地位。他宣布“废逆旅”，即废除旅馆，使外出经商的人没有住处。他用重税限制农民弃农经商，指出“重关市之赋，则农恶商，商有疑惰之心”，加重关市税收，那么农民就会讨厌经商，商人也会有退缩之心。

因此中国多数朝代都对商人阶层设置了歧视性规定。比如西汉“令贾人不得衣丝乘车”，不能穿丝绸，到哪儿都得步行。晋代为了侮辱商人，让他们“一足着白履，一足着黑履”，一脚白鞋，一脚黑鞋，这样奇怪的穿着，就是让你看起来和正常人不一样。前秦皇帝苻坚规定“工商皂隶不得服金银、锦绣，犯者弃市”。规定商人不能穿金戴银，穿绸裹缎，否则杀头。唐代规定，商人及其子弟不能参加科举。朱元璋则规定，在穿衣方面，商人低人一等。农民可以穿绸、纱、绢、布4种衣料，而商人却只能穿绢、布2种料子的衣服。商人即使富可敌国，也没权利穿绸子。

三

记得我中学时读世界历史，课本上有一段是讲西方资本主义是怎么发展起来的，说因为欧洲的国王们很穷，打仗办事得向商人们借钱，钱借多了还不

---

[1]《公司的力量》节目组：《公司的力量》，山西教育出版社，2011，第10页。

起，结果国王们就被新兴的资产阶级控制，不得不制定有利于资本主义发展的政策。读了这些之后我大惑不解：君主怎么会被商人控制？抄了商人的家，商人的一切不就都是君主的了吗？西方的君主怎么那样笨？

其实我的想法是典型的中国人的思维方式。虽然私有制在中国起源很早，然而中国社会并没有真正确立起“私有财产神圣不可侵犯”的概念，溥天之下，莫非王土，率土之滨，莫非王臣。天下的一切，都是皇帝的。因此在中国古代王朝，产权比较模糊，有的朝代允许土地自由买卖，但是有的朝代规定土地必须由国家来分配，比如北魏和隋唐的均田制。这两种制度可以无缝切换，说明一切都在权力的任意控制下。

所以，传统中国不可能产生完善的产权保护制度。中国古代皇权不尊重私人产权，表现在很多方面。

第一，传统时代的皇帝，喜欢以“迁徙富豪”的方式来控制地方势力。我们读史书，经常会看到“徙天下豪富实京师”这样的话。确实，秦汉以来，皇帝经常通过把富豪迁到首都的方式，把地方上的强大家族连根拔起：“从秦以来，经常不断地徙天下豪富于京师……这些豪富都是大的土地占有者，把他们迁离家乡，定居京师，他们只能携带走自己所有的动产，而不能搬移土地。结果，他们所拥有的大量土地，便被政府没收。”[1]比如“始皇二十六年，徙天下豪富于咸阳十二万户”（《史记·秦始皇本纪》）。汉武帝“徙郡国豪杰及訾三百万以上于茂陵”（《汉书·武帝纪》）。明太祖建国不久，即下令迁江南民14万户到凤阳（朱元璋一度打算以凤阳为首都）。1391年，迁天下富户5300户到南京。1397年，又强迫各地富户14300余户迁到南京。[2]

富人被迁徙到首都，意味着一大家人不得不放弃原来的生活方式，放弃大量的土地，更别提漫长的迁徙路上老弱人口的生病死亡。这些举动用今天的眼光看，无疑是严重侵犯民众权利的行为，但是历代传统史家习以为常，均认为是雄才大略的举动，以为这样才能长治久安。

第二，传统时代皇室和政府的采购中，经常通过强买强卖的方式来占商

---

[1]傅筑夫：《中国经济史论丛》，生活·读书·新知三联书店，1980，第108页。

[2]蔡美彪等：《中国通史》（第八册），人民出版社，1977，第14页。

人的便宜。白居易的《卖炭翁》描述的就是唐代官府“和买”的过程，1000多斤炭，半匹红绡一丈绫就换走了：“一车炭，千余斤，宫使驱将惜不得。半匹红绡一丈绫，系向牛头充炭直。”明代衙门“和买”时，也仍然如此，只给一半的价格：“价但半给。如扇子值二钱者只给一钱，他物类是，铺户甚苦之。”商人虽然抱怨，但是毫无办法。这些现象，几乎历代都有，人们同样习以为常：人家提着脑袋打下了江山，还不让人家占点便宜么？

第三，一遇财政困难，国家可以公开掠夺商人财产。比如《旧唐书·卢杞传》记载：

> 河南、河北连兵不息，……乃……谋行括率，以为泉货所聚，在于富商，钱出万贯者，留万贯为业，有余，官借以给军，冀得五百万贯。上许之，约以罢兵后以公钱还……长安尉薛萃荷校乘车，搜人财货，意其不实，即行搒捶，人不胜冤痛，或有自缢而死者，京师嚣然如被贼盗。

因为战争频繁，财政紧张，所以有人请皇帝下令，天下富商，每个人最多只能留10000贯，多出来的，都要“借”给军队。皇帝同意之后，军队就开始公开搜捕商人，如果不交钱，就酷刑折磨，有人因此上吊自杀，整个京城如同被暴乱的军队抢劫了一样。

在传统时代，遇到财政困难，政府强迫富商捐款甚至扣发百官工资是经常上演的情节。比如晚清镇压太平天国的军费，相当一部分就是这样得来的。

除此之外，更别提国家政策朝三暮四，政策环境和法律环境极不稳定。

所以在传统时代，财富不能给一个人带来安全，因为它随时可以被权力剥夺。权力可以让一个人一夜暴富，也可以让他一夜赤贫。汉文帝病了，长了个疮，怎么也治不好，邓通就给汉文帝吸脓。汉文帝很感动，特许他可以冶铜铸钱，邓通遂一跃而富甲天下；过几年，汉文帝死了，汉景帝上台，很厌恶这个靠拍马屁上来的人，于是邓通就“家财尽被没收，寄食人家，穷困而死”。朱元璋时代一个有名的传说是，江南首富沈万三为了讨好朱元璋，出巨资助建了南京城墙的1/3，孰料朱元璋见沈万三如此富有，深恐其“富可敌国”，欲杀之，经马皇后劝谏，才找了个借口将其流放云南。沈万三客死云南，财产都被朱元璋收归国有。这个传说虽然被历史学家证明为杜撰，却十分传神地表现了朱元璋时代富人财富的朝不保夕的情形。

这就造成了一个中国特有的现象，在古代中国，如果想经商致富，就必须与权力结合起来，寻找权力的保护。“三代以下，未有不仕而能富者。”秦始皇开创新制度之后，中国人还没有不依靠政治权力而能巨富的。

所以从春秋至清代，“大商人毫无例外都是与政治有密切联系的寻租成功者”。“子贡……范蠡、段干木、白圭诸人，类皆赖政府上之地位，而干商贩之新事业。”[1]子贡、范蠡、段干木、白圭这样著名的商人之所以成功，其实主要是因为他们有政治权力。

《汉书·货殖传》载：

> （西汉）成都罗裒赀至千余万，……裒举其半赂遗曲阳、定陵侯，依其权力，赊贷郡国，人莫敢负。擅盐井之利，其年所得自倍，遂殖其货。

罗裒大手笔行贿权贵，借他们的威势来经商，所以才能巨富。

王毓铨研究明代私营工商业的发展发现，明代那些能赚大钱的大商人“不是一般的大商人，因为他们的商业活动不同于一般的商业经营。他们所凭借的主要不是资本而是封建特权和职权，他们所进行的完全不是公平交易而是用强豪夺，他们所获得的基本上不是商业利润而是豪夺的财富。只有他们，如皇亲寿宁侯张鹤龄，才能‘横行江河，张打黄旗，势如翼虎’。只有他们，如勋臣翊国公郭勋，才能‘水陆舟车皆悬翊国公金字牌，骚扰关津，侵渔民利’”[2]。清代也是这样。《红楼梦》中的薛蟠是清代“皇商”的典型代表，清代盐商无一不依靠政府给予的专卖权才能发财致富。

今天中国社会流行一句话，“经商要学胡雪岩”。高阳的小说《胡雪岩》也成为热门的畅销书，多次再版，销势不衰。

---

[1]钱穆：《国史大纲》（上册），商务印书馆，1994，第90页。
[2]王毓铨：《王毓铨史论集》（上），中华书局，2005，第609页。

那么，胡雪岩是怎么成功的呢？一句话：官商勾结。在官场上找到了过硬的靠山，因此被称为“红顶商人”。

胡雪岩本来是钱庄的一个小伙计，为人精明强干，很有心计。他看到困境之中的王有龄是一只官场上的潜力股，因此投资于他，为此甚至不惜丢掉自己的饭碗，由此二人结成生死之交。王有龄后来官场发迹，胡雪岩利用王有龄的关系，开设钱庄，收获了第一桶金。

后来，胡雪岩又看准时机，以精心的算计和巧妙的手段，靠上了左宗棠，进行大量的权钱交易，借官场势力，成为天下首富。然而“红顶商人”毕竟只是权力和市场交媾的私生子。他成因为攀附权力，败也因为攀附权力，最终成了左宗棠和李鸿章权力角逐的牺牲品。胡雪岩破产之后下场是很惨的，连基本生活都不能保障，在绝望中痛苦地死去。

四

中国商人的地位在人类历史上是比较特殊的，很少有国家如同中国这样，用“士农工商”的排位，将商人列为社会等级的最低一等，并且在生活享受标准、子孙读书就业等方面进行公开性的歧视。即使同样处于东亚汉字文化圈的日本，因为没有形成大一统的政治结构，商人地位也与中国不同。

埃德温·赖肖尔（Edwin Reischauer）说因为中国经济体量的巨大，本来能自然地产生规模巨大的民营企业，但是由于政府的刻意打压，导致这样的企业无法出现：“从财源上看，中国本来有希望出现新的事业，但是力量强大的中央集权政府课税过重，吞噬民营事业以为国家垄断的例子在历史上屡见不鲜。这样一来，个人和集团的自发热情完全被政府熄灭，阻止和妨碍了创建高效率的强大企业。”[1]

---

[1]赖肖尔：《近代日本新观》，生活·读书·新知三联书店，1992，第41页。

日本的诸侯也不是不想把商人阶层完全控制在自己的权力之下，任由自己操纵，只是因为封建体制下集权不够，统治者无力控制商人，甚至经常被商人控制。所以和欧洲一样，日本也出现了“大阪商人一怒，天下诸侯惊惧”这种在中国完全不可想象的情景。因此，在诸侯割据的时代，因为政治权力的松散，日本传统商品经济程度反而很高，商人更有安全感，更愿意扩大投资，更容易影响诸侯的政治决策。这是明治维新时期日本经济实现顺利转型的一个历史基础，也是日本企业家精神的一个生长基础。“把日本的商人，特别是富裕农民与中国比较时，他们比由政府征收企业和课以重税的中国商人、农民具有更大的安定感，其结果培植了日本商人和富裕农民今天所谓的企业精神。他们肯于为产业和商业进行长期投资，反之中国商人和农民则醉心于通过高利贷和单纯的商业交易，取得短期的利润，同时大多把剩余利润用来购买土地，认为这才是唯一安全的长期投资方法。”[1]

这一点和欧洲很像，政府权力的涣散是欧洲商业精神生长的前提条件之一。赖肖尔说，欧洲缺乏强大的中央集权，因此也培养了高度的企业精神，让人们敢于进行长期投资。所以他说，“欧洲和日本一样，是从多样性的封建体制和充分发展的社会结构的母胎中诞生的”，“在促进日本迅速近代化的诸因素中，有许多因素恐怕也是欧洲近代化的重要因素”。[2]

---

[1]赖肖尔：《近代日本新观》，生活·读书·新知三联书店，1992，第41页。

[2]同上书，第43页。

第三十五章
中国历史上的官营传统

一

在中国历史上，阻碍民营经济发展的，除了文化上的贱商因素外，还有官营工商业的传统。

早在周代，中国就实行“工商食官”（《国语·晋语四》）制度。什么意思呢？就是手工业和商业要国家来经营。当时的政府建立了大量手工业作坊，并设“工官”管理。工匠的吃住由政府提供，所谓“官廪之”。要按政府的要求生产各种东西，“物勒工名，以考其诚，工有不当，必行其罪，以究其情”（《礼记·月令》）。制造出来的东西上要刻上工匠的名字，如果质量有问题，就要治罪（后世明代的城砖，上面也刻着工匠的名字，目的与此相同）。至于商人，“府藏皆有贾人，以知物价”。官府有专门的官商负责采买等事。

当然，关于周代的这些制度描述过于规整细致，显然是经过了后世的加工，不见得完全可信。但是至少从春秋战国开始，政治家们就不断论述通过国家垄断经济控制民众的意义。管仲除了“利出一孔”理论外，还提出了“官山海”的思路，即由国家来垄断和经营自然资源（“山海之利”）开发的理论。他开创了盐铁专营制度，目的一是“塞民之羡，隘其利途”，即通过垄断堵塞民众致富之途，以控制国民经济。因此他规定，所有食盐都必须由政府统一收购，统一运输，统一定价销售，即“官收、官运、官销”。据说齐国由是富强，称霸诸侯。

汉代初期，一度奉行黄老无为之治，放松对民营经济的管制。结果经过文景之治的休养生息，经济迅速恢复，全国形成关中、巴蜀两大商业城市群，成长出了一些全国性的商业大都会，著名的是“五都”，即洛阳、邯郸、临淄、宛、成都。一大批大工商业主崛起，或经商，或开矿，家业万贯，实力相当雄厚。司马迁《史记·平准书》中说：“富商大贾或蹛财役贫，转毂百数，废居居邑，冶铸煮盐，财或累万金。”就是说，富商大贾有的大量役使贫民，前呼后拥，车乘百余辆，囤积居奇；有的冶铸煮盐，家财积累到万金。这一时期，冶金业、制盐业和铸币业都相当发达，工匠们用高炉炼铁的方法已经非常普遍。西汉时期，中国“在生产技术的造诣上，在钢的产量和质量上，比之18世纪英国工业革命时钢铁工业所达到的水平，并无逊色，但是中国却早了两千年……”[1]。这一时期市场经济秩序的自发生成和扩展，似乎预示着市场规律会不断冲破各地和各种各样的“布罗代尔钟罩”（the Braudel Bell Jar），从而导致中国的经济增长、科技进步和社会繁荣。[2]

然而民营经济的迅速成长，却令政府非常紧张。《盐铁论》中这样描述民间工商业的发展对政权的威胁：

> 今夫越之具区，楚之云梦，宋之钜野，齐之孟诸，有国之富而霸王之资也。人君统而守之则强，不禁则亡。齐以其肠胃予人，家强而不制，枝大而折干，以专巨海之富而擅鱼盐之利也。势足以使众，恩足以恤下，是以齐国倍而外附。权移于臣，政坠于家，公室卑而田宗强。今山川海泽之原，非独云梦、孟诸也。鼓金煮盐，其势必深居幽谷，而人民所罕至。奸猾交通山海之际，恐生大奸。

春秋战国时期，之所以会出现王权削弱、公卿大夫力量增强的局面，是因为公卿大夫掌握了“山泽之利”，开矿煮盐使他们有了强大的经济实力，最终独霸一方，架空了王权。如果听任民营经济发展，大商人的势力足以纠集大量

---

[1]傅筑夫：《中国经济史论丛》，生活·读书·新知三联书店出版社，1980，第198页。
[2]参考韦森《法治缺位与市场自发扩展：皇权专制体制下中国市场经济两千多年中的周期性兴衰》，《2007年全国法经济学论坛文集》，2007。

民众，就会挑战官府权威。特别是开采矿藏的地点，往往都是高山大谷之中，在这些政府监控不到的地方，如果聚集数万人，将严重威胁政权稳定。因此他们建议中央直接掌握社会的经济命脉，以防不测事件发生。

所以汉武帝为了更好地控制社会，再一次实行大规模“铁盐官营”政策，将原由豪富占有的矿山和产盐滩灶收归国家，由官府直接组织盐业和铁器的产供销。[1]当然，官营的另一个目的是获得更多的财政收入，所以垄断性的官营企业在汉代大量出现。

也因此，官营企业的弊端在汉代就已经显露无遗。

我们先来看铁器。据当时的历史资料，铁器官营在汉代覆盖得非常普遍。这一方面对私营冶炼业造成了毁灭性打击，打断了冶铁业的良好发展势头，另一方面也给民众生产带来极大不便。主要体现在以下几个方面。

第一，产品设计不合理。“县官鼓铸铁器，大抵多为大器，务应员程，不给民用。”公共选择学派认为，官僚主义的解决办法必然使社会资源的使用效率降低。因为如果官营工商业的利益不能直接进官员的口袋，他们就没有足够的动力优化产品。事实也正是这样，汉代的官营生产，为了自己方便而不是百姓方便，不考虑百姓各地需要的多样化，产品统一规格，全国各地用一个模子生产，“多为大器”，又大又笨重。

第二，官府生产的东西质量差。因为工人，也就是“卒徒”，缺乏责任心，为了节省时间，常常不按规范操作，只顾赶时间凑数量，所产“多苦恶”，质量严重下降，“民用钝弊，割草不痛，是以农夫作剧，得获者少，百姓苦之矣”。割草都割不动，严重影响生产效率。

第三，官营的商店，好坏不能挑选，拿给你什么就是什么。更可气的是有时候走半天山路进城，还经常碰上“关板了”，或者虽然营业，但销售人员开小差，常常找不到人，“善恶无所择。吏数不在，器难得”。

第四，因为官产铁器质量差，价格高，老百姓只好退化到用木头农具耕地，用手去除草，“贫民或木耕手耨”。然而一旦官铁滞销，政府就强卖强

[1]根据出土的汉代封泥中记载的盐官、铁官情况，西汉时期的盐铁官营政策覆盖了全国各地。

买，强迫摊派，《汉书·食货志》记载："郡国多不便县官作盐铁器，苦恶，贾贵，或强令民买之。"这给百姓带来沉重负担。

除了工业官营，汉代商业也有一部分是官营的。这就是汉武帝时的"均输平准制度"。汉武帝在长安设了一所"国立贸易局"，网罗天下货物，"贱则买，贵则卖"，叫作"平准"。大体而言，就是凭借强大的国家资本，介入商品的流通买卖，既要打击富商囤积居奇，以稳定物价，"万物不得腾跃"，又要赚取差价发大财。

政策一出，官员权贵纷纷自告奋勇来为国家服务，为朝廷敛财。他们跑到街上，"坐市列肆，贩物求利"，"因乘富贵之资力，以与民争利于下"，不惜自降身份来当商人，凭借自己的地位和财力，与民争利。结果"豪吏富商积货储物以待其急，轻贾奸吏收贱以取贵，未见准之平也"，物价越来越高。本想缩小两极分化，但结果反而是权力与经济相结合，官吏利用手中权力经商致富，促使社会分化更加严重："公卿积亿万，大夫积千金，士积百金"，"今欲损有余，补不足，富者愈富，贫者愈贫矣"。[1]再好的初衷，如果没有合理的制度设计，最终得益的总是官僚权贵，受损的总是老百姓。

二

至于盐业官营，也存在很多弊端，最主要的是生产、销售成本都迅速上升，盐价迅速上涨，老百姓吃不起盐，"土梗淡食"，只好退化到吃那些有点咸味的土和草梗，或者干脆不放盐。

关于汉代盐业经营的弊端，留下的具体记载不多，最透彻的讨论发生在唐代。唐穆宗长庆元年（821年），韩愈与户部侍郎张平叔争论食盐到底是由民间自由销售好，还是由官营好。韩愈说，首先，民间自由销售好处很多，不论

[1]冯渝杰：《公私产权制视野下的西汉盐铁专卖之争》，《中国社会经济史研究》2017年第1期。

多么穷乡僻壤，只要有需求，商贩就可以送盐上门。而官营服务不可能这么到位，偏远山村没法买到盐。“乡村远处，或三家五家，山谷居住，不可令人吏将盐家至户到。”

而且最为关键的是，官府的吏役是“公家人”，是国家工作人员，是“干部”，即使他们“送盐下乡”，去“送温暖”，结果也势必给百姓增加负担。为什么呢？因为吏役“到村之后，必索百姓供应，所利至少，为弊则多”。到了乡里，一定要乡干部招待，大吃大喝，临走还要拿上各种土特产。这些费用，乡干部最后还是要摊派到百姓头上。

其次，商人经营方式灵活，农民随便拿什么都能换到盐。韩愈解释说：“所在百姓，贫多富少，多用杂物及米谷博易。盐商利归于己，无物不取，或从赊贷升斗，约以时熟填还。用此取济，两得利便。今令州县人吏坐铺自粜，利不关己，罪则加身不得见钱及头段物，恐失官利，必不敢粜。”

因为民间商品经济不发达，百姓手中现钱很少，所以习惯用农产品换盐。商人什么东西都要，杂物及米谷等都能换盐，还可以赊销，百姓非常方便。而官府卖盐，经办的吏役就没有这样体贴民情，他们“利不关己，罪则加身”，只收现钱，百姓不敢赊销。这样，很多百姓就吃不上盐了。

最后，凡事一经官府介入，就肯定要设定目标，建立考核，在极端情况下，官员为了完成任务，只能强迫百姓购买。“若据口给盐，依时征价，办与不办，并须纳钱。”不管你买不买盐，都得按人口交钱。交不上的话，就动用政府强力抓人，“官吏畏罪，必用威刑……百姓转致流散”。百姓无钱还债，只有逃亡一条路。[1]

从汉代到唐代的史料证明，官营工商业垄断相对于民营自然经济在很多方面是倒退的。傅筑夫说，正因如此，盐铁官营阻断了中国民营工商业健康发展之路：“（国家）经营的目的并不是要发展这些工业，而是借以剥削消费者，以增加财政收入，同时达到重本抑末（即工商）的目的。这样一来，最有大量发展可能的工业部门被政府垄断，则一般商品经济自然就难以发展了。”

---

[1]参见汪圣铎《重读韩愈的〈论变盐法事宜状〉》。

事实也正是如此，汉武帝的盐铁官营等政策，严重打击了“文景之治”培育出来的繁荣的民间工商业，不过政府确实因此获得了大量的财政收入。因此，汉武帝的做法对后世中国社会历史起到了示范作用，以后历朝此类政策一再重复实施。“从而对中国社会内部市场经济的自发扩展和经济增长的斯密动力机制的形成，创生并沿存下来一种非常有效的束缚和制约机制。”[1]

三

汉代以后，各个朝代通常都很重视官营经济，官营工商业在很多朝代都保持着庞大的规模。在北朝，专门从事手工业生产的工匠被编为伎作户。在东晋和南朝也有大量官营手工业作坊和工场。北宋设有很多专门的政府部门，比如少府监、将作监、军器监等来管理官营手工业。其中军器监分东西作坊，下属51作，拥有工匠7900多人。少府监分文思院、线锦院、染院、裁造院、文绣院等5个部门，其中仅文思院就领有42作，工匠之多，可以想见。[2]

当然，宋代仍然是整个中国商品经济最为发达的一个朝代，在官营企业保持巨大规模的同时，民营经济也非常活跃，创造了大量的财富。宋太宗时，一年的商税总额达400万贯，此后一直保持在1000万贯上下，商税成为国家财政收入的一项重要来源。

虽然民营经济为国家财政做出如此巨大的贡献，但是很多政治家仍然对民营经济的发展持负面的看法。比如王安石就这样批评民营经济的发展：“阡陌闾巷之贱人，皆能私取予之势，擅万物之利，以与人主争。黔首而放其无穷之

---

[1]韦森：《法治缺位与市场自发扩展：皇权专制政制下中国市场经济两千多年中的周期性兴衰》，《2007年全国经济学论坛论文集》，2007。

[2]王海明：《试论中国古代工商业及其经济权力官有制》，《华侨大学学报（哲学社会科学版）》2016年第3期。

欲。”那些出身贫贱的商人都能操纵市场，获得垄断利润，让无数百姓来给他们服务，从而满足自己的无穷欲望，过着穷奢极欲的生活，甚至比皇帝还要排场，真是是可忍，孰不可忍！更主要的是，财富大量掌握在民间，而政府却没有钱花，这更让手握权力的官员们心理不平衡。

因此到了王安石变法时期，王安石自然又一次瞄上了民间财富，打着“抑兼并”、促进社会公平正义的旗号，向民间的“大农”“富工”与“豪贾”等大的土地经营者和工商户开刀，以增加国家的财政收入，解决朝廷的财政困难。

他设置专门机构“市易务”，建立官营商业，希望由国家垄断巨额商业利润。然而“市易法”和王安石的其他新法一样，在执行中很快变形走样。主持市易务的官员吕嘉问一心追求政绩，尽量创收，商人只要出入城门，一二顶头巾、十数把木梳、五七尺衣布，无不须先交税金。官营商业动用一切手段打击敢于和市易务争抢买卖的市井商人，小则鞭笞，大则收监。

市易务虽然剥夺了大商人的垄断权利，却建立起官府的垄断经营，在朝廷资本的支撑下，很快演变为最大的垄断商，垄断一切市场，以至连水果芝麻梳朴之类的小商品也不放过，“挟官府而为兼并之事也”。

这些严重损害了中小商人的利益。市易务获得了巨额利润，但汴梁市场日益萧条，商户零落，过往商旅都不敢进入都城，“竞由都城外过河”，远远地绕行而去。

这些情景在汉代已经发生过，在宋代又一次完整重复。

王安石青苗法的本质也是由国家垄断贷款市场，打击民间的高利贷。初衷虽好，但是由官僚体系凭权力推行，结果自然是官员强行摊派贷款。富户不愿借贷，当地官府便结罪申报，加害于人；贫穷百姓还不上贷款只好卖田卖地，以致民不聊生。

王安石变法确实取得了一定的成绩，然而这些成绩只局限于“富国”，而不是“利民”。政府通过青苗法“岁收息三百万贯”；市易息钱并市利钱“总收百三十三万二千缗有奇”，据说通过变法获得的财富“可以支二十年之用”。但核诸史实，这种累千巨万的财富大部分是来自对民间财富的剥夺，民众利益受到很大损害。

因此我们就能理解，为什么会有传统史家说“北宋亡于王安石变法”。王安石之后的北宋当政者，分为支持变法的新党和反对变法的旧党，两种势力陷入长期而激烈的党争。著名的“奸相”蔡京，是继承王安石衣钵的著名新党人物。他最初是王安石变法的得力干将，当政以后也效法王安石，继续通过搜刮民间财富的方式支撑朝廷财政运转，为此改盐法和茶法，铸当十大钱。为了满足皇帝的欲望，他又设应奉局和造作局，大兴“花石纲”之役。这些举措毫无疑问加速了北宋的灭亡。[1]

因此，韦森总结说，自西汉以来，中国经济一直沿着一个封闭的圈子遵循：新王朝建立，减轻税负，放松管制，商品经济获得一定恢复和发展，出现繁荣。到了这个阶段，朝廷就害怕了，往往就要强制推行官营工商业制度，以“重本抑末”，导致工商业发展受到打击，工商业的发展因此受到制约，财政也陷入困难，只好加重对农民的聚敛，于是农民起义，推翻王朝，从头再来……

[1]无论如何，宋代还是中国商品经济最为自由的时代，王安石的改革虽然本质上是为了增加财政收入，但毕竟进行了认真的顶层设计。到了明代，中国社会治理出现重大倒退，皇帝们不愿意动脑筋设计王安石这样复杂的制度。他们的方法更为简单，就是只开办官营工业，但是不付工资。具体做法是通过户籍制度，专门设立匠籍，工匠这个职业代代世袭，每年都要无偿地为官营工业服役，一分工资不出。明初全国名列匠籍的工匠近30万，无偿地为国家工作。明初匠户分为坐匠和轮班匠两种。坐匠每年要为官府免费服役120天，并须连家带小迁至工场所在地。轮班匠则每三年服役90天，“从服役时间看，只有住坐匠的四分之一，但他们须奔波往返，荒废时日，对自营事业冲击极大。他们完全是无偿劳动，往来须自筹旅费，在服役期间也不给报酬，要自带薪粮。往往两年的自营，只是弥补当班年的亏空。实际上，它比住坐制度，扰民害民更甚，而工匠的失班、逃亡，也更为剧烈”（许涤新、吴承明主编：《中国资本主义的萌芽》，人民出版社，1985，第119页）。这种情况到明代中期才结束。

第三十六章
中国古代城市与欧洲自治城市

一

亚里士多德在《政治学》一书中对古希腊的“理想城市”进行了描述。他说，城市内部设计最重要的是健康和卫生。事实上，古希腊城市中也确实出现了人类历史上最早的体育场和疗养设施。在古希腊繁盛时期，著名建筑师希波丹姆斯的设计思想强调与自然协调，城市的边界以山或者海为界，城墙的形状是不规则的，目的是人与自然环境间的关系不受破坏。[1]

而中国城市的建设原则是“整齐”。《周礼·考工记》这样描述理想的都城制度：“匠人营国，方九里，旁三门。国中九经九纬，经涂九轨，左祖右社，面朝后市，市朝一夫。”[2]特点是方方正正，棋盘式布局，突出政治需要，“非令壮丽，无以重威”。高大的城楼和宫室，是为了突出政治上的威严和压制。

同样，到了中世纪后期，西方城市精神与中国古代城市的建设原则仍然有着极大反差。西方中世纪的自治城市基本都是经济原因自发形成的，是“无规划城市”，中国古代的所有城市却都是政治性的，是“规划城市”，作为首都、省级、县级行政机构所在地而出现。在唐朝，中央政府明令“诸非州县之

---

[1]黎丽：《中西方城市规划理论中人本主义思潮的演进及比较研究》，硕士学位论文，重庆大学，2013。

[2]周代城市要求按照严格的等级制：天子王城方九里，诸侯的国都方七里，侯伯的城方五里，子男的城方三里；王城城墙高七丈，诸侯的五丈，大夫的三丈。

所，不得置市”，在州县政府所在地之外，不许出现自由集市，因此也不会产生经济性城镇。而西方中世纪的城墙大都是市民自己集资建造的，中国城墙则是国家以征发劳役的方式建造的。和上古时一样，中世纪欧洲城市多呈不规则的形状，而中国城市布局一直都是正南正北，四四方方，处处体现规矩意识。

西方中世纪的自治城市精神是“自由”，而中国古代城市精神是“控制”。宋代以前，中国城市长期实行“里坊制”，目的是对城市居民进行严格的束缚，便于管理。因此，如果穿越回大唐长安，你会惊讶地发现，号称“开放”的唐朝，城市生活居然是高度封闭的。长安城内分成了100多个里坊，每个一里以上见方的街区都用高大的夯土坊墙围起来，如同一个小城，只在四方开4个门，居民想要上街，必须经由四门。长安城内绝大多数地方不许开设商店。整个巨大的城市之内只有两个市场。炒个菜炒到一半，发现没盐了，你没有选择，只能到东西两市去买。假如你住在长安城内偏南的丰安坊，那么距离最近的是西市，你需要走上整整6里地，来回就是12里，才能买到一包盐。而且出门前你还得注意一下时间，因为两市不是全天营业，而是每天中午12点到太阳落山前7刻才营业。所以《卖炭翁》中才说：“牛困人饥日已高，市南门外泥中歇。”为什么太阳已经很高，还在市场外面待着不进市场呢？因为还没到中午，没有开门。

为了便于控制，唐代还实行夜禁，也就是宵禁制度。每天黄昏，街鼓响起，每个里坊的四门都要关起，禁止人们出入，“六街鼓绝行人歇，九衢茫茫空有月”。长安各条大街上人声绝迹，直到第二天黎明，坊门才可打开。夜禁期间，城中禁军整夜在城内巡逻，捉拿违反夜禁的人。要是天已经晚了，你外出办事还没赶回家，怎么办呢？只能随便找个犄角旮旯蹲一宿。如《太平广记》中有一段描写，“（张无是）因行街中，夜鼓绝门闭，遂趋桥下而蜷”，只能跑到桥下面蜷缩着忍了一夜。

夜禁制度在中国源远流长，《周礼》中即已有记载。《周礼·秋官司寇》列“司寤氏”一职，“掌夜时，以星分夜，以诏夜士夜禁，御晨行者，禁宵行者，夜游者”，专门负责夜禁事宜。

由此可见，从上古到中古，中国社会的方方面面一直是由国家严格控制的，即使是最开明的唐代也是如此。直到宋代，才出现大规模“破墙开店”的情况，导致城市商业功能发展。但是之后的朝代也常会出现整治“开墙打洞”等情况，里坊制实际上到清末才算彻底废除。

因此，中国的城市的意义与西方完全不同。马克斯·韦伯（Max Weber）指出：“在统一的共同体意义上，西方世界之外不存在城市。在欧洲中世纪，城市的明显特征是具有自己的法律、法庭和自治的行政。在受法律的支配并且参与选择行政官员的意义上，个人是公民。在政治共同体的意义上，西方之外没有城市。”

二

实际上，中国传统政治的原则从来都不是放任，而是控制。这一点在朱元璋设计的明代制度当中体现得最为明显。为了大明王朝的永远稳定，朱元璋采取了一系列让社会固化的措施。

大明王朝实行严格的职业世袭制，在把人口分门别类后，朱元璋又建立了中国古代史上同时也是世界古代史上最严厉周密的户口制度。全国山陬海隅，每村每乡，每个人的个人信息，都被国家机器清楚掌握。在大明王朝，每个人一生下来，就会被政府登记在户口本上，每10年进行一次户口信息更新。长成之后，子承父业，一辈子不许随便迁移，不许随便改变职业。“如今士农工商都要各守本业，医生和算卦的只能在本乡活动，不得远游。”如果你因为天灾人祸在出生地生活不下去，逃往他乡了，那么“地方有关部门必然穷究你逃到何处，行文到那里，令当地官府捉拿你回原籍，依大明律问你的罪，命令你依然老老实实在原地居住，从事原来的职业”。

刚刚登上皇位不久，朱元璋就从全国各地调集专家学者到南京，在他的亲自指导下开始为天下每一阶层的人制定生活准则。当时制定了诸如《大明集礼》《洪武礼制》《礼仪定式》《大明礼制》等一系列规章制度，这些制度主要包括以下这些内容。

一是规定了全国百姓如何穿衣。朱元璋对上自天子、亲王、文武百官，下至老百姓的衣服样式，都做了明确而严格的规定。这些规定从样式、颜色、花纹、料子，到衣袖的长度、开衩的高度，几乎无所不包。

除皇族外，官员百姓的衣服上不能绣飞鱼、大鹏、狮子等图案，不许使用黑、紫、绿、柳黄、姜黄、明黄等色。

洪武三年（1370年），他规定老百姓不许戴“四带巾”，要用“四方平定巾”。到了洪武十四年（1381年）又规定，农民只能穿绸、纱、绢、布4种衣料。而商贾则只能穿绢、布两种料子的衣服。农民家里有一人做生意的，则全家不许穿绸穿纱。洪武二十二年（1389年）还规定农民可以戴斗笠、蒲笠出入市井，不搞农业的则绝对不可。洪武二十五年（1392年），因民间有人违禁，做靴子时绣了花纹，皇帝专门下令，严禁普通老百姓穿靴子。唯北地苦寒，许用牛皮直缝靴。

二是规定了全国各级别人士的居住面积。皇帝规定，公侯级别的人，可以住七间、九架的房子。一品、二品，可以五间、九架。司长级，可以五间、七架。六品至九品，可以三间、七架。

洪武二十六年（1393年）规定，老百姓的房子，不过三间、五架，不许用斗栱，不许饰彩色。

三是又对其他一些生活细节做了规定。比如洪武二十六年规定，公侯级，一品、二品级的官员，喝酒时可以用金子做的酒壶。三品至五品，只能用银子做的酒壶。没有级别的普通百姓，只能用锡酒壶。

其中最有意思的规定，是对妇女们发型的严格要求。洪武五年（1372年），皇帝下令，民间没出嫁的姑娘，“作三小髻，金钗”，而丫鬟们“高顶髻，绢布狭领长袄，长裙”，小丫鬟“双髻，长袖短衣，长裙”。

今天的读者看到朱元璋以皇帝之尊，却像一个严厉而认真的中学校长，花这么多心思管理百姓穿衣戴帽，也许会感到可笑和不解。然而在朱元璋看来，这却是无比严肃的事。他认为这绝不是为了一己的兴趣，而是关乎帝国兴亡的重大问题。

裤脚做得小一点，皮靴上绣上花样，初看起来，不过是个人爱好问题，但仔细一想却不然。因为透过衣服、皮靴等日常生活细节，也可以看到“顺民”与“乱民”两种思想倾向的激烈斗争。所以，朱元璋把让人们明白自己的身份当成关系国家存亡的大事来抓，他认为，只有礼仪明确了，上下之分才定，这样天下才能安定。

三

中国传统社会，一方面民营经济受到官营经济的挤压，另一方面，民营经济内部也存在着等级制度。

如前所述，欧洲自由城市内，所有人的地位都是平等的。工人和店主之间也没有尊卑之分。“在工人即所谓帮工与行东之间，除了由于在财产或地位方面的小小的并且常常是暂时的不平等所造成的差别以外，再无其他的差别，两者都受过相同的职业训练。工人在与他的行东的女儿结婚的那一天，以及在他聚集了自行开业所必需的小量资本的任何时候，他就可以成为行东。帮工可以自由地从事工作；他仅仅受一个具有一定期限的契约的约束。”[1]

而中国城镇民营工商行业，师傅与学徒、主人与雇工之间的关系等级森严。明清时代法律规定，“雇工人”不是“凡人”，也就是说，他们在法律上不是自由人，他与雇主是“主仆名分”。雇主可以任意处罚雇工，雇工必须遵守雇主的家法，即使受虐待也没有告发的权利。《大明律》规定，雇主殴打雇工，只要不出现骨折以上的重伤就不追究：“若家长及家长之期亲若外祖父母殴雇工人，非折伤勿论。”而雇工如果骂一句雇主，都要判刑：“若雇工人骂家长者，杖八十，徒二年。”[2]

西方中世纪城市中的学徒，也有一定的人身自由的法律地位。13世纪的《巴黎羊毛织工行会章程》规定：“对于学徒他（匠师）应该供应适当膳食，像对上等人的儿子一样，并应给予衣履。倘使他不遵照办理，学徒可以另找

[1]布瓦松纳：《中世纪欧洲生活与劳动》，商务印书馆，1985，第216页。
[2]杨师群：《明清城镇不存在资本主义萌芽——与西欧中世纪城市的比较研究》，《浙江社会科学》2005年第1期。

匠师。”[1]

在传统中国，学徒除了学习技艺外，更要为师傅干一些家务活，动不动就受打骂，等同于一个仆人。俗语说“徒弟徒弟，三年奴隶”。还出现了“学三年，帮一年”的规矩，其实这就是变相延长学徒期限。吃饭的时候要给师傅师母盛饭，要等到师傅师母吃完的时候才能吃。

因此，中国古代城市中的工商业与欧洲自治城市的工商业代表着两种完全不同的制度结构。虽然明朝后期因为政治腐败、朝纲废弛，国家不自觉地放松了对市场经济自发成长的约束，导致明后期经济急剧繁荣，江南一些城镇中还出现了较大规模的手工工场，但是手工工场与资本主义并非同义词。中国过于强大的中央集权制度、对产权保护的不力、过高的交易成本（如赋税太高，官僚体系通过腐败汲取过甚等）、法治的不完善，都是资本主义的严重障碍。仅有“雇佣劳动”“私营手工作坊”，并不足以称之为资本主义萌芽，事实上这些早在中国汉代就已经出现了。

李伯重说，中国不存在所谓的“资本主义”萌芽，之所以出现这一说法，是一些中国学者基于“别人有，我们也有”的“争气”心态引起的对西方的比附。[2]

---

[1]郭守田：《世界通史资料选辑·中古部分》，商务印书馆，1981，第136页。
[2]李伯重：《“资本主义萌芽情结”》，《读书》1996年第8期。

第三十七章
统一国家和全球化的开始

一

前几章我们分析了为什么在西方，商业发展能导致自治城市的出现，而中国却不可能。

自治城市的出现非常重要，它产生了两方面的重要影响。

首先，它助推了中央集权民族国家的出现。

在罗马帝国崩溃后，欧洲的历史发展开始重复中国的历程，只不过时间比中国晚了1000多年：中国在公元前1000多年就建立起了完备的封建制，而欧洲直到公元后几百年才建立起来。欧洲的封建制和中国周代一样，实行层层分封，大领主把自己的土地分封给小领主，小领主再将封地分封给更小的领主，最后分封到骑士。封臣在自己的领地内拥有完整的权力，领主干涉不了。欧洲国王和贵族之间的关系，并不是如周代那样建立在血缘关系基础之上的，除非国王本身拥有非常强大的武力，否则基本拿贵族们没办法。比如12世纪的法国，国王的权力仅限于“法兰西岛”的一小块地方、自己的封臣们，安茹伯爵和诺曼底公爵（也就是英王）、布列塔尼亚公爵、勃艮第公爵根本没拿国王当回事。[1]这些情景，跟中国春秋战国时代“八佾舞于庭”“三家分晋”之类的僭越乱象相同，国王们也只能徒唤奈何。

因此在中世纪，民众只知有领主，不知有国家，没有对国家产生归属感，没有所谓的“民族情感”之类的特殊情感。[2]传统国家政治中心的行政控制能力有限，只有边陲而无边界。这些也与中国春秋时代类似。

中国在公元前221年就由秦始皇完成了中央集权，实现了大一统国家。而欧洲是直到中世纪后期才开始建设中央集权的统一民族国家。

中世纪后期，随着经济的发展，自治城市的出现，国王们发现他们有办法来加强自己的权力了，那就是向财力雄厚的自治城市中的商人借钱买武器，打服手底下这些贵族。

然而欧洲的商人见到国王，可不是叩头如捣蒜，双手奉上金钱，他们是要谈条件的。国王借钱也和普通人一样，需要担保和抵押。其中王冠是最为理想的抵押品，因为体积小、价值高。“1341年，英王爱德华三世及其妻子许多王冠中的5个，在布鲁日、安特卫普、特里尔和科隆之间流传。1418年，饰有珠宝的四个大花饰被从法国国王的王冠上拆卸下来，抵押给巴黎和意大利的一群金融家，以换取73000李特尔的贷款。”不但王冠会被抵押出去，甚至国王本人或他的大臣也会被作为抵押贷款的人质。如果你还不上钱，那么就要被软禁起来。“1294年，巴伐利亚的三位维特尔斯巴赫公爵因为欠债而被扣押在雷根斯堡。在尼德兰战争期间，英王爱德华三世不得不多次把他主要的高级教师和权贵抵押出去，1340~1341年，德比伯爵和北安普敦伯爵作为爱德华债务人的人质，在马林和卢万被扣押了几个月。”[3]

---

[1]同时，和中国先秦时封建关系比较整饬不同，中世纪欧洲的封建关系有点乱。比如亨利二世既是英格兰国王（1154~1189年在位），也是法国的诺曼底公爵（1150年起）、安茹伯爵（1151年起）和阿基坦公爵（1152年起）。哈布斯堡家族巅峰时期则领有德意志、意大利、尼德兰（荷兰）的封地。很多土地，今天归这个领主，明天归那个，国家的所谓疆界也是经常在变动中。德意志民族在中世纪干脆就长期不统一。因此，中世纪的国家和今天所说的国家不同，是一个组织松散、定义模糊且不稳定的实体。

[2]岳蓉：《“英国民族国家的形成”研究述评》，《史学月刊》2002年第8期。

[3]梁发芾：《征税的中国皇帝与借债的欧洲国王》，《新快报》2011年8月15日。

国王们肯如此卑躬屈膝，是因为能从中得到巨大好处。能借到钱就意味着能打胜仗。随着战争的胜利，他们获得了越来越大的权力，最终变成中央集权的国家元首。比如在西班牙的统一过程中，自治城市对国王的资助就很重要。“西班牙君主曾与城市结盟，联合对付桀骜不驯的大贵族。”[1]“欧洲君主新权力的获得，极大程度上取决于同新兴的商人阶层的非正式联盟。”[2]

除了借钱，自治城市还在其他很多方面给了国王有力的支持。在庄园里只有农奴和工匠，而自治城市里却有各种各样的人才：“自治市的自由民向君主提供财政援助和管理才干，成为国王的内侍、监工、账目保管人和皇家造币厂经理等。”[3]

自治城市愿意资助国王，是因为贵族是国王和商人共同的敌人。有支持自然有回报，国王对商人的回报是废除各种苛捐杂税，“废除了五花八门的地方自治政权，这些地方自治政权各有其自己的关税、法律、度量衡和货币”[4]。

因此，统一民族国家出现后，除了君主之外，商人阶层是最大的受益者。

民族国家内部市场统一，重重贸易障碍被破除，为经济进一步迅速发展扫清了障碍。因此，由分散的封建制转变为民族国家，是欧洲崛起过程中的重要一步。

同时，也正是在转变为统一民族国家之后，欧洲国家才能集全国之力，做一些以前无法想象的大事。比如资助海外冒险事业，支持海外扩张。西班牙在完成统一之后第二年就资助哥伦布出海，这并不是时间上的巧合：“这些强大而新兴的政治实体在调动从事海外冒险事业所必需的人力物力资源方面是必不可少的。早期探险者虽然绝大多数是意大利航海冒险家，但他们的资助者都是新兴的民族君主国，而不是他们的家乡、微不足道的城邦，这一点绝非偶然。西班牙和葡萄牙朝廷给哥伦布和达·伽马以大力支持，英国和法国朝廷也紧随

---

[1]张卫良：《试论15—16世纪西班牙君主专制制度的特点》，《杭州师范学院学报》1993年第5期。

[2]斯塔夫里阿诺斯：《全球通史》，北京大学出版社，2005，第283页。

[3]同上。

[4]同上。

其后热情地支持卡伯特、韦拉扎诺及其他许多航海冒险家。”[1]

因此，铁器的普及导致的经济发展，在中国促进了大一统集权国家的出现。同理，中世纪技术革命导致的经济发展，促成了欧洲各国集权的民族国家出现。

但是和中国由秦国以郡县制统一结束封建制这单一的方式不同，欧洲在构建民族国家的过程中，进行了多种尝试，探索了多种道路，出现了西班牙式的极端专制、法国式的集权专制、英国式的君主立宪和荷兰式的松散联邦四种方式，这四种方式经过长期竞争，最终英国式的国家体制获得压倒式优势，并决定了今天世界的面貌。

这是经济发展和自治城市的第一个影响。

二

自治城市的另一个影响是触发了人类历史上一个伟大的发明：有限责任公司。

我们刚刚讲过，民族国家出现后，对海外冒险事业进行了更有力的资助。在西班牙刚刚完成统一之后的第二年，也就是1492年，航海家哥伦布在向各国君主兜售他的全球探险计划无果后，来到了西班牙。西班牙女王独具慧眼，慷慨解囊，结果第二年，也即1493年，哥伦布远航发现新大陆，宣布了全球化的开始，也开启了西班牙成为海上强国的序幕。这一系列时间上的紧密相连，并非偶然。

全球化对后来历史的重大影响我们在这里不必详述。在当时，发现新大陆的第一个影响是宣告了陆地帝国时代的终结和海上帝国时代的到来。在此之前，世界历史上出现的帝国无一例外都是陆上帝国，比如罗马帝国、波斯帝

[1]斯塔夫里阿诺斯：《全球通史》，北京大学出版社，2005，第284页。

国、亚历山大帝国、阿拉伯帝国、蒙古帝国。而在此之后出现的帝国都是海上帝国，第一个海上帝国是西班牙帝国。

不过，虽然西班牙是海上帝国，但是它的征服方式和以前的陆上帝国是完全相同的。西班牙人组织起一支支军队，举着十字架，拿着枪炮，来新大陆寻找传说中的遍地黄金。

女王一次偶然的资助给西班牙带来了滚滚钱财。不过，这些财富都是通过暴力得来的。西班牙人一开始是直接抢掠印第安人的金银，然后是通过开采金银矿或建立种植园，强迫当地人和奴隶劳动。印第安人和奴隶在繁重的劳动压力下大批死亡。战争的屠杀、残酷的剥削，加上天花、麻疹这些欧洲常见的传染病，使印第安人成千上万地死亡，美洲大陆的原住民印第安人曾经急剧减少了90%。

不管怎么样，“甘蔗生产与黑奴贸易、贵金属掠夺一起成为十六世纪中西班牙的巨大财富”[1]。特别是随着众多银矿的发现，滚滚白银流入西班牙。1580年，西班牙帝国吞并了葡萄牙，葡萄牙的东方帝国、非洲殖民地和巴西也同属西班牙所有，西班牙由此成为世界上第一个日不落帝国。事实上，“日不落帝国”这个词源于西班牙国王卡洛斯一世一句得意扬扬的话：“在我的领土上，太阳永不落下。”

三

西班牙帝国的成功引发了欧洲各国的眼红，不过欧洲其他国家无法组织起西班牙那样强大的暴力征服力量。

在当时的欧洲各国中，西班牙的政体是最专制的。西班牙位于欧洲大陆和非洲的路口，历来外敌入侵频繁，特别是阿拉伯人入侵，也经历了8个世纪

---

[1]M.博德：《资本主义史》，东方出版社，1986。

的对阿拉伯人的“再征服”，形成了对军事强权的崇尚。因此，西班牙的统一民族国家也是极端专制型的（当然我们说极端是指欧洲内部的对比，而不是说和亚洲或美洲的一些政体对比）。虽然在统一过程中得到了自治城市的大力帮助，但西班牙统一之后不久，就蛮不讲理地取消了境内众多城市的自治权，并镇压了11个自治城市的联合起义，在各地建立起了牢固的专制统治。[1]这种局面是其他欧洲国家都没有出现过的。自治城市希望通过统一王权来抵抗贵族，从而获得国内统一市场的梦想也破灭了。

“西班牙的君主专制同欧洲的一般君主专制只有纯粹表面上的相似。其实它应该列入亚洲的政体。”[2]整个国家都崇拜地位和权威，一切是权力和暴力说了算，所有的社会活动都是为了集中力量办大事。当时欧洲其他国家很难建立起与西班牙相竞争的海上暴力力量。

这些其他国家只好另辟蹊径。西班牙在统一后摧毁了自己境内的自治城市，而荷兰和英国却把自治城市从陆上扩展到了海上，建立了两个移动的自治城邦——荷兰东印度公司和英国东印度公司，希望用商业的力量而不是军事的力量来征服世界其他地区。

这两个著名公司的出现，改变了世界的面貌。后来的世界历史，很大程度上就由这两个公司主宰。

[1]张卫良：《试论15—16世纪西班牙君主专制制度的特点》，《杭州师范学院学报》，1993年第5期。

[2]马克思、恩格斯：《马克思恩格斯全集》（第10卷），人民出版社，1995，第462页。

第三十八章
“公司式殖民”的出现

一

荷兰东印度公司和英国东印度公司的出现，影响了世界历史的走向。

新航路开辟后，西班牙海上贸易获得的巨额利润让各国商人眼红。1599年9月，80名伦敦商人聚集在英国市政厅，希望女王伊丽莎白一世授予他们东方贸易的特许权。第二年，也就是1600年，“伦敦商人在东印度贸易的公司”，也就是后来著名的英国东印度公司（EIC）成立了。英国商人集资3万英镑，出海远航。

三年后，在海峡对岸，荷兰人成立了又一个东印度公司（VOC），也想在海上贸易中分一杯羹，直接和英国人展开竞争。

西班牙的征服依靠的是军事力量，而荷兰和英国则依靠的是政治智慧：当时，荷兰和英国在欧洲自治城市中都是最发达的地区，因此，这两个东印度公司的建立及组织结构，都从自治城市身上学习到了很多东西。

第一，自治城市需要向贵族购买某一固定地域的自治权，而两个东印度公司也向议会或者国王购买某一领域的自由经营权。荷兰国家议会授权荷兰东印度公司在东起好望角，西至南美洲南端麦哲伦海峡拥有贸易垄断权。而英国东印度公司则是一开始就向国王购买了东印度21年的贸易垄断权，之后又不断付钱续约，其签约付款的方式与自治城市完全一样。

自治城市可以自己立法，可以组织军队，可以发行货币，可以决定如何收税。而两个东印度公司同样如此，它们都从国王和议会那里获得特许，有权组建军队、占有土地、铸造货币、拥有法庭，因此这两个东印度公司也就成了两个移动的海上城邦：它可以发动战争、签订协议，甚至建立自己独有的法律及征税体系。

更为相似的是，两个公司都由众多“自由人”组成，并选举自己的“议会”和“政府”。

1602年，荷兰东印度公司成立之初，面临着筹集资金和分散风险两大问题。因为当时组建一支船队到东印度群岛需要巨额的金钱，不仅航程需要一年多的时间，还会遭遇风暴、海盗等重重风险。

以前这类远航通常都是国王和贵族主导，只由少数人出资，与平民无关。英国的国土和国力都是荷兰的几倍，所以英国大商人一下子集资3万英镑。荷兰没有强有力的国王和巨富商人，于是荷兰人脑筋急转弯，进行了一个制度创新，面向荷兰的所有市民公开发行股票，不论你是船夫还是小贩，只要你有一点钱，都可以成为荷兰东印度公司的股东，分享它的收益。

这个制度创新非常有吸引力。第一，股东的责任是有限的，风险很小。这些投资者仅仅以自己的投资为限承担责任，也就是说，不管这个公司最后赔了多少，你投了10荷兰盾，那么最后你最多损失10荷兰盾，不会有债主无休无止来找你。这就大大降低了投资者的不安感。

第二，股东实行无记名制，所有权与管理权分离，股东只管投资，公司的决策权和经营权交给董事会，怎么运营是职业经理人的事。正如同在自治城市，市民只需负责投票，管理城市是专业人士的事。

第三，正如自治城市市民可以自由进入，也可以自由离开一样，人们可以随时自愿成为股份公司的股东，也可以随时自由离开。因为荷兰人配合股份公司，又搞了一个制度创新。1609年，世界历史上第一个股票交易所诞生在阿姆斯特丹。只要愿意，东印度公司的股东们可以随时通过股票交易所，将自己手中的股票变成现金。

就这样，世界上第一个有限责任公司诞生了。事实证明，这个创意是非常有生命力的。荷兰东印度公司的股票一出现，就受到热烈追捧。无数商人、水手、技工，甚至女仆，都跑来买股份，其中阿姆斯特丹的居民认购了其中的57%，认购者多达1143人，东印度公司首期就募集到650万荷兰盾，远远超过其他由国王和贵族出资的远洋公司。[1]

在一切准备妥当之后，荷兰东印度公司的船队出航了。当时最强大的海上帝国西班牙用鄙夷的态度看着这个似乎不自量力的挑战者。但是，在荷兰东印度公司成立后的短短5年时间里，它每年都向海外派出50支商船队，这个数量超过了当时西班牙、葡萄牙船队数量的总和，让西班牙人目瞪口呆。[2]

凭借股份公司的优势，荷兰东印度公司迅速崛起。到了1669年时，荷兰东印度公司已经拥有超过150艘武装商船、40艘战舰、5万名员工与1万名士兵，他们如同一个国家一样，在海上攻城略地，先后战胜西班牙人、葡萄牙人与英国人，从他们手里夺得马来群岛、孟加拉国、马六甲、泰国，在中国广东、印度马拉巴海岸和科罗曼德海岸、日本设立商行。悬挂着荷兰三色旗的10000多艘商船游弋在世界的五大洋之上。[3]1669年的荷兰东印度公司已经成为世界上最富有的私人公司，股息高达40%。拥有15000个分支机构，贸易额占到全世界总贸易额的一半。[4]一个仅有150万人口的荷兰，成为整个世界的经济中心和最富庶的地区，它将自己的势力几乎延伸到了地球的每一个角落，被马克思称为当时的“海上第一强国”。

二

股份有限公司的出现，听起来很简单，事实上很不简单。它的背后，反映出契约精神和法治精神。几千人几万人敢于把自己的钱投给一个与自己完全没有私人关系的组织，并且信任这个组织，相信董事会会尽心尽力地营运好这些

[1]《公司的力量》节目组：《公司的力量》，山西教育出版社，2011，第37页。

[2]中央电视台《大国崛起》节目组：《大国崛起：荷兰》，中国民主法制出版社，2006，第116页。

[3]王宪磊：《全球经济共同性问题的性质和原因》（第5卷），社会科学文献出版社，2012，第10页。

[4]苗延波：《公司的历程》，知识产权出版社，2012，第86页。

钱，并且赚了钱后会公平地分给自己，这并不是哪个国家都能做到的。

为什么这个发明发生在小小的荷兰，而不是有着悠久经商传统的阿拉伯，不是有着众多商帮的中国，也不是当时最强大的海上帝国西班牙？

因为荷兰和这些国家不同，荷兰是当时欧洲自治城市最发达的国家。一想到荷兰，我们往往会想到“低地”。是的，800年以前，这里还到处是湿地和湖泊，不适合人类居住。不过，位于海边的荷兰的地理条件特别有利于航海，大部分荷兰人选择从事海上贸易，大量的自治城市在荷兰建立起来。欧洲大多数城市的惯例是农奴在城市住上1年零1天就可以成为市民，而在荷兰的城市，农奴只要住上40天就可以成为市民。这样一来，荷兰比别的地方更有吸引力，成为人口的汇集地。到15世纪末，将近一半的荷兰人生活在自治城市中，这里成为欧洲城市化最高的地区之一。

在城市管理上，荷兰人已经习惯于把自己的权利委托给一小群人来集中管理。市民们对议会进行“全权委任”，选择充分信任他们，把征税、城市建设等关乎每个人生活的事情都委托给议会去处理。

与此类似，他们把自己的钱也委托给一小群人来集中管理。只不过市镇选出的是市议会，而公司选出的是董事会。中世纪市镇议会的成员数目都是12的倍数或分数。同样，早期公司董事会成员的常见数目也是如此。这不是一个巧合，它衍生自查里曼大帝和其继承者的12人贵族法庭。[1]

三

而接下来崛起的大英帝国更让西班牙人吃惊。

英国崛起的逻辑与荷兰一样，都是依靠公司的力量。与荷兰东印度公司比起来，英国东印度公司的经营更为成功。

---

[1]仲继银：《董事会治理的思想和历史渊源》，《中国新时代》，2014年第7期。

我们讲过，英国东印度公司的成立比荷兰的还要早。一开始，英国东印度公司的资金是众商人每人直接出资，荷兰东印度公司发明了股份有限制度后，英国人马上就学会了。英国东印度公司凭借这一利器，很快就建立起来16个月船期的固定模式，贸易规模迅速扩大。

与荷兰东印度公司一样，英国东印度公司也是一个移动的海上城邦：它们的“公民”是每一个购买股票的本国公民，它们的统治区域就是被赋予特许经营权的地区，它们获准与其他国家订立正式条约，并对该地实行殖民与统治。

因此，与我们很多人的理解不同，不是英国政府，而是东印度公司实现了对印度的占领。孟买、加尔各答和马德拉斯三地总督一开始都是东印度公司任命的，是东印度公司的职务，而不是英政府任命的。

18世纪中英贸易的主导力量不是英国政府，而是东印度公司。东印度公司不仅垄断了英国与中国的贸易，还在1792年促成了英国对中国的首次官方访问：马戛尔尼使团一行的全部费用8万英镑都由东印度公司承担。

英国对美洲的殖民，在很大程度上也是通过公司，比如弗吉尼亚公司进行的。1606年，在东印度公司成立6年后，弗吉尼亚公司成立，这一公司的任务是沿着美洲海岸组建种植园和定居点。殖民地的所有权和利润归公司的股东，仅需向国王上缴一定的收益。[1]

因此，西班牙的海外开拓基本是以皇权和国家利益为驱动力的，英国则是以商业利润为动力驱动的。从时序上看，西班牙人的行动是军事征服在先，随后的经济利益只是战利品；而英国则是商业活动在先，军事力量是为经济利益服务的。[2]“东印度公司的成立，从政府的角度看，这就像是政府把自己的海外扩张项目承包了出去，减少运营成本不说，更转嫁了风险。”政府把垄断权交给东印度公司，公司则承担风险并将部分利益上缴政府，以换取许可延期。

这一模式在殖民上非常成功。事实上是东印度公司而非英帝国军队向英国

---

[1]毕竟悦：《弗吉尼亚公司与美国精神的塑造》。http://www.sohu.com/a/270681838_100191010

[2]《英国东印度公司的来龙去脉》。

政府奉献了一个庞大的印度殖民帝国。大英帝国击败荷兰、法国，最终成为南亚诸多国家的宗主国，这是东印度公司董事们苦心经营的结果，而不是大英帝国内阁运筹帷幄的战绩。[1]

公司在商业上也极为成功。从1657年起，英国东印度公司股民每年所获红利可达20%左右，最高可达50%以上，以至于公司股票价格一涨再涨，当时市场上每100英镑的股票售价在1669年为130英镑，1677年上升为245英镑，1683年再升至360英镑。[2]

那么，为什么英国东印度公司要比荷兰东印度公司更成功呢？因为其背后依托的英国更强大。

荷兰竞争不过英国，首先因为它小。到1700年，荷兰的人口才是英国的1/3，领土面积只有英国的1/6。

另一个更重要的原因是，荷兰没有建立起有效的中央集权。

荷兰的成功，在于它专注商业。荷兰的失败，也在于它过度专注于商业，而对政治结构的探索不够。在历史上，荷兰人并不在乎政权的归属，并不太关心谁统治他们，只在乎这些统治者能否保障他们自由发展经济。因此荷兰这片土地轮转过很多统治者，先后受到哈布斯堡王朝、神圣罗马帝国和西班牙的统治，荷兰人都安之若素。一直到西班牙国王菲利普二世借战争对荷兰横征暴敛时，各自为政的荷兰各省份才为保护自己的钱袋子团结起来，发起了独立战争。1579年，来自荷兰北方的7个省组成军事同盟共同对敌。然而战争胜利后，这7个省的人发现他们无法决定由谁来领导这个新成立的国家。荷兰人不愿意费心费力管理国家，他们只想专心做生意，因此，他们希望找到一个强有力的保护者，最终将自己的国家托付给了英国女王伊丽莎白一世。不过不久之后，精明的荷兰商人们很快发现，英国女王收取的保护费实际上比西班牙国王还要高。他们只好结束了与英女王的协议，无奈地自己领导自己。1581年，7个省份联合起来，宣布成立荷兰联省共和国。这是一个在人类历史上前所未有

[1]谌焕义：《论东印度公司与近代早期的英国社会》，《广西师范大学学报》（哲学社会科学版），1997年第3期。

[2]同上。

的国家：由中产阶级建立并统治的共和国。它的结构非常松散，各省之间绝对独立，他们只能在决定税收上取得一致，在其他方面，如果他们意见不统一，就不能做出任何决定。共和国还有一件事很特殊：没有常备军。因为雇用外国军队作战比征调商人们作战要廉价和方便得多。[1]

这样的国家虽然足够自治，但是缺乏一个强有力的中央集权，缺乏统一的力量，无法更有效地保护自己的海外利益。

相比之下，英国就更为成功。英国拥有一个统一的中央政府和一个统一的议会，通过这个议会，国家能够获得有效的税收，从而保持国家强大的武力，因此，对东印度公司的支持更为有力。事实上，东印度公司对印度的征服，背后靠的是英国中央政府的强有力推动。当然，英国成功的另一方面原因是它又不像西班牙那样专制，没有抑制而是充分发挥了公司的活力。

[1]中央电视台《大国崛起》节目组：《大国崛起：荷兰》，中国民主法制出版社，2006，第114页。

●上左——埃及神庙遗址
●上右——玛雅神庙遗址

●中——希腊神庙遗址

●下——中国太庙

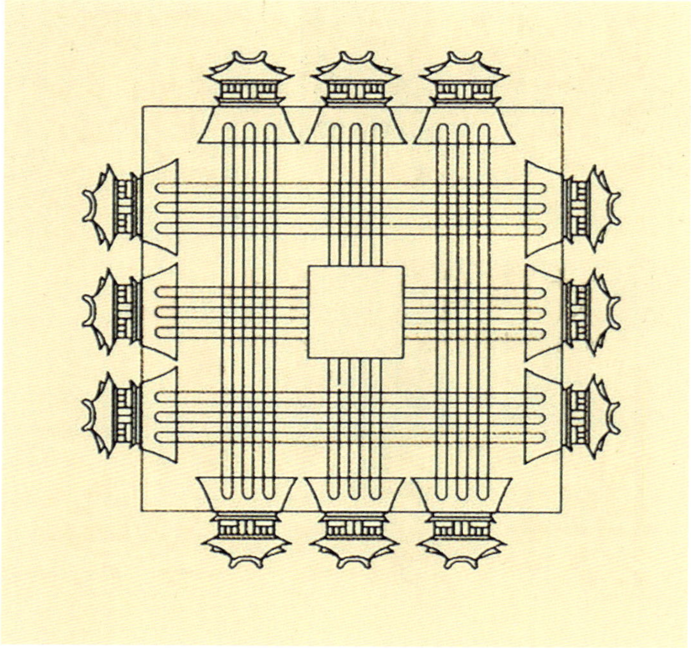

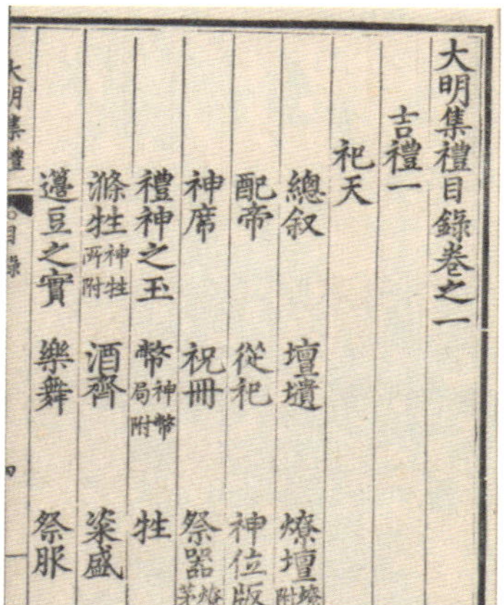

大明集禮目錄卷之一

吉禮一

祀天

總叙　壇壝　燎壇附燎柱

配帝　從祀　神位版

神席　祝冊　祭器附燎燭茅菁

禮神之玉　幣附神幣局　牲

滌牲附神牲所　酒齊　粢盛

籩豆之實　樂舞　祭服

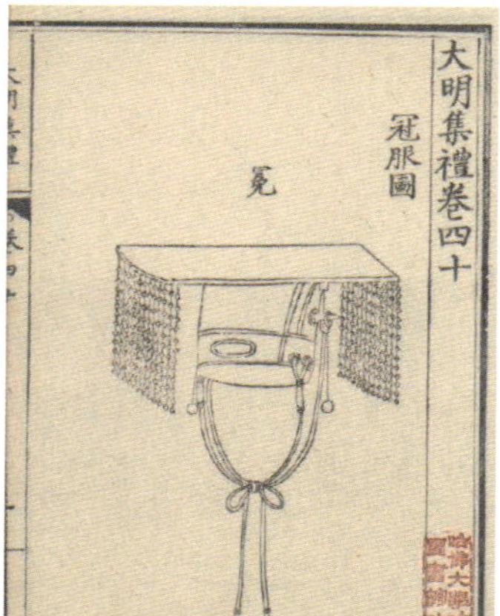

●上——根据《考工记》绘制的理想王城图

●下——《大明集礼》制定了详细的礼仪制度

●上——“黑船来航”的场景，日本画家本间北曜（1822~1868 年）绘

●下左——带有东印度公司纹章的特许状复本

●下中——小斯当东与乾隆交谈，英国画家威廉 · 亚历山大（William Alexander，1767~1816 年）绘

●下右——鸦片战争中的英国军舰，英国画家奥斯瓦尔德 · 沃尔特斯 · 布赖尔利（Oswald Walters Brierly，1817~1894 年）绘

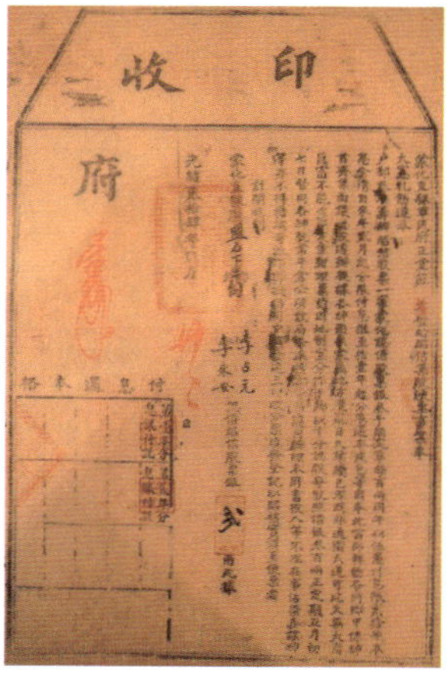

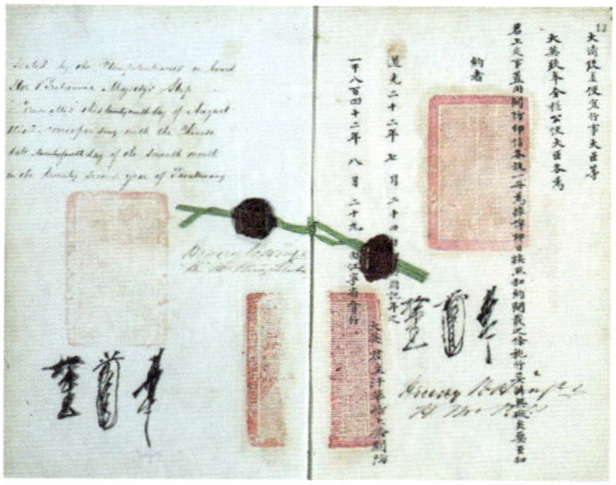

●上——《大明混一图》（绘于明洪武年间，现藏中国第一历史档案馆），现存最早的中国人绘制的世界地图

●下左——光绪二十四年（1898 年），清政府发行的昭信股票

●下右——《南京条约》的中英外交官签字页

第三十九章
为什么工业革命发生在英国

一

中学历史告诉我们，工业革命是从纺织业开始的，具体地说，是从英国工人发明了珍妮纺织机开始的。

但是历史课本并没有讲清这一重大历史事件的背景。其实在工业革命之前，英国的棉纺业是很落后的。在当时世界上，英国的纺织品一点名气也没有。当时全世界的“名牌”，是中国的丝绸和印度的棉布。中国和印度在技术上和工艺上远比英国领先。[1]

那么，工业革命为什么没有发生在中国和印度，而是发生在英国呢?

一个原因是英国人口稀少，人力成本高，而中国和印度人口密度大，人工非常便宜。

我们讲过，欧洲人的生活水平在中世纪后期就高于中国，而且差距越来越大，标志之一是欧洲工人的工资远高于中国。马德斌说，在工业革命之前，伦敦或阿姆斯特丹的工人工资是同时期中国大城市的3倍左右。印度的情况也差不多，1680年英国工人的工资是印度工人的4倍。

这种工资上的差别，就造成了生产方式的差别。荷兰学者范·赞登（Van Zanden）和中国学者李伯重的比较研究中都提到，为什么过去中国拉船用的

[1]马德斌：《为什么工业革命发生在18世纪的英国》，《文汇报》2012年5月28日。

是纤夫，而荷兰用的是马呢？因为荷兰人力太贵，用不起，而中国人的工资非常便宜。

工资高，资本家就有充足的动力去改进技术、节省人力，而中国和印度却没有这样的动力，或者说，动力不是那么足。马德斌说，一个典型的例子是活字印刷。中国的活字印刷术从宋代出现时起，基本上没有得到过广泛应用，仍然沿用雕版印刷。而欧洲人一旦有了活字印刷技术（有学者说是从中国传过去的，也有研究认为是欧洲人自主发明），却立刻投入了广泛应用。为什么会出现这样的差别呢？因为中国的人工成本太低了，印刷厂雇人去雕整块的木板，花不了多少钱。而在欧洲，这个成本就很高了。所以，欧洲的资本就要与技术结合起来，想办法取代人力成本。[1]

二

荷兰工资和英国一样高，那么为什么工业革命没有发生在荷兰，而是发生在英国呢？

因为机器是用钢铁制造的，所以工业革命需要两个条件，一个是人力成本比较高，另一个是有着丰富煤炭资源，能够支持铁矿冶炼业。

英国北部恰好符合这两个条件，工资高，煤资源又非常丰富。《全球通史》里说："英国享有的另一重要的有利条件是，……它很早就开始用煤做燃料，利用煤末冶炼铁。到1789年法国革命时，英国每年大约生产1000万吨煤，而法国仅生产70万吨煤。"

荷兰虽然一度领先世界，但是无奈在自然资源上有先天不足问题。"荷兰在17世纪时享有其黄金时代，但是，它缺乏机器生产所必需的原料、劳动力资源和水力。"[2]

---

[1]马德斌：《为什么工业革命发生在18世纪的英国》，《文汇报》2012年5月28日。

[2]斯塔夫里阿诺斯：《全球通史》，北京大学出版社，2005。

三

除了工资水平和丰富的煤资源外，英国还拥有巨额的资本。

对殖民地的掠夺，一开始导致了西班牙的迅速富有。1502~1660年，西班牙从美洲得到了18600吨注册白银和200吨注册黄金。到16世纪末，世界金银总产量中有83%被西班牙占有。

然而，和后来的英国不同，西班牙极端专制式民族国家的崛起是短命的，它的暴富只是昙花一现，之后便持续衰落下去。

因为白银的流入并没有帮助西班牙的制造业发展起来，而只是助长了西班牙人的炫耀性消费，那些在东印度发财的人回到西班牙以后，在塞维利亚购买了官职、土地和豪华的住宅，把其他的钱都花在了奢侈品上面。国王和贵族们从此沉溺在奢侈和腐化中不能自拔。这一过程与历史上的传统帝国毫无区别。

西班牙人不投资制造业的原因倒并不是西班牙人天性懒惰，而主要是西班牙本土落后的封建统治和沉重的税收。我们说过，西班牙是欧洲最专制的国家，各地关卡林立，反复征收商品过境税。各地势力强大的王公贵族不愿意看到工商业主的崛起威胁他们的特权地位，因此便把数以万计的从事工商业的外国人从自己的领地上赶走了。所以西班牙的制造业一直没有发展起来，经济结构非常落后。在英国、荷兰大力发展毛纺织业和五金业时，西班牙却大力出口羊毛、矿石等原材料，进口五金和纺织品，推动他国的工业化。[1]因此，西班牙帝国极盛一时而后便一蹶不振。到了17世纪，西班牙就陆续被英国等国家击败，从强盛的顶峰上跌落了下来，成了西欧最贫穷的国家。

而英国从殖民地获得的巨额财富，却源源不断地投入工业。因为英国与西班牙政治体制不同，工业的产权可以得到很好的保护。

英国也是在中世纪后期，渐渐形成了统一的民族国家。英国虽然不是很大，但仍然分成了英格兰、苏格兰、威尔士、北爱尔兰等制度、法律不同的地

---

[1]尹保云：《现代化通病——二十多个国家和地区的经验与教训》，天津人民出版社，1999，第128页。

区。在英国的统一集权过程中，过去分散的旧国家机构改革后组成枢密院，产生了一个集权的中央政府机构。从1543年开始，在威尔士实行英国的一切法律制度，1603年苏格兰国王詹姆斯六世被英格兰议会迎立为英王，英格兰和苏格兰初步统一。克伦威尔时期，又结束了爱尔兰地区的封建割据。[1]地方关卡被取消，商业活动可以更好地进行。统一之后，英国国力增强，对外战争获得更有力的支持。

但是新型政权也有一个强烈的副作用，那就是国王权力比以前加大，经常横征暴敛，用于个人享受。因此国家管理上经常乱作一团。

公司的成功，让英国人受到了启发：在国家管理上，为什么不能实现所有权与经营权分离呢？

1688年，英国人通过“光荣革命”赶走了詹姆士二世，邀请荷兰王子威廉三世（詹姆士二世的女婿）入主英国。作为让威廉三世继承王位的条件，英国议会要求其签署《人权法案》（*Bill of Rights*），保证国王不会侵犯公民权利，王室不会废除议会通过的法律，公民有权拥有枪支武器，公民有言论自由的权利等，这些法律构成了现代英国民主制度的框架。

作为外来者的威廉三世在英国全无统治基础，只能充分尊重英国国民的意愿。这样，立宪君主制度正式在英国诞生。通过光荣革命，“英格兰人成功地驯服了庞然大物型的现代国家，他们没有摧毁利维坦的巨大能量，相反是使它响应他们的意愿，服从他们的法律”[2]。

自1714年起，入主英国的汉诺威王朝国王逐渐把几乎所有的职权托付给内阁，“王权”的内涵不再是国王本人的权力，而逐渐演变为现代意义的“行政权”。内阁成员作为国王的大臣，表面上要听命于国王，但实际上却恰恰相反。[3]大英帝国成了一个公司，议会就是董事会，首相就是公司的总经理。国王有这个公司的所有权，但是并不拥有经营权。国王并不干涉公司的日常事务，内阁大臣如同职业经理人，在经营这个国家。

---

[1]石庆波：《英国民族国家的形成》。
[2]计秋枫：《近代前期英国崛起的历史逻辑》，《中国社会科学》2013年第9期。
[3]同上。

所有权和经营权捆绑在一起，不利于最优秀的人进入管理层。而两权分离，就意味着帝国作为一个独立生命可以延续下去，它可以从最优秀的团队手中发扬光大。[1]这就实现了一次国家管理制度的质变。

世界历史上以前的帝国，经常陷入内部纷争和腐败之中。比如蒙古帝国的历史伴随着不停的皇位之争，不停地动荡。因此，它们的事业往往不能持久。最短的亚历山大帝国不过持续了几十年，大元帝国满打满算也就存在了90多年，西班牙帝国的兴盛期也不过100多年。极盛过后，就是崩溃和衰败。

在漫长的中世纪和近代初期，英国国势一直起起落落，有时短暂兴起，却也经常沦为一个二流国家。1640年威尼斯大使称，“在世界各国的眼中，英国只不过是一个毫不起眼的民族，因而无足轻重”[2]。

但是创造了公司式的帝国模式后，英国政治获得了空前稳定，不再有内部纷乱，从此持续发力，先是打败西班牙无敌舰队，后又成功挑战荷兰的世界海上霸主的地位，最终成为新的世界霸主，并且到今天仍然保持着良好的治理成绩。

特别是因为私有产权得到有力的保护，英国的商人们更愿意投资工业。别的不论，在1750~1800年间，东印度公司单从印度就掠夺了价值1亿~1.5亿英镑的金币。和西班牙人不同，英国人把海外的利润主要投入国内的制造业中。海外来的金钱大大促进了英国对工业尤其是蒸汽机和纺织技术方面的投资。这是工业革命的经济基础。公司发展壮大之后，才是工业革命的到来，公司模式的殖民给了工业革命必要的资本前提。工业史学家克宁汉（H.Cunynhame）说：“如果瓦特早生50年，他和他的发明一定都同时死了。自有世界以来，可能没有一个投资的收获超过像掠夺印度一样的利润。”

经济学家道格拉斯·诺斯（Douglass North）在《西方世界的兴起》（*The Rise of The Western World*）中指出：“所有权结构在荷兰和英国的发展，刺激了持续的经济增长，包括鼓励创新和其他各种有利因素。因此说，工业革命不是现代经济增长的原因，而是提高私人收益率的结果，从而导致人

---

[1]《公司的力量》节目组：《公司的力量》，山西教育出版社，2011。

[2]计秋枫：《近代前期英国崛起的历史逻辑》，《中国社会科学》2013年第9期。

们致力于发展新技术，并将其应用于生产过程。”

所以工业革命不是一个简单的煤的问题，更与政治体制有关。长期以来，国内史学界对英国的崛起的解释都是因为工业革命。似乎是发明蒸汽机这一偶然事件才导致了大英帝国的出现。这显然是一个错觉。[1]

四

因此，英国是一个“软硬适度”的，既有中央集权又有强有力制衡的统一民族国家。

那么，为什么立宪君主制的政治变革发生在英国，而不是别的国家，比如西班牙和法国呢?

西班牙等国有强大的军事传统，而英国历史上很长时期没有常备军。

众所周知，英国是一个孤悬海外的岛国，海洋形成了天然的防御，这导致它历史上的战乱要远远少于欧洲大陆诸国。既然很少有外敌入侵的压力，英国人认为他们没有必要花巨资养活一支庞大的常备军。中世纪以来，英国只是在战争时期才召集贵族领地的义勇队，建立临时的军事武装。战争结束后，军队随之解散。直到1645年，英国国会通过了《新模范军法案》，英国才出现第一支常备军。

诺思总结说：“让我们考察一下代议制议会在英国兴旺而在法国和西班牙衰落和消失的原因。英格兰在地理位置上是一个岛屿，从而把英国与它的竞争对手隔离开来。外国的入侵不像在欧洲大陆那样构成严重的威胁，因此，中央政府提供的保护对英国人不如对法国人重要。”[2]

我们知道，越是外敌环伺、战争频繁的国家，越需要一个强大的中央集

[1]计秋枫：《近代前期英国崛起的历史逻辑》，《中国社会科学》2013年第9期。

[2]转引自宋丙涛：《英国崛起之谜：财政制度变迁与现代经济发展》，社会科学文献出版社，2015，第234页。

权，需要一个强有力的王权。国民甘愿把自己的部分自由权让渡给国王，以换取生存。西班牙就是这样。

而英国这方面的需求不强烈。英国的王权相对于西班牙和法国等国，是非常软弱的。在中国，“君”与“臣”一个是天一个是地，而英语里的“king”，除了“国王”之意外，还表示“大的”“主要的”。事实上，英国的贵族一直认为国王是自己队伍中的一员，是“贵族中的第一人”。国王本身不过是最大的贵族而已。英国贵族基于习惯法，对国王有强大的约束力，在议会上拥有很大的发言权。

此外，英国历史上一直有着强烈的自治传统。即使在欧洲，英国也算是一个异类。1729年，造访英格兰的孟德斯鸠说，英格兰与欧洲其他地方相异之处在于英格兰是一国“自由的人民”，“英格兰的法律和习惯格外有利于个人的自由”。恩格斯则称英国为“地球上最自由的，即不自由最少的国家”。而“有教养的英国人就具有在某种程度上说来是天生的独立自主的权利”。

1166年，亨利二世颁布《克拉灵顿诏令》，确立了陪审团制度，规定大部分地方案件由当地人自己处理。有的时候，陪审团基于良心和情感，给出的审判结果甚至违反了国王的法律。但是因为陪审团在审判前对上帝宣过誓，陪审团的意志被认为就是上帝的意志，审判结果仍然会得到认可。[1]

这一制度对英国社会和英国人的思想影响是非常深远的。“每一个陪审团都是一个小国会”，这一制度逐渐培养了英国人的权利意识，对英国普通民众起到非常好的社会参与培训作用。

美国经济学家曼瑟尔·奥尔森（Mancur Olson）曾说：“充满活力的市场经济绝对不是什么空穴来风。它需要一系列当今绝大多数国家都不具备的制度安排。”现代资本主义是一系列偶然汇集到一起的结果：一个软弱的君主政权和强大的议会，一部根深蒂固的习惯法以及常备军制度的长期缺乏，还有自治传统，这些都恰好汇集在了英国，构成了英国崛起的独特背景。[2]

---

[1]郭光东：《陪审团的历史与价值》，博士学位论文，华东政法学院，2004。
[2]宋丙涛：《英国崛起之谜：财政制度变迁与现代经济发展》，社会科学文献出版社，2015，第243页。

第七篇

两个世界的撞击

第四十章
饥饿的盛世

一

大英帝国的崛起，注定了它要与东半球的另一个巨大帝国迎面相撞，那就是大清帝国。

在大英帝国进行轰轰烈烈的工业革命的时候，大清帝国正处于乾隆时代，那是中国历史上最大的一个盛世——康乾盛世的顶峰。

今天学术界一提起对明清两代GDP的研究，经常会响起一片质疑甚至嘲笑声，特别是麦迪森所谓1820年也就是道光年间中国GDP占世界32.9%的说法[1]，普遍被认为过于夸张。但是乾隆时期，中国的经济总量在当时世界居于第一位，是没有疑问的。当时中国在世界制造业中所占的份额，是英国的8倍，俄罗斯帝国的6倍，日本的9倍，比刚刚建国的美国更不知要多多少倍。[2]虽然大清王朝不重视对外贸易，但仅凭其庞大的经济总量，它仍然是世界贸易的重要力量。

---

[1]麦迪森在《世界经济千年史》一书中有如下描述："19世纪前，中国比欧洲或者亚洲任何一个国家都要强大……14世纪以后，虽然欧洲的人均收入慢慢超过中国，但中国的人口增长更快。1820年时，中国的GDP比西欧和它们附属国的总和还要高出将近30%。"根据该书图表，1820年清朝GDP占全世界的32.9%，即便是进入20世纪初，该比重也在11%左右。

[2]郭成康等：《康乾盛世历史报告》，中国言实出版社，2002。

戴逸先生说："传统观点认为汉、唐是真正的盛世，无论国力还是文化等诸多方面都达到极盛，而清朝已经开始衰落，不如汉唐。我则以为，康雍乾盛世是中国历史上发展程度最高、最兴旺繁荣的盛世。"从物质财富角度看，这确实是不易之论。

就在这一盛世之中，1793年，英国国王派出一支庞大的使臣队伍，前往中国。

二

那么，英国人为什么在1793年决定派使节团访问中国呢？

1733年，也就是乾隆即位前3年，英国人发明了飞梭，揭开了工业革命的序幕。工业革命使英国像吹气球一样迅速强大起来，英国人需要全世界的商品，更需要把自己制造出来的大量产品卖到世界上去。1698~1775年，英国的进口商品和出口商品都增长到500%~600%之间。因为国民的普遍富裕，英国人从来没有像现在这样需要大量的中国茶叶。而英国人也从来没有像现在这样急于把自己生产的纺织品、钢铁产品及其他工业制成品卖到中国。

可是，他们的商品在世界其他国家和地区都广受欢迎，就是打不开中国的大门。

当时中国实行一口通商，只在广州一地进行外贸。广州海关严重腐败，每条船需要交上大量陋规才能进港。更为关键的是中国还不允许自由贸易，外商必须经过一个中国官方指定的机构，叫"十三行"，进行贸易。外国商人到达中国后，所有的货物都只能卖给十三行，不管他们给的价格比别人低多少。采购所有东西，都必须经过他们，不管他们如何提高价格，降低质量。

英国人认为，中国的贸易体制有问题，导致他们与中国的贸易出现巨额的逆差。

此时的英国已经成为海上霸主，早已称雄欧洲，海外殖民地遍及全球。他们称自己为"世上最强大的国家"。虽然一个是小小三岛，另一个是当时世界上面积最大的国家；一个人口不到1000万，另一个人口近3亿。但国势蒸蒸日上的英国人却认为，他们有底气来与东方巨人握握手了。所以他们希望通过谈判，打开中国的大门。

1793年，东方世界和西方世界通过这件事迎头相撞。我们学历史的时候，课本都是以1840年为中国近代史的起点。我则认为起点应该是这次英国使臣访华。法国学者阿兰·佩雷菲特（Alain Peyrefitte）把这个事件形容为“两个世界的撞击”，确实，此事如同火星撞地球，让中国历史从此卷入了全球化进程。

三

在来到中国之前，英国人对中国充满了美好的想象，认为中国是一个强盛大国。然而到了中国之后，正如我们在《没有中世纪，就没有新欧洲》一章中讲过的，他们的第一个印象是，中国的大部分普通人都生活在穷困之中。

据《十八世纪的中国与世界·农民卷》的研究，18世纪，普通英国农户一年的收入是137英镑，除去各种花费，每年能有11英镑的剩余。换成中国的白银，大约40两。而同时期一个中等中国农户，一年全部收入不过32两，而全年支出平均为35两，也就是说，辛苦一年，还要负债3两才能过活，根本没有生产剩余。所以一旦遇到饥荒，普通人家会立刻破产，卖儿卖女十分普遍。

那么，为什么盛世中国是贫困的呢？

本来，乾隆朝全国粮食产量比前代大幅增加。这一方面得益于红薯、玉米带来的“18世纪的食物革命”，另一方面是因为乾隆皇帝提供了长期的政治稳定，因此据吴宾和党晓虹的《论中国古代粮食安全问题及其影响因素》一文，中国历代口粮总量发展呈总的上升趋势。其中秦汉为417.6亿斤，隋唐代为626.4亿斤，宋辽金元代为835.2亿斤，明代为1392亿斤。而到清乾隆晚期，一跃而达2088亿斤。

然而，乾隆朝的又一个纪录是人口发生爆炸。在清代以前，中国人口多数时间在数千万左右，只有少数几个历史时段突破过一亿。然而在乾隆60年的统治生涯中，中国的人口增长非常迅猛，乾隆晚年，中国人口接近3个亿，增长率是108%，比世界水平高出了65个百分点。

因此乾隆盛世也是一个贫困的盛世。乾隆年间的粮食总产量虽然创了历史最高，但人均占有量却处于历史落后水平。同样据《论中国古代粮食安全问题及其影响因素》一文，历代粮食人均占有量，秦汉为985.75斤，隋唐为988.7斤，宋辽金元为1457.87斤，明代为1192.94斤，而乾隆年间，仅为780斤，处于秦始皇以来历代最低水平。

据说文景之治时，中国老百姓也都富裕得十分了得，家家户户都骑马，而且全骑雄马，谁要是骑雌马或者小马都会遭到众人嘲笑，而乾隆盛世中却绝没有类似的记载。洪亮吉说，乾隆晚年和嘉庆年间，农民“终岁勤动，毕生皇皇，而自好者居然有沟壑之忧”，也就是说，虽然一辈子勤勤恳恳，努力奋斗，但是也攒不下钱，遇到一点点天灾，就有饿死之忧。

乾隆盛世的贫困还不仅仅体现在经济上，更体现在政治上。

到了中国之后，英国人发现，大清王朝虽然不那么富裕，但是如此庞大的一个帝国，在政治统治上确实是井井有条。“自进入中国境内以来，在这样大的地面上，一切事物这样整齐划一，这在全世界是无与伦比的。”[1]

整个中华帝国的整齐划一令英国人惊叹不已：“这样多的人口，这样广袤的地面上，遵守着一个统一的政治制度和法律，有共同的语言文字和生活方式，俯首帖耳于君主一人的绝对统治之下。”[2]这与英国完全不同。

英国人认为，中国社会治安的良好和政治效率之高胜于欧洲。“皇权的铁掌威慑着一切不守秩序、破坏法纪的行为，全体使节团成员感到绝对的保障。”权力的威严使北京城内秩序井然。“北京人口虽然这样多，但秩序良好，犯法的事很少。”[3]

中国官府的行政组织能力非常高。英国人到中国来，给乾隆带了好多礼物，打包后一共是600多个包裹，形状大小不一，从船上卸下来后又多次转驳

---

[1]斯当东：《英使谒见乾隆纪实》，上海书店出版社，2005，第276页。
[2]]同上。
[3]]同上。

才送到承德，英国人认为肯定有一些东西会损坏。但是在中国官府强有力的组织协调之下，这些东西迅速地从船上搬运下来，运到承德，组装完毕，没有一件破损，英国人说这种政治效率是全世界第一的。“的确，这儿一切似乎只要朝廷一声令下就都能办成，最费力的事也能随时得到执行。”[1]

但是这种政治效率达成的方式是英国人想象不到的。

英国人长途航行的目的地是天津，但是因为他们不熟悉中国的航路，误打误撞跑到了浙江的定海。到了定海之后，他们需要当地官员找两个领航员，沿着海路给他们领到天津。定海总兵当时满口答应，发下命令去找领航员。但是定海总兵寻找领航员的方式跟英国人的想象是不一样的。按英国人的逻辑，中国官员应该高价悬赏。但是总兵并不这样办，总兵派出他手底下的士兵到街上挨家挨户搜查，让英国人在大堂上坐着等，一会儿工夫，士兵就带来了好几十个中国老百姓，黑压压地跪在地上，说他们都航过海。然后总兵一一询问谁到过天津，最后找出两个人去领航，但是一文钱报酬也不给，因为这是国家的任务。这俩人说我们已经十多年不航海了，现在正在经营买卖，如果我们去领航，买卖没人照看，家人没法养活。总兵说你们如果不去，唯一的结果就是挨板子。最后这两个人只能跟着走了。

中国人司空见惯的一幕却让英国人不寒而栗，这在欧洲是不可想象的。当时英国政治的信条已经是“人的尊严不可侵犯，尊重和保护它是国家的义务”。而清王朝的信条则与此相反，“国家的需要压倒一切”。英国人说：“总兵的专断反映了该朝廷的法制或给予百姓的保护都不怎么美妙。迫使一个诚实而勤劳的公民、事业有成的商人抛家离子，从事于己有害无益的劳役，是不公正和暴虐的行为。除非是在一个专制的，其子民不知有法而只知有暴君的国度，这是不能容忍的。”

英国人认为，欧洲和中国的政治文明有巨大落差。马戛尔尼认为“中国政治制度上没有代议性质的机构来帮助、限制或监督皇权”，“在中国的政治、伦理和历史的文献中找不到任何自由色彩的理论，他们认为这种理论最后一定导致犯上作乱”。

---

[1]约翰·巴罗：《我看乾隆盛世》，北京图书馆出版社，2007。

四

当时的欧洲，正流行着一股中国热。像今天的西化大潮一样，当时的许多学者号召欧洲向中国取经。

法国启蒙思想家伏尔泰在他家的小礼堂中，毕恭毕敬地供奉上了孔子的画像，他称中国是“举世最优美、最古老、最广大、人口最多和治理最好的国家”。德国数学家莱布尼茨被称为“狂热的中国崇拜者”，他认为中国拥有“人类最高度的文化和最发达的技术文明”。

今天的中国积极向西方学习，与世界接轨。那时欧洲学者们却说，要向中国学习，要与中国接轨。伏尔泰说：“在道德上，欧洲人应当成为中国人的徒弟。”

这种对遥远文明的“狂热”，其实是人类文明史上常见的现象，所谓“外国的月亮比本国的圆”。正如同近代以来一些中国人的“崇洋”一样，其本质都是“借他人杯酒浇本国的块垒”，目的是以他处之长攻本地之短。这种“中国热”在欧洲兴起，其实是启蒙运动中的欧洲知识分子借助中国文化中的世俗精神，来批判中世纪欧洲的神权迷信。这里面有对中国文明的独特解读，也掺杂着一些“美丽的误会”。

然而，英国人对中国的造访，迅速打破了传教士们在欧洲建造起来的中国神话。

使团到达天津后，全体成员乘坐中国官方的平底船，沿着运河前往北京。很多中国人在岸边看热闹，看金发碧眼的“夷人”。一伙看热闹的人压翻了河中的一艘小船，许多人掉进河中。巴罗说：“虽然这一带有不少船只在行驶，却没有一艘船前去救援在河里挣扎的人。……劝说我们船上的人开过去援救也得不到响应。不错，我们当时船速是1小时7英里，这居然就成了他们不肯停船的理由。我确信这些不幸的家伙中有几个一定是丧命了。”英国人说，在世界其他国家他们不会看到这种现象，只有中国人之间这样冷漠。

所以乾隆时代到中国的这些英国人，对中国人的国民性格印象非常深。英国人注意到，在没有官员的场合，中国人的表情也十分正常。只不过一旦有官员出现，中国人的神情立刻变了：“中国普通老百姓外表非常拘谨，这是他们长期处在铁的政权统治之下自然产生出来的。在他们私下生活中，他们也是非常活泼愉快的，但一见了官，就马上变成了另一个人。”

这些英国人回国后写文章分析说，这种国民性格，是中国统治者精心塑造的结果。因为他们在世界上其他地方也接触过华人，看起来都很正常。在菲律宾群岛、巴达维亚、槟榔屿，“和其他我们东印度公司属地”，中国移民的“诚实跟他们的温顺和勤奋一样出色。……在那些地方，他们的发明创造和聪敏似乎也跟学习模仿的精确一样出色”。然而，生活在自己国家的中国人，却远没有海外中国人那样活泼自然，也缺乏创造力。他们比世界上其他国家的人更胆小，同时也更冷漠、麻木和残酷。

英国人在世界上第一次详细描述了中国人的国民性格及其起因。巴罗说：“这些事例再清楚不过地昭示了中国人自夸的道德品格中的巨大缺陷。不过就像我先前说过的，其错当在于政治制度，而不在于民族的天性或者气质。”

巴罗说：“就现政权而言，有充足的证据表明，其高压手段完全驯服了这个民族，并按自己的模式塑造了这个民族的性格。他们的道德观念和行为完全由朝廷的意识形态左右，几乎完全处在朝廷的控制之下。”

英国使团第一次向全世界撩开了这个神秘国度的面纱，导致西方人对中国的认识发生了根本性的转折：中国从天上掉到地下，从文明变成野蛮，从光明变为阴暗。欧洲人发现，“中国人不是无神论者，而是更为原始的多神论者；政治之争证明中国不是开明的君主专制，而是依靠棍棒进行恐怖统治的东方专制主义暴政的典型；经济之争最后证明中国不是富裕，而是贫困”[1]。

五

在英国使团到达中国之前，欧洲人从来没有想象过武力进攻中国的可能

[1]周宁：《异想天开——西洋镜里看中国》，南京大学出版社，2007，第224页。

性。然而，马戛尔尼一回国，以武力教训中国的声音就开始在欧洲响起。而且这种声音还披上了文明的伪装。马戛尔尼宣称：“如果中国现政府由一个会保证其居民财产安全的政府所取代，那么亚洲农民和工匠的技术与进取心以及亚洲商人的商业敏感就会激励起来。从随之而来的财富增长中，欧洲贸易将会获益，世界将会在互惠的商业中联合起来。”

这就为后来的鸦片战争进行了思想铺垫。

第四十一章 乾隆皇帝与鸦片战争

一

历史课本给我们的印象是，清代中前期的皇帝，从顺治到康雍乾，个个雄才大略。到了清代晚期，道光、咸丰到光绪，一个个懦弱无能，中国才落后挨打。

然而事实上，如果仔细阅读史料，你很容易发现，鸦片战争的爆发，与乾隆皇帝有着直接和间接的多重关系。

说起来中国真是多灾多难。在地理大发现之前，中国对外部世界一直挺感兴趣的。汉武帝多次派人外出探险，差点到了欧洲。隋炀帝也多次“召募行人，分使绝域”，遣使远至波斯等地。唐代各色人种的商人聚集长安，一直是大唐开放气派的一个标志性证明。两宋海外贸易更为繁荣，南宋外贸收入在国家财政中占据了相当重要的分量。大元王朝的开放则导致了《马可·波罗游记》的诞生。

地理大发现之后，西方人来到久已神往的东方海面。全球化过程从此开始，任何国家闭关自守，已经不可能。而恰恰从此时开始，中国开始转向闭关锁国。在农民出身的明太祖朱元璋看来，海外贸易除了进口些用不着的奢侈品，以及带来危险的海外势力外，不能给国家带来任何好处。所以他下诏厉行海禁，“片板不许下海”。虽然明朝中后期部分开放海禁，但仍然禁令重重。嘉靖年间，明世宗规定：不许制造双桅以上大船，并将一切违禁大船，尽数毁之。这一禁令影响持续了300余年，直到1820年，中国驶往东南亚的海船仍限制在两桅。

二

英国使臣访华，实际上给乾隆提供了一个很好的机会来认识西方，促进中国加入世界海洋贸易的竞争中。

英国使团的使命是与中国建立有史以来第一个正式的外交关系。英国人希望在中国设立大使馆，与中国互派大使，希望与中国签订一个外交条约，建立稳定的外交关系。

当然，英国最迫切的目标是促使中国政府改革外贸体制，取消十三行，多开放几个口岸，允许自由贸易，公开关税税率，以减轻中国官员对外商的剥削和刁难。

英国人还有一个“非分之请”。当时澳门已经被葡萄牙实际统治多年，因此希望中国皇帝也“送给”英国一个“小岛”，“以堆放货物”。

为了达到这个目的，英国人给乾隆带来很多礼物。当然，这些礼物主要不是奢侈品，而是体现英国的军事实力、科技实力的工业制成品。英国人带来了当时世界上最先进的武器，带来了大英舰队的全套模型。除此之外，还带来了很多“高科技产品”，比如一架天体运行仪，就是一个太阳系的模型，中间是一个太阳，有齿轮驱动，上足发条之后几大行星围绕太阳运转。他们还带来一个天文望远镜，欧洲人那时候就用这种望远镜发现了星云的存在，知道了人类生活在银河系当中。他们给乾隆带来了一个大的地球仪，上面标注了英国在各地的殖民地，向乾隆展示日不落帝国的威势。他们甚至还给乾隆带来了一个热气球和一个热气球驾驶员，乾隆皇帝要是愿意的话，可以坐上热气球升上天空，成为东半球第一个飞上天空的人。英国人充分相信，这些全人类文明的最新成果一定让中国皇帝大开眼界，对欧洲人刮目相看。因为他们通过贸易深知，中国的工业还停留在中世纪时代，与英国的差距实在是不可以道里计。

可是这些信息乾隆都没有收到，为什么呢？因为这中间有一个礼仪之争。英国使臣来到中国之后，清朝官员要求他们学习三跪九叩，凡是外国使臣前来进贡，必须如此行礼。但是英国使臣拒不同意，他们认为大英帝国与大清帝国是平等的，双方因此发生了激烈的冲突。

经过很多轮的谈判，最后英国使臣勉强答应，到乾隆生日那一天他们混在各国使臣当中，一起跪地，只不过英国人是单膝下跪。别人磕头的时候他们也随众俯首，远远看起来就像行了三跪九叩礼一样。乾隆心里因此非常不高兴，所以后来乾隆观看英国使臣带来的礼物的时候，没有叫上这些英国使臣给他做讲解，因为知道他们不会给自己下跪。乾隆自己一个人闷头在那儿看，看了半天什么也没看明白。他看到太阳系模型，认为是一架西洋大钟表，因为有齿轮转动，他给它起了一个名叫“天文地理大表”，认为跟清宫以前买到的钟表没什么本质区别。看到天文望远镜，他说这是一个千里镜，因为宫中早就有望远镜，当然是打猎用的。英国人给望远镜写了一个详细的英文说明书，注明“这是我国科学家牛顿所发明的，应用了什么原理”等，乾隆也完全看不懂。地球仪上用英文标注的英国殖民地，乾隆也没有注意到。所以英国人竭尽全力向乾隆展示西方世界的发展水平，乾隆却完全没有接收到这方面的信息。因此乾隆对英国使臣提出的两国平等交往、互设大使馆以及改革中国外贸体制等要求，一律否定，全部驳回。他回复英国人说，你们的要求不符合中国惯例，天朝制度，尽善尽美，无一字需要改动，你们贸然提出这些请求，显然是不懂事的蛮夷之国的荒唐举动。

乾隆不知道，他错过了世界留给中国的最后一个机会。17世纪后半期，葡萄牙和西班牙的海上霸权已经衰落，后起的荷兰也进入衰落的过程中。英国向东亚的大规模扩张则是18世纪中期以后的事情。从17世纪后半期到18世纪前半期，是东南亚海上力量的空白期，或者说是上天留给中国的最后几十年时间。如果乾隆能通过马戛尔尼访华敏锐地感觉到迫在眉睫的威胁，并抓住这最后的时机积极经略海上，并非没有可能获得最新西方军事及科技成果，努力追赶世界水平。[1]

可惜，这仅仅是一个假设。大清王朝的文化性格决定了这种可能性极为微小。

从中国回来后，马戛尔尼预言，一旦中国这艘巨舰受到攻击，“它将永远不能修复”。亚洲及世界各地的贸易将受到“扰乱……各国的冒险家都将来到中国”，企图利用中国人的衰败来建立自己的威望。而“在他们之间将展开无

[1]史宏志：《16世纪至19世纪鸦片战争前的中国海外贸易政策述评》。

情的斗争”。在这种对抗中，富的更富，穷的更穷。“英国靠着它的创业精神已成为世界上航海、贸易和政治的第一强国；从这样的急剧变革中，它将获得最大的利益，并将加强它的霸权地位。”

这是惊人的准确的预言。

三

虽然在经济方面没有收获，但是英国人在军事方面收获巨大。

对这次英国人的来访，乾隆皇帝不但在接待工作上做了精心准备，而且还在武力炫耀方面连篇累牍地做了多次指示。皇帝通告各地军方，凡英国人经过之处，都要全副武装，列队迎接，向英国人展示天朝强大的武力，让他们开开眼，对天朝的强大有所敬畏。

然而不展示还好，一展示，英国人马上发现了中国军事上的落后。对于中国的武备，英国人极为轻蔑：“他们的大炮为数很少，仅有的几门炮都破旧不堪。我都怀疑这些炮是向葡萄牙人借来的，因为那些火绳枪便是。”这种军事展示在英国人眼里成了一个笑话。回到英国后，马戛尔尼的话迅速传遍了世界：

> 中华帝国只是一艘破败不堪的旧船，只是幸运地有了几位谨慎的船长才使它在近150年间没有沉没。它那巨大的躯壳使周围的邻国见了害怕。假如来了个无能之辈掌舵，那船上的纪律与安全就都完了。船将不会立刻沉没。它将像一个残骸那样到处漂流，然后在海岸上撞得粉碎。

除了对中国军队的整体评估外，他们还对中国的具体防务进行了考查。马戛尔尼初步探明了从宁波到天津大沽口以及从大沽口到通州的航道，对北京、通州、定海等中国城市的防卫设施进行了细致观察，为西方人后来入侵北京提供了大量的军事资料。

为什么在后来的鸦片战争中，英军选择定海为第一座攻打的中国城市呢？就是因为英国使臣详细测绘了定海城的防卫布局。

鸦片战争的鸦片因素，在乾隆时期也已经出现了。如前所述，因为英国商品在中国打不开销路，在中英贸易中，英国人只能用白银换取中国的茶叶。中国对白银的惊人胃口导致美洲很多银矿面临枯竭。英国人心急如焚，英国东印度公司的高级职员华生上校（Colonel Watson）正式提出了在印度大面积种植鸦片，然后卖给中国人的计划。1773年，也就是乾隆三十八年，这项计划得到批准并开始实施。当然，乾隆对此一无所知。

一开始，英国人并不准备大面积实施这一罪恶的计划，还是希望通过谈判的方式打开中国国门。直到马戛尔尼出使失败后，英国人才开始大规模组织鸦片输入中国。据统计，1775~1797年，中国平均每年进口鸦片1814箱。而1798~1799年，平均每年增至4113箱，到1800年，则达到4570箱。

正是在乾隆年间兴起的鸦片走私，让中国贸易从以前的顺差一下子变成了逆差，白银大量外流，几十年后财政濒临破产，导致道光皇帝不得不禁烟。

四

在英国发动鸦片战争的过程中，有一个人起了决定性的作用。他的名字叫乔治·托马斯·斯当东（George Thomas Staunton），时人称为“小斯当东”。

1840年4月7日，英国的下议院进行了一场激烈的辩论，辩题是“要不要向中国派遣远征军”。在漫长的辩论过程中，一位叫小斯当东的议员的发言引起了大家的特殊重视。在他发言的时候，全场鸦雀无声，人们听得异常认真。小斯当东以果断的口吻说，以他对中国统治者性格的了解，他认为战争不可避免：“我很了解这民族的性格，很了解对这民族进行专制统治的阶级的性格，我肯定，如果我们想获得某种结果，谈判的同时还要使用武力炫耀。”

小斯当东的发言对议员们的决定影响是至关重要的。发言结束后，下议院里响起了长时间的掌声。在后来进行的投票中，主战派271票，反战派262票，9票之差。也就是说，如果再多5张反对票，鸦片战争就不会在那时爆发。

为什么小斯当东的话如此有说服力呢？因为他是当时英国最著名的中国专家，而且他13岁就到过中国，还曾经与乾隆皇帝“亲切交谈”。

原来，小斯当东正是当年马戛尔尼使团副使斯当东的儿子。马戛尔尼访华时，13岁的他被作为“见习侍童”带到中国。在驶往中国的漫漫旅途中，小斯当东学会了简单的中文。因此在觐见的时候，他有机会直接和乾隆用中文聊天，乾隆一高兴，还赏了他一个荷包。

回到英国后，小斯当东继续刻苦学习中文，成为知名的汉学家，以及下议院议员。

这样一个人当然在中英关系中最有发言权。他告诉英国人，对中国必须采取强硬手段，想通过和平手段让中国人尊敬英国是不可能的。这是他在与乾隆打交道的过程中学到的。

五

英国人在1793年通过和平谈判没有得到的东西，40多年后通过战争一件不少地得到了。《南京条约》的五点核心内容，与马戛尔尼乞求乾隆皇帝的内容几乎完全一致。

1793年马戛尔尼提出多口通商，增加舟山、宁波、天津等处；1842年的《南京条约》规定，开放上海、宁波、福州、厦门、广州等处为通商口岸。

马戛尔尼要求，如同给葡萄牙澳门一样，也给英国一个小岛，以堆放货物。《南京条约》中割让了香港岛给英国。

马戛尔尼要求结束十三行垄断，自由贸易，公开固定的关税税率，这些在《南京条约》中都得到了落实。

因此，鸦片战争与乾隆皇帝有着直接的关系。这也是我把马戛尔尼事件当成中国近代史起点的原因。

马克思用这样的语言概括鸦片战争："一个人口几乎占人类三分之一的大帝国，不顾时势，安于现状，人为地隔绝于世并因此竭力以天朝尽善尽美的幻想自欺。这样一个帝国注定最后要在一场殊死的决斗中被打垮：在这场决斗中，陈腐世界的代表是激于道义，而最现代的社会的代表却是为了获得贱买贵卖的特权——这真是任何诗人想也不敢想的一种奇异的对联式悲歌。"[1]

---

[1]马克思、恩格斯：《马克思恩格斯选集》（第1卷），人民出版社，1995，第716页。

第四十二章
从财政角度看鸦片战争的失败

一

关于鸦片战争，很多人有各种误解。

最常见的误解是，清军在战争中是用大刀长矛和英国人作战的。很多电影，比如《火烧圆明园》之类，通常都会表现清军骑着战马，挥舞着长矛，在英军的步枪射击下一片片倒地的场景。

但是事实并非如此。中英双方虽然在武器装备上有差距，但是差距并没有我们想象的那样大。茅海建的《天朝的崩溃》用大量材料雄辩地说明了这一点。英军处于火器时代，而清军也大量使用火器，而且还是西洋火器。比如清军用的鸟枪，是根据葡萄牙火绳枪仿制的。清军使用的火炮，同样属于西方加农炮系列。虽然中国人对英军最强烈的印象是“船坚”，甚至排在“炮利”前头，但是那时双方的军舰其实都是木头制的帆船，靠风作动力。火轮船虽然已经发明，但是用于军舰的技术还不成熟，因此在鸦片战争中基本没有应用。

因此，中英双方武器的差距关键在于质量。也就是说，虽然大致属于同一类型，但是清军的质量太差。“清军使用的火器，主要是仿造明代的老式的‘洋枪洋炮’。与英军相比，整整落后了200余年。”事实上，清军早在与明军作战时，就从明军手中缴获了大量西式武器。后来又大量地进行仿制，因此“清军使用的鸟枪，原型可追溯至1548年（明嘉靖二十七年）的葡萄牙火绳枪”。但是清代并没有对武器进行持续研发和改进，一把鸟枪通常用个几十年甚至上百年。茅海建说他见到的材料中，竟有使用166年尚未更换的鸟枪。

大炮也是这样，清军使用的火炮，虽然是仿照西方17~18世纪初的加农炮系列，但也都是已经用了上百年了，有的甚至是明朝的东西。换句话说，从明代末期到清代末期的200多年间，中国军事工业没有任何进步，甚至还有退步。比如明末清初，中国就引进了“开花炮弹”（一种爆破弹）的技术，非常有威力。然而到了清代，中国人忘记了自己曾经掌握了这门技术，在鸦片战争中看到英国使用这种炮弹很厉害，才在战争之后费了很大力气进行了“二次引进”。但是到了19世纪70年代，左宗棠征西的时候，在陕西发现了明朝末年的“开花炮弹”，才恍然大悟，原来此“利器之入中国三百余年矣”。

但是欧洲军事技术从明末到清末一直在持续进步。因此，到了清末，中国的武器与西洋武器的质量出现了巨大差距。与英军的步枪相比，清军的鸟枪射速慢、射程近，在威力上，一支英式步枪，可以顶4~10支中国鸟枪。

中英双方的大炮虽然原理相同，但是工业革命让英国的冶炼技术大大提高，英国的大炮铁质好，炮筒里面用车床进行了加工，非常光滑。而中国大炮铁质很差，很容易炸裂，而且铸件毛糙，炮筒里面是不光滑的，所以炮弹射出来后，弹道紊乱，精度很差。所以我们看整个战争中，清朝军队没能击沉一艘英军的军舰。[1]

中国和英国军船的差别，也具体体现在英国军舰用的木料更结实、设计更合理、安装的大炮更多上，所以作战效率比中国强很多。

中国和英国的武器在明末大致处于同一水平，到了清末却有了这么大的差距。这很直观地体现出中世纪以后，欧洲历史是加速度发展，而中国在很多方面是停滞甚至倒退的。

---

[1]茅海建：《天朝的崩溃——鸦片战争再研究》，生活·读书·新知三联书店，2005。

二

关于鸦片战争的另一个误解，是鸦片战争中国只输在军事上。

其实，中国是整体性全方位的失败，绝不止于军事。

第一次鸦片战争花了多少钱呢？道光皇帝曾经下过一个上谕，说不完全统计的结果是花了2000万两白银。而据鸦片战争研究的权威茅海建根据第一手材料进行的统计，这次战争，中国最终是花了3000万两。[1]

那么，英国人花了多少钱呢？茅海建在《英国议会文件》中看到了英国政府对下院质询时开出的一份对华战争支出的账单，421万镑，最终换算一下，相当于中国银两1263万两[2]。也就是说，只相当于中国的40%。

这场仗是在中国打的，英国人是万里远征，理应中国有地利，为什么结果却是中国军费比英国多那么多呢？

这一是因为清代后勤体制落后，二是因为官员从中大量贪污，三是清朝财政体制、会计体制乃至税收体制有很多弊端。[3]

各地的清军平时装备很差，根本不能打仗。出征的时候，很多东西都要重新制造。而且出征前，还要发放大量的行装费和路费。加到一起，和新建立一支军队所花的钱差不多了。

贪污数量也很巨大。比如处在浙江前线的军官们琢磨着发财手段，虚构了一支9000人的“南勇”，以这个为名义，骗了国家10万两军费。总兵郑国鸿之子郑鼎臣虚构了一支20000人的水军队伍，套取国家兵饷三四十万两。这类事件在鸦片战争中层出不穷，留下很多资料。各级官员贪污总数最高可达上千万两。也就是说，有1/3的军费，是直接被贪污掉了。

---

[1]茅海建：《鸦片战争清朝军费考》，《近代史研究》1996年第6期。道光二十三年（1843年）4月，道光皇帝的上谕中引用曾任职户部也就是财政部的中国官员陈庆镛的一份奏折，说“此次各海疆动拨银两报部者，已不下二千万两，尚有陆续补报等项”。也就是说，根据官方尚未统计完的结果，第一次鸦片战争，花了清王朝至少2000万两白银。

[2]事后根据《南京条约》，清朝赔偿英国的战争军费为1200万银圆，相当于852万两白银。

[3]茅海建：《天朝的崩溃——鸦片战争再研究》，生活·读书·新知三联书店，2005。

三

很多人指责中国统治者在第一次鸦片战争中抵抗意志不坚决。

说实在的，英国人并没有占领中国多少领土，也没打到中国首都，为什么不打下去呢？继续打啊，打到国家被占领一半，来个持久战，不行吗？英国毕竟是小国，我们是大国，可以消耗它啊。

还真不行。

论消耗的话，我们消耗不过英国。事实上，战争刚开打，中国就没钱了。

我们来看看鸦片战争的军费在中国和英国两国的财政中的占比。

清王朝每年的财政收入，大约在4000万两白银。具体到1840年，中国的财政收入是3904万两。鸦片战争的军费占中国全年财政收入的70%以上。

而英国那一年的财政收入是15540万两。也就是说，英国的财政收入是中国的整整4倍！对英国来说，这场战争，只花掉它全年收入的8%。

这样的战争，中国能打胜吗？再打下去，中国显然要破产，而英国毫无压力。

一个国家的财政能力最能代表它的国力。任何一项国家能力，包括军事力量，都离不开财力的支撑。“财政能力真正体现一个国家能在多大范围内动员其经济资源。”因此财政收入比GDP总量更能代表一个国家的实力。

中国是大国，英国是小国。当时中国的人口是4.1亿。而英国是1500万。也就是说，中国的人口数是英国的27倍左右。然而英国的财政收入是中国的4倍，也就意味着，英国的人均财政收入是中国的109倍！

那么，为什么中英两国财政能力差距如此之大呢？

一方面是中英两国国民收入不同，我们讲过，早在工业革命前，英国人均收入就要比中国人富裕很多。

另一方面，也是更主要的一方面，是税收体制背后的政治体制不同。

表面上看，英国的政治体制不利于税收。因为我们都知道英国人的“无代表不纳税”的理念。著名的光荣革命最主要的内容就是限制国王的权力，不经议会同意，国王不能收税。

而中国皇帝富有四海，皇权没有任何限制，中国还有一支人数巨大的官僚队伍，主要任务就是收税。因此皇帝要收多少税，似乎是一句话的事。

这样说起来，中国的收税能力应该比英国强很多。

然而事实恰恰相反。正是因为光荣革命，英国的税收能力大大增强。而中国皇帝的税收能力其实一直很差。

这是为什么呢?

道理很简单。光荣革命强调了纳税人的合法财产权，或者说，强调了对产权的保护。国王不能再任意损害纳税人利益，更不能把收到的税款用于骄奢淫逸胡吃海喝，如同秦皇汉武那样宫殿一盖就是几十上百座。光荣革命的主要成果之一，就是纳税体系不再归国王管，而是归议会管，每一笔钱怎么收怎么用，都要公开辩论，非常透明。

这样一来，精明的英国人就相信他的钱不会被中饱私囊，也不会被浪费，而是最终会花在自己身上，用来给公民提供“公共产品”。

事实证明英国纳税人的判断是正确的。虽然国力不断增长，收入不断增加，但是英国的财政收入大部分用于对外扩张，国内管理上用的金额基本不变，也就是说，文官队伍比较清廉，比较节俭，税收没有被腐败吞噬。“自十四、十五世纪以来，英国政府有偿提供公共产品的规模增长与效率提高就主要体现在国防或国外市场的扩张上，对内的协调职能长期以来几乎没有发生大的变化，其内政开支甚至保持了几百年如一日的稳定。”[1]

在对外方面，英国政府虽然花费了当时世界上最高的税收，但也确实最有效地保护了国家的利益。在欧洲100多年的列强争霸时代，英国通过军事力量，不仅确保英伦三岛、北美殖民地、欧洲大陆市场的绝对安全，而且阻止了任何一个可能的竞争对手的出现。虽然战争连绵，但是不断获胜，可以获得赔偿。而且战争支出刺激了经济增长，促使英国经济更加繁荣，“国家支出的猛烈增长，特别是海军部订货造成的对生铁、木材、布匹和其他物资的巨大而持续的需求，造成一个‘反馈环’，促进了英国的工业生产，刺激了技术上一系

---

[1]宋丙涛：《英国崛起之谜：财政制度变迁与现代经济发展》，社会科学文献出版社，2015，第218页。

列的突破”[1]。大量的英国工厂、企业和商人都通过战争发了财。这进一步提高了英国人的纳税能力，形成了良性循环。

因此，英国纳税人认为他们对政府的投资是合算的。他们相信，交给国家一磅，国家回报给自己的远超过一磅，这使英国的征税阻力很小，征税成本相当低。[2]

马德斌说，正是因为这样，世界上首先被制约和限制的权力，成为最有效、最强大的权力，英国的国家能力因此大大增强。

而中国皇帝呢，表面上税收能力很强，如前面我们所说，汉武帝时期，随心所欲地通过税收掠夺民间财富，导致上千万人成为奴隶。再比如明朝末年，随意加收三饷，并没有人能反对。然而事实上，古代中国的财政能力是很差的。

为什么呢?

第一，在普通民众看来，税收就是官府对人民的合法抢劫，纳税积极性不高，千方百计逃税。

第二，也是更为主要的，因为无法有效治理腐败，通过官僚体系征收的税款，真正送达中央的很少，有80%甚至90%的税费被各级官员中饱私囊，成为陋规的主要来源，成为官员们发财致富的主要手段。这就是所谓的“强政权与弱治理并存的矛盾体”。因此古代中国的国家能力很差，无法建立起公开透明的税收体系，无法提供一些基本的公共产品。

因此，鸦片战争后，中国有一位著名的保守派官员刘锡鸿，被派到英国当外交官后，通过亲眼观察，发了一通感慨。他说中国老百姓不愿意交税，英国老百姓却很积极，为什么呢?因为英国人征税，是老百姓选出的议员在议会上决定的，取之于民，用之于民，大家当然是愿意了。而中国征税去干什么，谁都不知道，当然没有人愿意交了。当然，这话是他私底下偷偷说的，回国之后他是绝口不提。

---

[1]保罗·肯尼迪：《大国的兴衰：1500—2000年的经济变迁与军事冲突》，国际文化出版公司，2006，第77页。

[2]不过我们要说明的是，英国人均纳税虽然远高过中国，但是在整个财政收入中并不是大头，这方面下一章有说明。

第四十三章
“借钱”的能力与英国崛起

一

光荣革命之后，英国不但在与中国的鸦片战争中轻松获胜，在欧洲大陆，也没有了敌手。

在欧洲历史上，英法两国是老对头。在光荣革命之前，英国的国力是无法与法国抗衡的。光荣革命时，英国的总面积是31万平方公里，总人口是894万。而法国的面积是56万平方公里，总人口达1930万。当时法国的GDP是12159万英镑，差不多是英国的两倍（英国约为6418万英镑）。[1]

从国王的集权程度也就是集中力量办大事的能力来看，英国更是远远不行。英国国王的权力一直受到贵族们的重重约束，而法国国王权力极大，法国王室从14~17世纪一直是欧洲最富有的王室。

因此在光荣革命之前，英国不是法国的对手。1337~1453年间，英法打了一场当时世界上最长的战争，即著名的长达116年的“百年战争”。战争以法国获胜结束，英国几乎丧失了所有的法国领地。

然而1688年光荣革命之后，英国开始了军事上的崛起，从“光荣革命”到滑铁卢战役的127年里，英法两国有一半时间（64年）都处在断断续续的战争状态。[2]最终的结果是英国全面获胜，摧毁了法国的海上力量，夺取了法国

---

[1]计秋枫：《近代前期英国崛起的历史逻辑》，《中国社会科学》2013年第9期。

[2]同上。

的海外殖民地。随着拿破仑帝国的崩溃，英国迎来了辉煌的19世纪。

那么，为什么光荣革命后英国军事力量变得如此惊人？

主要是因为英国人的借钱能力变强了。

上一章我们讲了，英国的税收能力远强于中国。然而，在英国的财政收入中，直接的税收还只是小部分，大部分是国债。也就是说，英国的财政能力更主要的部分，是体现在“借钱”的能力上。

我们知道，打仗就是打钱，就是比谁的钱经得住消耗。光荣革命之后很长时间，因为国家体量的关系，英国的税收仍然没有法国多，但是英国通过发行国债，获得了巨额资金。光荣革命后没几年，1695年，英国的国债总额就达到840万英镑，达到了税收的两倍。以后更是直线上升，1700年达到1420万英镑，1763年增到1.326亿英镑，而到了1790年，国债总额攀升到2.44亿英镑，是当年政府收入的15倍！[1]正是强大的筹资能力，支撑着英国打赢了一场又一场战争，成为世界头号霸主。换句话说，英国之所以能称霸欧洲，就是因为它在欧洲最能借钱。

相反，法国失败是因为它借不到钱。法国人也不傻，为了打仗它也努力发行国债。然而法国在这方面很失败。虽然法国政府愿意付出的利息差不多是英国政府的两倍，达到6%以上，然而，却没有人愿意买法国的国债。拿破仑时期在位10年，筹到的国债一共只有6300多万法郎，约合当时的274万英镑，不到英国国债的1%。[2]这是拿破仑最终遭遇滑铁卢的根本原因。

二

为什么法国借不到钱呢？因为国家体制不同。

我们说过，在欧洲国家通向建立中央集权的统一民族国家的过程中，有4

[1]计秋枫：《近代前期英国崛起的历史逻辑》，《中国社会科学》2013年第9期。

[2]李方恩：《“老赖”拿破仑：信用差评，焉能不败？》，《文史博览》2017年第12期。

种模式。西班牙的绝对专制式、荷兰的松散联邦式、英国的君主立宪式我们都介绍过了，在这里我们再花点笔墨介绍一下法国的君主专制式。

和欧洲其他国家一样，中世纪法国也是一个松散的封建制国家。国王名义上是全法兰西封建主的最高宗主，实际上并不能控制全国。王室的领地很小，在大大小小诸侯的封地海洋中像一个岛屿，人们称它为“法兰西岛”。王室的收入相当微薄，不够宫廷费用。以致腓力一世曾率领臣仆抢劫过路的意大利客商，以补不足。[1]然而，诸侯们却占有大片土地，各据一方，有时还与国王打仗。

读到这里，相信大家一定会想到周天子迁都洛阳之后的情况。当时周天子地盘大大缩水，入不敷出，穷困潦倒，只好厚着脸皮，派出使者到周围各国去化缘，“求赙（丧葬费）”“告饥”“求车”“求金”。为了一件小事，郑国还公然与周王室大打出手。

从11世纪起，法国国王就不断试图加强自己的权力，通过战争，王室直辖领地不断扩张。由于大陆型国家的环境和禀赋，法国的君主集权比英国要顺利，经过持续不断的顽强努力，16世纪，中央集权的君主专制国家渐渐形成，在路易十四时期，达到了中央集权的鼎盛阶段。1688年时，英国忙于光荣革命，而法国则在忙着集中力量办一件大事，就是建设规模浩大的凡尔赛宫。第二年，也就是1689年，凡尔赛宫落成。如果你到凡尔赛宫去玩，相信你一定印象深刻。这座建筑里面林林总总的收藏和陈设，反映出集权制法国的强大和奢华，与中国古代帝王的宫殿在精神上并无二致。

法国的君主专制比西班牙要先进，因为它兑现了对资产阶级的承诺，破除了封建关卡，促成了国内的统一市场，推动了经济发展，但是这一制度的问题在于对君权缺乏有效约束。

在中世纪封建制度下，和其他国家一样，法国国王的权力受到贵族的地方统治、城市三级会议和各种行会组织的约束。但是中央集权的扩张渐渐突破了这些约束，表现之一就是税收的增长。比如在路易十一统治期间，税收增长

[1]陆炘如：《浅述法国封建中央集权制的形成及其主要特征》，《历史教学》1979年第10期。

了近四倍。为了征税，法国建立起一支庞大的官僚队伍。[1]贵族在地方的统治权逐渐被国王任命的行政官僚取代，这个过程与战国时期中国的郡县化改革相似。[2]

到了路易十四阶段，国王权力无限膨胀，个人独断独行，官僚机构越发庞大，拥有军队达30万，达到“君权神授”“朕即国家”“法律出于我”的与中国帝王相仿的程度。[3]而正是在这个过程中，英国国王的权力却日益缩小，并且在光荣革命中被架空成“虚君”。正是这一进一退，导致两国的借钱能力出现巨大差距。

三

为什么法国人借不到钱呢？道理很简单。借钱最关键的是什么？是信用。信用好，能借到钱。信用不好，没有钱可以借给你。

欧洲历史上战争不断，大大小小的国王为了支持战争早就开始想尽办法借钱。一开始，国王们总是以自己的个人信誉来借，但是这样借到的钱有限。为什么呢？一是因为有的国王诚信度不高，说话不算话。二是国王的寿命是有限的，老国王死了，新继位的国王有可能不承认前任国王欠下的债务。所以国王们虽然付出很高的利息，却通常借不到多少钱。

16世纪，哈布斯堡王朝要和法国开战，急需资金。这次，哈布斯堡皇帝脑筋急转弯，不再用个人的名义借钱，而是以其领地荷兰州议会的名义来借。

为什么以议会的名义来借呢？第一，荷兰州议会信誉特别高。我们讲过，

---

[1]道格拉斯·诺斯、罗伯特·托马斯：《西方世界的兴起》，华夏出版社，2014，第157页。

[2]王涛：《中央集权的政治困境——再议托克维尔热之盲点》，《探索与争鸣》2013年第9期。

[3]陆炘如：《浅述法国封建中央集权制的形成及其主要特征》，《历史教学》1979年第10期。

荷兰是欧洲议会制度最发达的地区之一，议会制度最为成熟。荷兰州议会诞生之后，一直信誉良好，从来没有违约过。荷兰曾立法保障银行交易的绝对自由，因此当后来荷兰和西班牙的军队在海洋上厮杀时，西班牙贵族手中的白银居然仍可以自由地从阿姆斯特丹银行的金库中流出。荷兰的银行，甚至还可以合法地贷款给正在和自己国家作战的敌人。所以，大家信得过荷兰。[1]

第二，更为关键的是，国王会死，但荷兰州议会却是永久性机构，不会消失。

第三，哈布斯堡皇帝有时穷有时富，荷兰州议会的税收却一直稳定增长，有稳定的还债能力。

当然，荷兰州议会不会无条件为哈布斯堡皇帝借钱，荷兰州议会同意为皇帝借钱，但要求以后有权限制哈布斯堡皇帝的财政支出，这样还款就有了双重保障。

于是，哈布斯堡皇帝以交出部分财政权为代价，将自己的“个人借贷”转换为由议会这一公共机构发行“公共债务”，“国债”就诞生了。荷兰州议会以其高度的信誉、稳定的偿还能力和永久存在的生命，轻松地为哈布斯堡皇帝借到了大量的钱。

因此，国债制度的诞生，意味着根本性的制度变革，即“王权”受到限制，而议会的权力获得扩张。

英国“光荣革命”之后，来自荷兰的威廉三世继承了英国的王位，把荷兰的这套国债制度带入了英国。

英国拥有良好的发行国债的基础。因为与荷兰一样，英国拥有成熟的议会制度。人们对英国政府充满信心，相信英国政府肯定能守信归还本息。所以英国民众非常踊跃地购买债券，认为这样比把钱存在银行划算。英国人均购买的国债额，在威廉三世时期达到3.1英镑，到美国独立战争时期更增加到29.15英

[1]中央电视台《大国崛起》节目组：《大国崛起：荷兰》，中国民主法制出版社，2006，第114页。正是因为视信用为生命的观念，导致世界上第一家中央银行（1609年的阿姆斯特丹银行）、第一家证券交易所、第一家股票可以自由买卖的股份有限公司（1609年的荷兰东印度公司）都诞生在荷兰。

镑。由于英国政府的透明度较高，欧洲大陆的投资者也都非常愿意投资英国。荷兰人、犹太人甚至敌对国家法国的投资人，都踊跃购买英国国债。[1]所以英国能借到全世界的钱，来支持自己与法国打仗。

因此，1786年，英国首相皮特在下院宣布："这个民族的生机乃至独立建立在国债基础之上。"

四

在发行国债方面，法国人远远不行。法国实行君主集权制度。专制就意味着任性，意味着朝令夕改，意味着不讲信用。在国债发明之前，法国国王以个人名义举债，总是借不到多少钱，因为历史上法国王室的信用一直很差，是著名的"老赖"，法国有的国王甚至用杀掉债权人这种办法来逃债。

英国人发行国债之后，法国也有样学样。但是法国的议会政治不成熟，代议制度很落后，议会无力控制国王。法国的三级会议在1614~1789年间，100多年没有召开，国王的权力不受约束，经常东一下西一下瞎折腾。因此虽然法国国债利息很高，但是大家信不过这个国家，没有人买。

"老赖"的法国王室借不到钱，只能靠不断增税[2]，甚至通过卖官鬻爵来筹集军费。王室财政危机最终引发政治风暴，导致王朝轰然倒塌。法国大革命后上台的革命政权做得更绝，他们干脆一笔勾销了2/3的债务，结果法国政府的信用更是一落千丈，只好大量收税，税收总额大大超过了革命之前的水平。

到了拿破仑时期，因为这种负面历史遗产，同样借不到钱，财政支撑能力越来越差，拿破仑虽然拥有天纵的军事天才，最终也不得不兵败滑铁卢。

因此有人评论道："拿破仑是在用自己的本金和英国的利息来进行战争，焉有不败之理？"[3]

---

[1]计秋枫：《近代前期英国崛起的历史逻辑》，《中国社会科学》2013年第9期。
[2]而法国政府在征税过程中，因为过程不透明，民众交税意愿不高，征税成本高达25%。
[3]李方恩：《"老赖"拿破仑：信用差评，焉能不败？》，《文史博览》2017年第12期。

第四十四章 被约束的权力更强大

一

上一章我们讲了，成熟的议会制度为英国带来了一个意想不到的好处，那就是发行国债的能力大大增长。这个能力像变戏法一样，让英国国力一下子提高了好几倍。

了解了国债制度，我们就可以解释，为什么小小英国的财政收入能轻松超过庞大的中国。

英国的财政收入是什么时候开始超过中国的呢？有些学者的研究结论是中国的乾隆时期。[1]

在清代早期，也就是光荣革命之前，英国的财政收入还远不及中国。比如康熙二十四年，也就是1685年，光荣革命前三年，大清帝国财政收入为3123万两[2]，英国则为493万两[3]，仅为中国的16%。

乾隆朝的财政收入这个数字是人们一直以来津津乐道的，被认为是盛世的一个重要指标。1791年也就是乾隆五十六年，达到4359万两[4]。

---

[1]东北师范大学的杨慧在她的论文《17—19世纪中英财政收入和支出结构比较研究》中进行了详尽的对比，将英国的数字换算成了中国的银两。

[2]《17—19世纪中英财政收入和支出结构比较研究》中所引周育民研究的数字。

[3]《17—19世纪中英财政收入和支出结构比较研究》中杨慧研究的数字。

[4]《17—19世纪中英财政收入和支出结构比较研究》中所引周育民研究的数字。

这在中国历史上是一个非常高的数字。明代成化十六年，即1480年，财政收入是1332万，到了明代收入比较高的1602年，也不过是2295万[1]。所以清朝的财政收入比明朝强很多。

然而，事实上，这个数字放到今天其实并不算大。乾隆朝的4000多万两白银，如果按白银的价格换算，不过相当于今天的10亿美元左右，今天一个民营公司的收入可能都比这多。[2]

光荣革命之后，因为国债发行额几何级数增长，英国的财政能力猛增。在财政收入达4359万两的乾隆五十六年左右，英国财政收入已经达到5100万两，超过了大清帝国。在此之后，英国更是绝尘而去，到了1812年，也就是嘉庆十七年，大清帝国财政收入4013万两，而英国已经是19511万两，已经是中国的4.86倍。

在财政优势下，英国的军费更是清王朝的数十倍。看到这儿，你就会明白，鸦片战争中，中国是毫无胜机的。

二

既然缺钱，那么，中国为什么不会像欧洲国家那样发行国债呢？

道理很简单。首先，中国的皇权是笼罩一切的，普天之下，莫非王财。所以中国皇帝没有借的思维，只有抢的思维。他缺钱的时候，会直接没收富商的财产，或者强迫他们捐款，但是想不到和他们借钱。所有的东西包括百姓的性命都是皇帝的，他怎么可能想到去借呢？在鸦片战争开始前，清政府就已经陷入财政危机，国库存银只有1000多万两，而鸦片战争的军费达到3000万。那

[1]《17—19世纪中英财政收入和支出结构比较研究》中所引吴承明研究的数字。

[2]陈志武在《为什么中国人勤劳而不富有》中提到，2017年全国财政收入百强县指标，一个县级市（昆山市）的财政收入都能达到352亿，约合50亿美元，也就是说，今天一个县长能支配的财政收入都5倍于乾隆皇帝！

么，这中间巨大差额是从哪儿弄的呢？我们前面说过，除了花国库的钱之外，清政府的军费还有两个来源：一个是“摊廉”，说白了就是挪用官员工资，从文武官员的养廉银中扣；二是“开捐”，就是强迫富商地主捐款，这实际上就是公开抢劫。

其次，即使皇帝愿意发国债，也没有人愿意买。虽然老百姓在皇帝面前表现得很顺从，但是他们内心深处不相信皇帝会守信用。近代以前，中国政府从来没有发行过国债。一直到1894年，清朝政府近代化转型过程中，才因财政极度困难而效法西方，发行公债。然而清政府发行的“昭信股票”“邮传部京汉铁路赎路公债”“爱国公债”，几乎无一例外地在全国上下遭受冷遇，迅速失败。从“昭信股票”的名字看，清政府本来是憋足了劲想讲一把信用的，无奈没有人信，最后忍不住强盗脾气复发，强制摊派，又拒不付息，中小投资者血本无归，导致国债沦为横征暴敛的工具。清政府自己也灰心丧气地说，“自昭信股票之后，信用未复”。

因此，传统中国的产权制度等与西方根本不同，权力不受约束的中国皇帝能获得的有效税收要远远低于王权被宪政制约的荷兰和英国。[1]

经济学家陈志武在《金融的逻辑》中说，过去人们总认为，国库真金白银越多，国家就越强大；借钱花的国家是弱国。但是事实也许并非如此。他说，如果把1600年左右的国家分成两组，一组是国库藏了很多现金的国家，像明朝中国国库藏银1250万两，印度国库藏金6200万块，土耳其帝国藏金1600万块；另一组是负债累累的国家，像英国、荷兰、各意大利城邦国家，你会发现一个惊人的结果：几百年过后，当年国库藏金万贯的国家，都是比较落后的国家，而当时负债累累的国家，今天都是发达国家。[2]因为借的力量其实比抢的力量强大，或者说契约的力量大于枪杆子的力量。

---

[1]马德斌：《中国经济在历史上什么时候落伍的》。

[2]今天美国的经济之所以能保持世界第一，基础也是其世界第一规模的国债。

三

讲到这里，我还需要补充一笔，再聊一聊法国的君主专制制度，以及它和后来震惊世界的法国大革命的关系。

细读历史，你会发现法国的集权过程与中国秦朝的集权过程非常相似。他们都是通过官僚集团取代了原来的自治社会。对于地方贵族，秦始皇是用暴力强行迁徙到首都。当然欧洲人想象力再丰富也不敢做这样的事，路易十四的办法是在凡尔赛宫中每天举办舞会和晚宴，发布最时尚的羽毛、绸缎和蕾丝，把数万名贵族吸引到巴黎，从早到晚待在宫殿里，让他们没有时间去管理地方，吸引他们疯狂采购，削减他们的财力。

我们讲过，周秦之变中，大共同体取代了地方自治。原本“出入相友，守望相助，疾病相扶持”的“百姓亲睦”的民间社会，变得冷冰冰，以致父子之间，婆媳之间都如同路人。而在法国的集权过程中，也出现了同样的情况。原本在各地封建庄园中，贵族、农民和商人是相互依存的共生关系，而“中央集权下官僚机构的行政活动取代了地方民众的公共生活”，原有的地方有机社会被破坏了。“在打碎封建制度的政治关系之后，中央集权也破坏了附着其上的社会纽带和人际网络，以及各阶层持有的共同观念、共同情感和共同习惯。”[1]有机社会迅速沙化，原来是利益共同体的民众成为陌路。贵族不再参与地方管理，与其他阶层脱离。作为沉重军役赋税唯一承担者的农民阶层，则仇恨其他阶层。

和秦国不一样的是，拥有强大的中央集权的法国，一度是很想给民众谋福利的。托克维尔在《旧制度与大革命》中说，自国王路易十四开始，中央政权一片好心地要把全社会的责任承担起来，不但积极承担全国财政、公共工程和社会治安的管理，而且还大力筹办慈善事业，甚至帮助农民学习新技术，给农民们搞培训。然而，中央政府积极进取为民众办好事，却导致民怨重重。[2]

---

[1]王涛：《中央集权的政治困境——再议托克维尔热之盲点》，《探索与争鸣》2013年第9期。

[2]同上。

为什么呢？因为社会的自治能力被取消后，“中央政权已成为社会机器的唯一动力”[1]，什么事都要由它主导，不许别人插手，不许民间自发解决问题。所有不被它控制的力量都被它视为一种威胁。“最小的自由结社，不论目标如何，均使政府不快。”[2]所以，在镇压和防范社会上，国王做了很多令人反感的事，抓了大量的人。

如果排除了民间力量的政府能把一切事都办得完美，那自然也没问题。但是政府显然没有解决一切问题的能力，“它的排他性会让关切公共事务而受阻的民众，对政府充满了指责和批评”。天底下的事总是这样的，关乎你的事，如果让你参与，那么做错了你也不好说什么，因为你自己也参与决策了。但是如果不让你参与，无论结果如何，你总可能会挑剔。既然民众无法参与关乎自己利益的公共事务，他们就挑剔而报怨，“连那些最无法避免的灾祸都归咎于政府；连季节气候异常，也责怪政府”[3]。托克维尔看到，中央集权下的政府面临着社会的整体性疏离与反对。[4]虽然政府有时确实一片好心，但是它把民众推到了自己的对立面。这是法国大革命爆发的一个基础。

四

君主专制制度的另一个严重后果是，专制国家的性格也败坏了民众的品质。路易十四的君权强大蛮横，蔑视法律，政策朝三暮四，缺乏稳定性。“有什么样的政府就有什么样的民众”，在这样的政府下生活的民众也模仿政府的行为方式，内心深处不相信法律，只想钻法律的空子。“与政府蔑视法律和缺

[1]托克维尔：《旧制度与大革命》，商务印书馆，2013，第109页。

[2]同上书，第105页。

[3]托克维尔：《旧制度与大革命》，商务印书馆，2013，第112页。

[4]王涛：《中央集权的政治困境——再议托克维尔热之盲点》，《探索与争鸣》2013年第9期。

乏信用相呼应的是，民众不遵守规则和秩序，易于走向极端。”民众发现法律没有权威，因此也不遵守法律，而是相信行贿受贿和个人关系。他们表面上顺服权力的安排，但这种服从不是发自内心，而是被迫的，因此，当政府权力高压一旦减轻，民众就会从顺民一下子变成暴民，“因缺少外在约束而变得任性、骄纵，以至于走向暴力”。托克维尔说，正是政府的武断和专横行为塑造出民众的恶劣品质。[1]

这是后来法国大革命如此暴烈的重要原因。

中央集权化的进程破坏了传统的有机社会，制造出一个碎片化、原子化的脆弱社会，这样一盘散沙的社会缺乏抵御和消化各种社会动荡的能力。正是因此，大革命能够轻松地席卷法国。

这个过程，和秦国的崛起以及毁灭的过程是何等相似。秦始皇构建的权力体系看起来牢不可破，然而由于它让社会严重散沙化，因此，陈胜吴广揭竿而起，把沙土地基挖掉一角，整个国家就迅速崩塌。秦国从建国到统一天下花了几百年的时间，而陈胜吴广振臂一呼，不到3年，秦朝就灭亡了。因为它是一个没有根的政权。

托克维尔说，法国君主专制制度最可怕的地方在于它破坏了法国人的自治能力，其负面影响并不止于法国大革命的爆发，更在于“它持续地使在这种民众中创建民主共和秩序的任何努力都大打折扣”。在大革命之后，法国政治仍然频繁动荡就是明证。[2]“大革命并没有解决根本问题，此后近百年中，法国一直处于革命与复辟的轮回中，社会持续动荡，经济发展速度受到影响，工业化进程缓慢。”

---

[1]王涛：《中央集权的政治困境——再议托克维尔热之盲点》，《探索与争鸣》2013年第9期。

[2]同上。

第八篇

打开国门后的世界

第四十五章
近代世界转型最顺利的国家：日本

一

在中国鸦片战争结束11年后，1853年7月，四艘巨大的黑色铁甲舰，冒着隆隆的黑烟，驶入了日本的江户湾。这就是所谓的“黑船来航”事件。

上岸的美国海军准将佩里携带了美国总统写给天皇的措辞非常礼貌的信件，要求日本开放港口，与美国通商。并说他明年春季会再来，听取日本方面对总统信件的答复。

第二年，日本乖乖地和美国签订了《日美亲善条约》，宣布开国。日本近代化的进程由此开始。

近代史上，还没有其他任何国家能像日本人那样迅速和成功地在西方的威胁面前做出机敏的反应。通过专心致志地学习西方，短短40多年，它从一个蕞尔小国摇身一变为世界强国。

因此日本人对“黑船来航”一事，普遍抱有感激而不是仇视的心理，他们感谢佩里打开日本国门，见识到外部的新世界。日本人在佩里上岸处树起了纪念碑。时至今日，日本每年都要举行一次特殊的纪念活动，叫“黑船祭”，来纪念“被美国侵略”这件事，在表演活动中，当年的“入侵者”美国人是以英雄的姿态出现的，而当年的日本人则被处理成滑稽可笑、惊慌失措的小丑形象。

二

为什么日本和中国在面对西方文化入侵时，有如此截然不同的反应呢?

在很多人的头脑中，中国和日本是两个非常相似的国家。一提起日本，我们嘴里马上蹦出来的词汇是“同文同种”“一衣带水”。1898年，康有为就对光绪皇帝说，日本与中国国情相近，日本人能做到的，中国人当然也能做到。“故更新之法，不能舍日本而有异道。我朝变法，但采鉴于日本一切已足。”[1]所以中国要变革，除了学日本没别的办法，只学日本一国就足够了。

然而事实并非如此简单，在中国和日本相似的表面下面，其实是巨大的不同。

首先是政治权力结构的不同。开国前日本的政治结构与中国差别很大。

传统中国实行的是大一统的集权统治，“全国一盘棋”。而日本则是诸侯林立，分为200多个藩国，各藩处于半独立状态，诸侯在自己的领地上拥有行政、司法、军事和税收等权利，在自己的领地中是绝对的主宰，他们虽然要向幕府效忠，但幕府并不干涉各藩内政。因此这种制度实际上类似西欧的庄园领主制。

中国最高权力历来一元，皇帝一人说了算。而日本最高权力长期二元，天皇和幕府并存。日本的天皇，只是名义上的最高首长，实际生活状态很是可怜，连吃饭都靠别人。某一时代的天皇甚至穷得把自己的字偷偷拿出去卖钱。但是幕府也从来不敢公开蔑视天皇的权威，名义上还是要服从天皇。

两国的社会结构也完全不同。中国从秦始皇之后就取消了封建世袭制，社会流动性很强，所谓“朝为田舍郎，暮登天子堂”，农民的儿子通过科举做到卿相是常见的事。因为“富不过三代”，社会财富和地位总在不停地流动之中。

日本却一直实行世袭等级制，社会分为壁垒森严的几个阶层，基本不能相互流动。不光是天皇万世一系，其他社会阶层也经常是延续几百年纹丝不动。今天我们提到日本，经常惊讶于日本的一些老店经营了几百年至今，这其实正是日本传统社会固化的一种遗存。

---

[1]蒋贵麟主编:《康南海先生遗著汇刊19·康南海文集》，宏业书局，1987，第335页。

中国实行诸子均分制，父亲死了，家产儿子平分，而日本实行长子继承制，家产主要都给长子。中国人古来崇尚多子多福，而日本人没有拼命多生的习惯。中国以文人治国，日本却实行武士制度。中国历代贪污腐败之风盛行，而日本统治阶层历来十分清廉，似乎不懂什么叫贪污。

因此，日本实际上是一个非常特殊的国家，与一衣带水的中国完全不同，却与遥远的欧洲非常相似。庄园领主制、长子继承制、社会阶层世袭制、权力多元、武士制度，这些在中世纪西欧都有，只不过欧洲不叫武士，叫骑士。

日本人能够迅速走上西化道路，正是因为与欧洲的相似：它和欧洲一样，都是从封建制的基础上，而不是从中国式郡县制的基础上开始转型的。

日本启蒙思想家福泽谕吉说，中国用文官治国，儒家思想成为控制每个社会成员的教条。而日本统治阶层是世袭的武士，他们大多读书不多，依靠基本理性行事，所以整个社会更为注重实际，对现实问题更容易做出合理的反应。

他说："（中国皇帝以）至尊的地位和最高的权力合而为一，以统治人民，并且深入人心，左右着人心的方向。所以，在这种政治统治下的人民的思想趋向必然偏执，胸怀狭窄，头脑单纯。（日本幕府和天皇分立，则）形成了至尊未必至强，至强未必至尊的情况，……恰如胸中容纳两种东西而任其自由活动一般。任何一种思想都不能垄断，既然不能垄断，这时自然要产生一种自由的风气。……在汲取西洋文明方面，可以说，日本是比中国容易的。"[1]

确实，日本统治阶层远比中国的官僚阶层更为现实，因此，鸦片战争后，魏源写了《海国图志》，介绍外国形势。中国知识分子和官僚对此书不加理睬，不久此书就在中国绝版，而日本人则视如珍宝，不断翻印。

---

[1]福泽谕吉：《文明论概略》，商务印书馆，1998，第27~28页。

三

曾经有一些西方学者认为，在西方的挑战面前，中国能做出比日本更快、更好的反应。因为开国前的中国，政治上比日本更集权，经济上比日本也更繁荣。赖肖尔说：

> 中国是世界上最大的国家，长时期实行高度的中央集权制。日本存在着非常严密的闭锁的封建主义时期，因此从社会上看，它也被认为是两国中更落后的国家。与此相对照，中国早已存在着欧洲到十九世纪才开始迎来的那种平等主义。
>
> 这样，十九世纪初期的欧洲人假如对中日两国中哪一方可能实现近代化进行预测的话，一定会认为，中国只要重新调整一部分政策，改革一部分组织机构，就能实现近代化。反之，认为日本在可能进行近代化不可缺少的国家建设之前，必须首先进行彻底的政治革命与社会革命。[1]

康有为也是这样认为的。在他看来，中国要现代化转型，肯定要比日本快得多，因为中国是专制体制，皇上一句话，下面立刻执行，不像日本那样各藩纷争。“皇上大权独揽，没有日本幕府将军专权，指挥天下如臂使指，又不必像日本那样先要去除封建藩士。……因此治效之速，必远过日本。”

但事实恰恰与此相反，这是为什么呢?

赖肖尔的解释是，中国的“如臂使指”恰恰是改革最大的阻力：“中国国土虽然辽阔，但中央政权有力量粉碎一切所谓非法的地方反应。在中国只能有两种可能性：要么是北京中央政府的反应，要么是颠覆政府的民众运动。”而日本由于权力分散，在外界挑战面前，不同的藩可能做出不同的反应，因此，做出正确应对的概率要远大于中国：“日本由于在封建制度下被分割为许多藩，对于西方学问与力量的态度比中国单一的中央集权制度更富于变化，能够做出内容丰富的反应。”

---

[1]赖肖尔：《近代日本新观》，生活·读书·新知三联书店，1992，第30页。

确实，在开国之际，日本诸藩中的大部分藩主也都是昏庸保守之辈，做出的反应是很愚蠢的，比如盲目排外、乱杀外国人。然而，毕竟有少数藩采取了正确的应对措施："在各藩内部也有一些敏感性强的人，出现令人惊异的各种反应。"比如水户藩、越前松平藩、山内藩等。"这种种反应说明，日本比一元化的帝政中国有更多获得建设性反应的机会。"[1]

资本主义在欧洲的发展，是人类历史的一个特殊现象，这一特殊现象的产生依赖于欧洲小国林立的特殊条件。无独有偶的是，在欧亚大陆另一端的日本，也因为诸侯林立，可以在危机面前做出多种选择，从而使正确的选择脱颖而出。

[1]赖肖尔：《近代日本新观》，生活·读书·新知三联书店，1992，第36页。

第四十六章
朝贡体系与中国的面子外交

一

日本人愉快地接受了黑船来航，而中国被打开国门后的感觉是极度痛苦的。这种痛苦主要不是因为经济利益受损，而是面子受损。

第一次鸦片战争之后，中英签订了《南京条约》。按理来说，一国与外国签订了重要条约，自然应当下发各级官员特别是外交部门了解并且执行。但是大清帝国却没有这样做。

《南京条约》签订之后，条约文本一直存放在两广总督衙门，并未上交朝廷供呈御览，也并未向下颁发。很多外交官员也不了解条约的具体内容，“历来办理夷务诸臣，但知有万年和约之名，而未见其文”。

之所以如此，当然是因为这个条约太丢面子了。堂堂天朝上国在人家的炮口下被逼签了和约，而且和约的内容更是不同寻常。清方在条约中不得不称“英夷”为“大英国”，称夷人头领为“大英国君主”，与中国皇帝并列书写。这在当时的中国人看来，简直是不可想象的。江苏布政使李星沅获悉《南京条约》的内容后，气愤不已，说条约中“夷妇与大皇帝并书”，实在令人无法接受。所以朝廷决定，条约内容能不发就不发，尽量缩小知情人的范围。

第一次鸦片战争后，广州人和英国人之间，又展开了轰轰烈烈的“反入城斗争”。这个事也很重要，但是可能知道的人不多。

什么叫“反入城斗争”呢?

原来在鸦片战争以前，洋人是不能进入中国的城市的，具体地说，是不能进到城墙以内，理由是夷人低人一等，不配住进中国城市。因此英国人以前是住在广州港口边上的。

英国人对此感觉很不舒服，因此在南京条约中，专门约定了一条，以后可以进城居住。[1]事实上，《南京条约》签订后，上海、宁波、福州等地都陆续允许英国人入城了。只有广州人坚决反对洋人进城。他们认为割地赔款都是小事，洋人进城这一条绝对不能接受。

为什么呢？因为他们认为人类和禽兽不能生活在一起。广州府学明伦堂曾贴出一道《全粤义士义民公檄》，称：

华夷未可杂居，人禽不堪并处，直是开关揖盗，启户迎狼。

翻译过来就是中华与蛮夷不可混居，人类和禽兽不能共处。如果让外国人进城居住，那就是打开大门，让豺狼进来。

所以为了进城不进城这事，中国和英国又争执了十几年，这也成为第二次鸦片战争的一条导火索。

第二次鸦片战争分两个阶段。第一个阶段，英法两国为了扩大侵略利益，一路从广东打到天津，把清王朝打服了，于是中外双方在天津签了一个《天津条约》。

签了字之后，道光皇帝的儿子，当时的皇帝咸丰又后悔了。因为《天津条约》里有一条规定，几个西方国家可以派大使驻在北京。

这在当时西方世界是常态，今天也是世界外交惯例，但是咸丰却感觉如坐针毡，别的条款他都能接受，割多少地赔多少款都行，就是让外国人住在北

---

[1]《南京条约》中文本第二款：“自今以后，大皇帝恩准英国人民带同所属家眷，寄居大清沿海之广州、福州、厦门、宁波、上海等五处港口，贸易通商无碍；且大英国君主派设领事、管事等官住该五处城邑。”按中文理解，则一般英国人（包括商人、传教士、旅行者及其家属）可以居住在港口，英国女王任命的外交官则可以住在城内。《南京条约》英文本则将中文本中的“港口”和“城邑”通通翻译成cities and towns。英方认为cities and towns指城内，因此，英国外交官和一般英国人都可以入城。条约签字时未声明以哪种文本为准。

京，想来想去，怎么着还是不行。

为什么呢？原因很简单，就是因为外国人不给他下跪。早在乾隆爷的时候，英国使臣马戛尔尼来朝，为了跪与不跪，闹了很久，最后也没有正经下跪。以乾隆大帝之威，尚且不能让英人规规矩矩地三跪九叩，他当然更没法强迫洋人献出尊贵的膝盖。

那么不下跪会怎么样呢？咸丰认为，这会让他在全世界丢脸。而这一丢脸，还会引起连锁反应，这标志着中国从此就不再是天下诸国公认的天朝上国了，以后可能连朝鲜、琉球等国，也不尊敬中国了。（“朝鲜、琉球等国，久奉正朔，每遇朝贡，皆极恭顺。若见该夷之桀骜倨侮，必皆有轻视天朝之意。”）也就是说，2000年的朝贡体系也将崩溃于一旦。

二

我们都知道，中国历史上实行朝贡体系，中央王朝高高在上，周边民族和小国前来进贡。这个体系“本质上是儒家的天下理论与东亚的政治现实相结合的产物，反映了儒家文化的价值追求”，它是一个文化体系，通过这一体系，中国向周边国家不停地输出文化。它也是一个政治体系和外交体系，中国通过这个体系，来维持与周边国家之间的和平。

自汉代以来，能否让“四夷宾服，万国来朝”，或者说，朝贡国多少，就成为衡量一个王朝合法性的重要指标。

明代是中国朝贡体系建立得最为完备的朝代之一。《明会典》所列朝贡国的总数为111个，即使将位于今新疆等境内的西域小国剔除，其数量也超过100个。[1]

当然，除了文化、政治与外交，朝贡体系也是一个经济体系。这些国家为

---

[1]李云泉：《朝贡制度史论：中国古代对外关系体制研究》，新华出版社，2004，第66页。

什么来朝贡呢？除了倾慕中华文化，慑于大国兵威之外，经济利益也是一个重要的考量因素。

我们都知道汉武帝打匈奴的威名，但是我们可能不知道的是，汉武帝为了面子，曾花了不少钱收买“夷狄”来朝贡。“在经济上给夷狄以丰厚‘赂遗’，这是吸引夷狄的根本。夷狄重汉财物，才会有归汉之心。……综观西汉一朝，‘赂遗之设’可谓遍及四海，从对域外来使的赠赐，到对归汉酋长的封赏，西汉无时无处不在展示着经济文化的巨大魅力。”[1]

用吕思勉的话来说，“赂遗”就是“犒赏和给养降胡费，使节所携和来朝蛮夷所受的遗赂”。据《汉书·西域传》，班固因此对汉武帝为了外交上的风光大量花钱表示强烈不满：

> 及赂遗赠送，万里相奉，师旅之费，不可胜计……民力屈，财力竭。

明代也是这样。中国对朝贡国一直采取“厚往薄来”的政策。朝贡国进献的贡物，明代都会按价付钱，而且比市场价格要高出很多。以龙涎香为例，据相关史料记载，此物“货于苏门答剌之市……一斤该……中国铜钱九千个”[2]，一斤合9贯钱。而据《明会典》的记载，朝廷给大部分朝贡国的价钱是每斤48贯，高出市价整整5倍有余。再比如日本人所进贡的腰刀，每把市价最多3贯，但是明朝给日本的定价是每把10贯。

除了按价给钱，大明王朝对于朝贡国还例有“回赐”，回赐之物通常都是精美的丝绸和瓷器。同时，使臣在中国受到的接待也非常细致周到。来到中国朝贡的船只，通常要由中国提供护航，从踏上中国土地的那一刻起，各国贡使吃喝花用都不用出一文钱，全部由天朝上国承包。

“厚往薄来”政策形成了巨大的吸引力。数倍、数十倍的暴利驱使周边国家和民族争先恐后前来进贡。因此明初经常有海外商人三五成群凑到一起，花钱找个懂中文的人写一道表文，就冒充贡使跑来上贡，送来大批香料，骗

---

[1]石少颖：《西汉王朝对外思想论述》，《社会科学辑刊》2007年第1期。
[2]冯承钧：《星槎胜览校注》，商务印书馆，1934，第28页。

走无数钱财。比如洪武七年（1374年），暹罗商人沙里拔冒称是本国国王令其同奈思里侪刺悉识一起来进贡，因为装得不像，被朝廷识破（《明史·暹罗传》）。

因此，传教士利玛窦认为，朝贡关系的本质，不是世界向中国朝贡，而是中国向世界朝贡。这话当然说得太过分了，不过历史上很多时期，朝贡确实对中原王朝形成难以承担的经济重负。比如明代与周边的多次冲突和战争，通常都不是因为人家不来进贡，而是人家进贡太热情，明朝招待不起，只好撕破脸。

比如日本人在中国打的“争贡之役”。嘉靖二年（1523年）6月，日本两个地方诸侯为了争夺进贡利润，派出了两拨朝贡使团同时来到中国。他们在宁波发生冲突，不但相互杀戮，还在回国途中沿路大肆烧杀抢掳，由“贡使”变为赤裸裸的“倭寇”，明朝只好派兵镇压，追击的备倭都指挥刘锦、千户张镗等明朝官兵皆战死。浙中大震，史称“争贡之役”。

再比如土木堡之变，也是蒙古人为了进贡而打的。明初与部分蒙古势力达成封贡协议后，蒙古人频繁跑来进贡，进贡马匹的数量越来越超出规定。明朝方面掏不起“马价”，要求他们少来几回，少贡点马，但是蒙古人说什么也不听。太监王振很生气，于是压低“马价”，结果激怒了蒙古人，对明朝大举入侵，导致“土木堡之变”。这在事变后蒙古人与明朝谈判的过程中说得很清楚：“自太师父祖以来，至于今日，朝贡朝廷三十余年。你使臣进马，往往待以厚礼，遇以重恩。近因奸臣王振专权，减少马价，以故勒兵拘留太上皇帝圣驾，抢掠人民，杀害军马。……”（李实《北使录》）

事实上，明代蒙古人为了强行进贡，除了土木堡之变外还有过一场“庚戌之变”。嘉靖年间，蒙古俺答汗多次给朝廷写求贡书，请求进贡，原因说得很坦白：

> 臣等生长北番，……生齿日多，衣服缺少，……各边不许开市，衣用全无，毡裘不奈夏热，……入边作歹。

就是说我们生活在草原地区，天然缺乏衣料等生活用品。朝廷不许我们进贡来换取生活物资，各关口又不许贸易，导致我们无法生活下去，只好入关来抢。

俺答汗承诺说：“如果许贡，即约束其下，令边民垦田塞中，夷众牧马塞外，永不相犯。”如果你让我们进贡，以后就不打你们。

然而嘉靖皇帝说什么也不同意蒙古进贡，结果嘉靖二十九年（1550年），俺答汗率军攻到北京附近，大肆焚掠骚扰，“残掠人畜二百万”，宣称“予我币，通我贡，即解围，不者岁一虔尔郭！”你要让我来进贡，我就退兵，要不然，一年来打你一次！一直到明朝保证允许他们前来进贡后才退兵。

三

因此，朝贡体系在文化上具有传播功能，在政治上具有协调功能，在经济上则很多时候是一个赔本赚吆喝的买卖。

但是，就是这种赔本买卖，清朝也想继续做下去，因为这事涉及中国的外交传统，更涉及王朝的面子。所以咸丰决定，不惜一切代价，不能让外国人在北京派驻大使。

但是，怎么才能让已经签订的条约不生效呢？条约墨迹未干，如果直接撕毁，结果自然是爆发另一场战争，中国取胜的概率极小。咸丰皇帝左思右想，最后一个脑筋急转弯，想出了一条“万全”的“妙计”。

什么妙计呢？那就是用钱收买洋人，让他们同意不进京。花多少钱呢？大清帝国的全部关税。

你们洋人不是贪财吗？那就好办，因为我堂堂中国，偏偏好义不好利。干脆，我大清帝国和你们做生意时所有的关税都不要了，以此换你们别到北京来见我，这总算可以吧？

不要以为我在开玩笑，这是千真万确的史实。

咸丰皇帝下谕说：“此时须将全免税课一层，明白宣示，使知中国待以宽大之恩，此后该夷获利无穷。”你们明确告诉他们，如果不派公使，我就把关税全部免除，让他们获利无穷，以后发大财。

如果咸丰的这个决策真的得到实施，那么中国将成为人类历史上第一个零关税国家。这个对外开放的力度可真是够大的，只可惜动机有点可笑。咸丰做出这个决定，可以说是下了血本。因为当时清朝的经济形势是非常紧张的。镇压太平天国已经花光了大清国库，而海关年收入此时已达到数百万两，是国家重要的财政收入之一。如果没有这笔关税，国家经济很快就会崩溃。

后来的学者说，“可以想象的是，咸丰帝此一政策果获‘成功’，在西方诸强的疯狂扩张中，近代中国恐怕将无商业利益可言，清政府也早就垮台了”。孟森也说：“进口货且不能收税，洋人重利，其于驻使一层必可暂缓，留作后图。而举货之灌输，海关之不必设，中国又成何世界？此皆一回首而令人挢舌者。”

好在负责谈判的大臣知道事情的严重性，不顾惹皇上生气，纷纷上奏表示坚决反对。在大臣们反复说明之下，智商不高的咸丰皇帝似乎也最终明白了取消关税的严重后果，最终只能打消了这一想法。

不能用零关税收买，那么怎么办？咸丰皇帝思来想去，决定还是不惜一战，阻止洋人进京。因此他毅然又一次挑起战争，战争的结果是英法火烧圆明园，咸丰北逃承德，并且在《北京条约》签订后因为怕见洋人，迟迟不愿返回，最终死在了那里。

因此，面子外交导致晚清中国做了很多错误决定。

第四十七章
要吞并大英帝国的缅甸

一

如果你只读中国史，你会奇怪中国晚清统治者为什么会如此愚昧可笑。但是如果放眼世界，你会发现，这并不是中国一家独有的现象，有些国家在近代化过程中的对外反应与中国一模一样。比如缅甸。

中国沦为“半殖民地”的第一步是“第一次鸦片战争”，而开启缅甸近代史的则是鸦片战争之前17年爆发的“第一次英缅战争”。

中国在第一次鸦片战争前不明世界大势，不明敌我双方的力量对比，因此遭遇惨败。

而第一次英缅战争前的缅甸，其盲目自信，比中国还要严重。

1785年，缅甸大军挥师西向，吞并了一个叫阿拉干的王国，从此与英属印度直接接壤。1817年，缅甸兰里岛总督致信英属孟加拉总督，奉缅王旨意，要求英国人向缅甸臣服，并且献上孟加拉，交纳赋税。英国人自然并没有如缅王希望的那样前来叩头。缅王大怒，决意与英国开战，计划先征服加尔各答，后吞并整个英帝国，并派自己的儿子去统治：

> 英国人竟敢……不来朝贡。……王军可直捣加尔各答，而进兵英国，以王儿为英国全境之总督。[1]

---

[1]戈·埃·哈威：《缅甸史》（下卷），商务印书馆，1948，第57页。

1822年，缅甸名将班都拉主动出击，进攻内夫河口刷浦黎岛的英国守军。次年，英军决定全面反击，第一次英缅战争正式爆发。

战前的缅甸本来沉醉在一片盲目自大的情绪里，认为打败小小蛮夷不成问题。没想到，战争进行不久，缅甸就一溃千里，面临被灭国的前景。在英军抵达缅甸首都附近后，缅甸不得不与英方进行和谈，签订了著名的《扬达波条约》，割地赔款，并规定英国方面可以派出使臣驻缅甸首都。

二

缅甸国王之所以敢于要求英国臣服于他，一方面是因为他不明世界大势，另一方面也反映出缅甸人的世界观与中国非常相似。中国的皇帝自认为是“天子”，“溥天之下，莫非王土，率土之滨，莫非王臣”，天下所有一切国家都应该向自己臣服进贡。而相比中国皇帝，缅甸国王更为自大。历代缅甸国王几乎都宣称自己是宇宙最高神毗湿奴、湿婆或是佛陀的化身。因此，缅甸国王被认为是宇宙的主宰，被称为“水和土地的主人”。也就是大地上一切的主人，总自称为“王中之王”“最高之王”“宇宙之王”。18世纪，缅甸雍籍牙王朝的国君阿隆帕耶在一封致英国国王的信中就曾自称“最伟大的至善的独裁的君主……白象和黄金的主人……朕的伟大来自太阳”[1]。

之所以有相似的世界观，是因为缅甸的权力结构与中国相似。中国皇帝权力巨大，在国内实行说一不二的专制统治。而缅甸王权之专断残暴甚至超过中国皇帝，清末中国史籍《缅甸国志》记载，“缅甸为纯然君主专制政体，刑赏生死，皆出诸君王之意念，其政府以尊严顺从君主为主”。因此，和中国皇帝一样，缅甸国王有一种“特有的自豪和过分的傲慢”，不允许世界上还有与他

[1]宋立道：《神圣与世俗——南传佛教国家的宗教与政治》，宗教文化出版社，2000，第75页。

平等甚至比他权力更大、地位更高的人。[1]

除了世界观原因外，缅甸之所以如此自信，还有实力上的原因。在今天中国人的心目中，缅甸是一个贫弱落后的小国。在历史上，它却一直是东南亚的大国，战斗力极强，甚至一度威震八方。

向东，它长期与泰国争雄，长期占有上风，甚至导致有400多年历史的大城王朝的灭亡。向北，缅甸与中国的明朝和清朝先后展开大规模战争，而且都是缅甸占了上风。明代后期，缅甸主动入侵中国，并从中国手中夺取了大片领土，今天缅北的大部分地区，在明代前期是在中国版图之内的。即使是在清朝全盛的乾隆中期，缅甸在和中国为争夺中缅之间的土司展开的四次大战中也不落下风：前三次中国战败，最后一次双方战平，打得乾隆皇帝也没脾气。

这个面积并不大的国家之所以如此武勇，是因为它长期实行“军国体制”，实行一种类似中国“军户”的制度，叫“阿赫木旦”制度。这些人平时耕种，战时出征。平时他们不用纳税，战时又可以掠夺战利品，在缅甸社会地位很高。因此，缅甸这个国家实际是“为战争而生”的，这个国家作战时不需要动员，不需要后勤准备，每个阿赫木旦都枕戈待旦，随时可以出征。面对这样的虎狼之师，很多国家都退避三舍。因此，在东南亚，缅甸是令人闻风丧胆的大国，是名副其实的霸主。

缅甸和泰国在文化上非常接近，都深受印度文化的影响，也同为小乘佛教的重镇。然而面对英国人的侵略，两个国家的反应却截然不同。泰国小心而理智，努力收集外部信息，与殖民势力巧妙周旋，最后成为东南亚唯一没有沦为殖民地的国家。缅甸却粗率蛮干，战前盲目自大，战败又惊惶失措。之所以如此不同，一个重要原因是泰国是一个非常重视海外贸易的国家，统治者具有商人一样的灵活与现实，注意搜集外面的情报，也懂得以柔克刚。缅甸在历史上却一直鄙视商业。缅甸统治者一直坐享战争红利，历来不重视经济建设。缅甸海岸线长，海上贸易条件很好，但是缅甸统治者为了维持海上安全和国内稳定，采取闭关自守的政策，严格控制对外贸易。和中国的广州海关一样，缅甸海关也非常腐败，官员经常敲诈勒索外国商人。船上人员须几经检查后才能上

---

[1]尼古拉斯·塔林主编：《剑桥东南亚史》（第二卷），云南人民出版社，2003，第31页。

岸，有的船只还被勒索礼品。[1]因此，缅甸的海外贸易规模一直无法扩大。

三

基于相似的政治结构，缅甸对外部世界的反应与中国高度相似。

第一次英缅战争和第一次鸦片战争，对缅、中两国的民族自尊心和自信心都造成了空前的打击。然而战争之后，两国的统治者都表现出惊人相似的颟顸和迟钝。

在缅甸历史上，从来还没有哪一次战争像第一次英缅战争那样，如此沉重地打击了缅甸人。“国王孟既被一再复发的忧郁症折磨，最后变成了癫狂。”[2]

然而，如此惨烈的结局并没有动摇缅甸人的面子心理。“（英国人）认为战败的震惊能对阿瓦朝廷起到有益的效果，使它改弦更张。但事与愿违……他们所蒙受的奇耻大辱反而使他们更加傲慢，对于外部世界照旧茫然无知，又不肯取法于人。”[3]

第一次英缅战争与第二次英缅战争相距26年，第一次鸦片战争和第二次鸦片战争之间间隔16年，这两个国家本来都有充分的时间总结教训，大力改革。然而两国的统治者都没有进行任何反省，而是固守旧制度，继续沉睡在旧梦里。中国在第一次鸦片战争后除了加固了几个炮台外，没有进行任何内政改革，同样1826~1852年，缅甸上层统治集团没有采取任何改革措施。相反，仍然如以前那样沉溺于内部斗争。尽管国家日趋贫弱，这一时期的缅甸国王仍然热衷于做功德，广建寺院宝塔。孟坑王1841年南下仰光朝拜大金塔，一次就布施了3200缅斤（将近5000公斤）的黄金。

---

[1]贺圣达：《缅甸史》，人民出版社，1992，第184页。

[2]D. G. E. 霍尔：《东南亚史》，商务印书馆，1982，第695页。

[3]同上。

因此很自然，中国和缅甸不久就遭遇了第二次打击。第二次鸦片战争与第二次英缅战争也有很多相似之处。

上一章我们讲过，第二次鸦片战争的起源，除了英法等国要扩大侵略权益这一根本原因之外，还有“面子”因素，一个是“反入城”斗争，另一个是所谓“公使驻京”问题。如前所述，咸丰皇帝宁可放弃全部海关税收“赐”给外国，也不想接受公使驻京。

而第二次英缅战争的导火索之一，同样是有关英国公使进驻缅甸的争执。

《扬达波条约》中明确规定英国向缅甸首都派驻公使，同时缅甸也向英属印度派驻使节，以利外交交流。缅甸国王对这一条极为抵触，原因与中国相同：互派使节就等于承认英国国王与自己地位平等，这是缅王无论如何不能接受的。因此，第一次英缅战争之后，缅甸一方面竭尽全力砸锅卖铁向英国人赔款，另一方面又千方百计拒绝让英国公使进驻缅甸首都。

为了能让缅甸接受英国驻缅甸的使节，英国人费尽了心力。1826年，英国派出了约翰·克劳福德（John Crawford）前往缅甸首都阿瓦谈判这一问题。

缅甸国王纡尊降贵地“破格”接见了他，不过却特意选择了一个特殊的日子，那就是“悔过日”（也称“卡多”即“Kadaw”日）：这是缅甸国王接受地方上的头人进贡并请求国王宽恕的日子。缅王在这一天接见克劳福德，可以自欺欺人地理解成英国人是在向缅王进贡，并承认以前的错误：“那天，国王的一些封臣照例都一齐前来纳贡。而总督送来的官方礼品也被说成是该总督臣服于‘黄金之足’，并对以往的过错乞求宽恕的象征。”[1]

这一安排与中国晚清的外交手段非常相似。在后来同治皇帝不得不接受外国公使进京并考虑公使觐见事宜时，故意把接见地点安排在中南海紫光阁。因为这是中国皇帝传统上接见“贡使”和“外藩”的地方，这样一来，外国使臣

[1]D. G. E. 霍尔：《东南亚史》，商务印书馆，1982，第695页。

仍然是被当成了“贡使”。[1]

经过重重波折，缅王终于同意英国人在首都设立大使官邸，然而这个官邸的位置不合常理，设在一片很容易被水淹没的沙滩上：

> 当他到达缅都的时候，缅廷竟不顾他的职位，指定给他在一片沙滩上的一幢房屋作为驻所。在雨季中，伊洛瓦底江泛滥，这个沙滩就被淹没在数英尺深的水中。他向加尔各答当局申诉说，他所受到的待遇“不是英国绅士，或说得更广泛一些，不是任何一个普通英国人所应受到的”。
>
> ……当时，个个驻扎官都在缅甸首都搞坏了身体，这成了孟坑陈腐的笑柄之一。[2]

缅甸人洋洋自得，认为这样一来自己就扬眉吐气了。第二年年初，印度政府撤销驻缅使馆，从而断绝了和阿瓦朝廷的外交关系。

当然，使节争端只是第二次英缅战争的一个小小前奏。与面子上的争执相比，英国人更难以忍受的是缅甸人试图推翻《扬达波条约》。

东方民族对条约的尊重往往并不坚定。咸丰君臣在与英法签订《天津条约》时，曾明确宣称签署条约不过是为了退兵而采取的权宜之际。负责谈判的大臣桂良也对皇帝说，签约只不过是“暂藉和好之说，迅速了结为得计也”，假借谈判，把洋人打发走了事。所以外国人走了之后，随时可以推翻：“此时英、佛两国和约万不可作为真实凭据，不过假此数纸，暂且退却海口兵船。将来倘欲背盟弃好，只需将奴才等治以办理不善之罪，即可作为废纸。”如今我们和洋人谈的这个条约，皇帝您别当真，这只不过是咱们哄他们退兵的招数。等他们走了，您就假装治我们的罪，说我们谈判时没听从您的指示擅自签约，这样条约不是一下子就变废纸了吗？

---

[1]光绪年间的觐见，在外国公使的坚持下，改在了文华殿。然而各国公使觐见后，没有走文华门的左门，而是直接走出了中门，当场被尚书敬信抓住衣袖，引发了一场不大不小的外交风波。

[2]D. G. E. 霍尔：《东南亚史》，商务印书馆，1982，第700页。

缅甸人也一样认为，已经签订的条约是随时可以翻脸不承认的。

1837年年初，孟既国王被他的弟弟孟坑发动政变推翻。孟坑是一个坚定的“爱国主义者”，他上任之后做的第一件事，就是宣布《扬达波条约》无效。理由呢？很简单，新官不理旧账，这个条约不是他签的。

> 1837年6月，孟坑王召见伯尼，谴责英国侵占缅甸领土，宣称他过去没有看到过《扬达波条约》的全文，英国人也没有同他缔约。因此，他不理会《扬达波条约》。[1]

这种态度当然是英国人难以接受的。第二次英缅战争终于爆发，战争结果是缅甸半年之内就丧失了大片国土。1852年年底，英国单方面宣布吞并下缅甸，将缅甸的一半国土吞入口中。

第二次英缅战争之后不久登基的曼同王，是一个力图有所作为的国王。为了保住缅甸的“球籍”，他在国内推行了一些改革措施。但是缅甸的改革力度不够，完全达不到扭转缅甸国运的程度。更何况缅英双方在此时又因鞋子问题而宣布断交，这再一次让缅甸国势落入危险之中。

和中国一样，缅甸的外交史上，礼仪之争也漫长而激烈。中国和外国的争执是三跪九叩，而缅甸人争执的主要焦点是鞋子问题。鞋子在东南亚国家通常被视为不洁之物，缅甸人要求英国人见缅甸国王时必须先脱鞋，然后跪拜。然而1830年来到缅甸的白尼却拒绝这样做。

> 白尼坚决反对脱鞋，并明确表示：这是缅甸官员“借羞辱和贬低英国人的人格来提高他们王的地位和满足他们自己的傲慢和虚荣心的一种手段”[2]。

---

[1]贺圣达：《缅甸史》，人民出版社，1992，第236页。

[2]黄祖文：《缅王孟既与第一次英缅战争》，香港社会科学出版社有限公司，2004，第183页。

如同马戛尔尼觐见乾隆前与中国方面为行礼争执了一个月一样，英缅双方为脱鞋这件事争执了将近两个月，最后达成妥协，缅甸方面允许白尼可以穿鞋走到宫殿的台阶前面再脱鞋。

在曼同王统治时期，双方因为鞋子问题又起争执。“1873年英国威尔斯亲王到达印度。缅甸大使晋见时穿着靴子，坐在椅子上。随后，英国提出，今后英国大使晋见缅王时不再脱靴子；从此曼同王再不见英国使臣。”[1]

这件事导致英缅断绝了外交关系，不再有沟通的渠道，双方关系越来越恶化，不久终于发生了第三次英缅战争，并以缅甸的完全失败而告终。从此缅甸作为一个独立国家不复存在，成为英属印度的一个省。

因此，晚清中国的对外反应并不是独有的，在世界其他国家的历史上，也能找到很多例子。

[1]刘明翰等编：《人类精神文明发展史》（第三卷），中国青年出版社，2003，第474页。

第四十八章
海上来的蛮夷和陆上来的不一样

一

第一次鸦片战争爆发之后，中国士大夫认为这不过是历史上无数次蛮夷扰边的重演。比如曾国藩在家书中提到这场战争就说："英吉利豖突定海，……逆性同犬羊，贪求无厌。"[1]

历史上中原王朝因为武力不济败给蛮夷是常见的事。比如明代长期对倭寇毫无办法，而清代全盛时也曾经遭遇乌兰布通之败。因此第一次鸦片战争的失败并没有什么可奇怪的。

但是不久之后，有一些人敏锐地发现，这次来的蛮夷和以前相当不同。

咸丰三年，也就是1853年，上海爆发了小刀会起义，在混乱期间，上海海关官员逃跑了，没有人收税。英、法、美三国的领事商量了一下，决定三国各派一人，成立了一个税务司，"代替中国政府"收关税。这显然是对中国主权的一种严重侵犯。不过令中方官员意外的是，外国人居然能认真地收税。过了两年，上海收复，外国人居然将他们收到的税款70余万两，老老实实地交给了清政府。而且，更关键的是，在外国人的管理下，上海海关收的税明显增多，也就是说，贪污腐败现象不存在了。"税收大增，政府善之。"[2]

---

[1]曾国藩：《曾国藩全集·日记》（1），岳麓书社，2011，第60页。

[2]吕思勉：《中国制度史》，上海三联书店，2009，第373页。

清政府大感意外，事后竟然很高兴地同意由英国人代管中国海关。从此开始，外国人就代管中国海关行政，最高长官称“总税务司”，意即“总司海关税务之事”。海关收到的税款很快就比清朝收到的多出两倍甚至三倍。（“正税、子税较我厘金之科则业已倍之、三之，在彼固自谓仁至义尽矣。”[1]）

外国人管理中国政府事务，这当然是西方侵犯中国主权的一个铁证，是殖民主义者的严重罪恶。但问题是中国政府在这件事情上相当主动。英国外交官威妥玛跟中国大臣文祥说，等中国海关改革完成后，中国人可以自己管理。没想到文祥马上回答，“用中国人不行，因为显然他们都不按照实征数目呈报”，还说，原来管理上海海关的薛焕近3年来根本没有报过一次账。后来英国人赫德跟恭亲王奕䜣聊海关改革时，“恭亲王说，中国官员几乎无人可信。对比之下，外国人的报告较为可靠”[2]。

后来的两江总督曾国藩提到外国人将70多万关税交给清朝政府这件事，叹息说，想不到蛮夷之人，居然也有信义。他在信中曾赞叹道：“洋人代收海关之税，犹交还七十余万与监督吴道。国藩尝叹彼虽商贾之国，颇有君子之行。”曾国藩认识到，这些洋人不同于中国历史上传统的、没有文化根基的蛮夷：“夷非匈奴、金、辽比，天下后世必另有一段论断。”这些洋人与汉代的匈奴以及宋时的辽金，性质是完全不同的。

第二次鸦片战争中，当圆明园被烧、洋人进入北京城的消息传来时，很多中国人都认为，大清要亡了。因为历史上的蛮族如果攻占了中国的首都，下一步自然会建立一个新的王朝。

然而，事情的进展却出乎几乎所有中国士大夫的预料。这些洋人虽然也和历史上的蛮族那样进行了野蛮的焚烧和抢劫，但他们烧的只是皇帝的别墅，也就是圆明园，而对于清王朝统治权威的象征紫禁城及太庙、天坛等地，却丝毫没有动。而且谈判完了，就撤兵走了，没要一寸土地。

中国人非常惊讶。没想到还有这种蛮夷。户部尚书沈兆霖说，英法联军“以万余众入城，而仍换约而去，全城无恙。则该夷于专于牟利，并无他

---

[1]曾国藩：《曾国藩全集·书信》（4），岳麓书社，2011，第48页。

[2]王宏斌：《赫德爵士传——大清海关洋总管》，文化艺术出版社，2000，第37~43页。

图”。这么强大的军队，进入了中国的首都，费了这么大的事，只为了做买卖！签完了做买卖的条约，就老老实实撤走了。原来这是一种新蛮夷，一种只爱做买卖、不要土地的蛮夷。

二

是的，跨海而来的英国人和历史上那些传统的蛮夷不同。

他们对接管大清的政权并不感兴趣，不想直接统治这片广大的土地。他们甚至愿意帮助维持清朝的统治，镇压太平天国。他们还愿意帮助中国实现内政改革，发展经济。

为什么呢？因为这样可以让中国人富到能买得起他们生产的商品。

也就是说，推动英国人跨海远来的，不是一次性掠夺，而是要获得持续不断的巨大利润。

由此我们需要多花些笔墨，来分析一下殖民主义的双重作用。

马克思论述英国对印度的殖民统治时说道：“英国在印度要完成双重的使命：一个是破坏性的使命，即消灭旧的亚洲式的社会；另一个是建设性的使命，即在亚洲为西方式的社会奠定物质基础。”[1]

英国人的殖民对印度传统文化造成了巨大的破坏，摧毁了东方农村田园诗般的传统生活。但是另一方面，英国人也在印度进行了非常重要的建设。马克思说，英国人使印度完成了印度人自己完成不了的政治统一，“是使印度复兴的首要前提”。而英国人组织和训练的印度军队，“是印度自己解放自己和不再一遇到侵略者就被征服的必需条件”。同样，英国人带来的“在亚洲社会里第一次实行的自由报刊，是改建这个社会的新的和强有力的因素”。更为显而易见的是，英国人在印度建设了近代化交通网，建立起近代工业体系。这些

[1]马克思、恩格斯：《马克思恩格斯全集》（第9卷），人民出版社，1995，第246~247页。

客观上加速了印度的经济成长，也延长了印度人的平均寿命。[1]

当然，英国人费心费力做这一切，动机并不如他们自己所宣称的那样是无比高尚的。他们做这一切，动机只是一个词，“利润”。为了达到这个目的，一开始，“工业巨头只是想用低廉商品压倒它”。但是后来，随着全球化的进展，“工业巨头们发现，使印度变成一个生产国对他们有很大的好处。为了达到这个目的，首先就要供给印度水利设备和内地的交通工具。现在他们正打算在印度布下一个铁路网。他们会这样做起来，而这样做的后果是无法估量的”。

说到这儿，我们还需宕开一笔，比较一下英国式殖民与西班牙式殖民对世界造成的不同影响。

耶鲁大学教授保罗·肯尼迪说：

> 我们可以继续通过贸易保护主义、征服以及保持独有的垄断地位来赚取金钱，但是如果选择了自由贸易，我们可以挣到更多的钱。而且，如果我们让别人有钱了，他们就能够向我们购买更多的产品。

这是历史上以前没有过的通过公司进行征服的新型帝国，这是与传统征服者完全不同的逻辑。传统的征服逻辑是天地之财只有此数，我多了你就少了，所以我要抢你的。公司的逻辑是互通有无，通过贸易，能创造出更多的财富。

正是因为利润的驱动，所以大英帝国是一个去中心化的帝国。传统帝国去征服有黄金和白银的地方，而大英帝国除此之外也愿意开发荒蛮之地，因为可以从这些地方获得原料，将这些地方培育成市场。为了培育更大的市场，它就必须给当地制造一个经济发展的机制，因此自然也就带来西方文明在全世界范围内的扩展。用马克思的话来说，西方殖民主义“把一切民族甚至最野蛮的民族都卷到文明中来了。它的商品的低廉价格，是它用来摧毁一切万里长城、征服野蛮人最顽强的仇外心理的重炮”。

西班牙依靠暴力进行的殖民是第一代殖民方式，而荷兰和英国公司式的经

---

[1]马克思、恩格斯：《马克思恩格斯全集》（第9卷），人民出版社，2009，第248页。

营则是一场重大的升级换代，这种方式改变了世界的面貌。

我们必须要反复强调，不论何种方式的殖民，背后的基本动机都是自私的、贪婪的。哥伦布本人就曾经屠杀和抢掠印第安人。西班牙人在殖民过程中，造成上千万印第安人的死亡，造成玛雅文明、印加文明的毁灭，英帝国在殖民过程中，同样干了很多血腥和残酷的事，他们同样参与了大规模的黑奴贸易，同样进行了对印第安人的屠杀。大规模的奴隶贸易，造成了上千万奴隶的死亡，而英国人在相当长的时间内是奴隶贸易的主力。[1]

然而和西班牙式的殖民比起来，以公司的方式经营殖民地，毕竟还有不一样的一面。西班牙式的第一代殖民者对殖民地的控制是严厉而死板的。宗主国规定殖民地种植什么、经营什么，丝毫不得违背。而英属殖民地经济上比较自由。“（北美洲的殖民者）具有企业主的开拓和进取的精神……他们并不按照英国政府的意图行事，不愿意把自己生存的土地变成一个落后的原料供给地。而英国政府对殖民地的限制也不很严。所以，北美洲的移民很快开创了北美、非洲、南美洲的三角贸易，在西班牙和葡萄牙的属地上大做买卖；他们还违背英国政府的意图，迅速地建立了以铸铁、毛纺、小五金等为主的工业基础。”[2]

在政治上，西班牙把本国的封建专制制度直接移入殖民地，建立起与西班牙完全相同的殖民地官僚体系。西班牙国王在各地建立起总督府，总督集民政、军政与司法大权于一身，只对国王负责，唯一的任务是执行国王的命令，并不代表地方利益。

同时，西班牙国王又大展权术，鼓励殖民地其他官员秘密监督总督，向国

---

[1]关于在非洲奴隶贸易中被运走的黑人的数目，不同的研究结果差距很大。有的学者认为，奴隶贸易一共夺走了6000万个非洲人，也有人说，最低限度有1000万非洲人被劫往美洲去。据阿普特克计算，每有一个黑人活着到美洲，就意味着有5到6个黑人死亡。杜波伊斯也认为，活着到美洲的黑人与死在运奴过程中的黑人的比例为1比5。参见刘祚昌：《美国奴隶制度的起源（上）》，《史学月刊》1981年第4期。

[2]尹保云：《现代化通病——二十多个国家和地区的经验与教训》，天津人民出版社，1999，第130页。

王秘密汇报总督的一切活动，以使官员互相掣肘，有利于君主独裁。[1]因此，我们可以想象，西班牙殖民地政府具有专制政体的一切缺点。“行政效率极差，办事拖拉，贪官污吏层出不穷。”殖民地官员也具有专制政体下官吏的典型性格特征，那就是对上唯命是从，对下蛮狠专横，残酷剥削。[2]

殖民地时期，拉丁美洲社会是实行严格的等级划分的。第一等人是“半岛人”，即来自西班牙半岛的人，他们担任殖民地的高官，是根红苗正的主子。第二等级是“克里奥尔人”，即美洲出生的纯种西班牙人。他们因为不生在母国，所以只能是二等公民。第三等级是“梅斯提索人”，也就是西班牙人同印第安人混血的后代，只能成为小商贩等普通劳动者。第四等级是印第安人，他们只能提供低级体力劳动。第五等级是黑人。第六个等级是黑奴。这六类人，等级森严，差别分明。因此，从殖民地时期开始，拉丁美洲就存在着北美没有的巨大阶级差别，少数统治者作威作福，大多数人则逆来顺受，生活极为凄惨。

而英国对殖民地的管理则远没这么严密。基于英格兰自治传统，英王对殖民地的管理也是放羊式的。殖民地时代的美国并没有一个统一的政治规划。“虽然英王被宣布为所有殖民地的主人，但英国对殖民地的管理在很长的一个时期内实际上并无章法。”

所以美洲殖民地一开始是一个又一个分散的殖民点，这些殖民点从一开始就是高度自治的。移民到了地广人稀的荒蛮之地，并没有现成的政府机构可以依靠。他们只能自己组织起来，几乎一切关系大家利益的事，都需要通过市镇大会解决，比如是否修路，在哪儿修建会堂，聘任谁当学校校长，或者“决定猪是否应该关在猪圈里，还是要用栅栏圈在园圃之外”。

乡镇政治因此成为美国政治的基础。“在乡镇内部，居民享受真正的、积极的、完全民主和共和的政治生活。”杜威说：“虽然我们对家庭和社区邻里组织多有不满，但是不可否认的是，它们永远是培育民众精神的最有效的平

---

[1]张卫良：《试论15—16世纪西班牙君主专制制度的特点》，《杭州师范学院学报》1993年第5期。

[2]同上。

台。借助家庭和邻里组织，公民性格得以稳步形成，自我管理的能力得以逐步确立。”[1]

因此，美国的形成，是先出现乡镇，后出现县，然后出现州，最后出现国家：随着移民点越来越多，乡镇越来越密集，彼此需要相互联系并解决一些共同的利益或者冲突，于是乡镇和乡镇通过自治的方式联合起来，形成了县。县和县联合起来之后，又形成州。最后，州和州又联合起来，成为“州的联合体”，也就是美国。因此，整个美国不过是一个村镇的扩大版。

托克维尔说：“在我们法国，是中央政府把它的官员借给了村镇；而在美国，则是乡镇把它的官员借给了州政府。”

就像在美国做的一样，作为一个代议制国家，英国把民选代议制也带到了殖民地。英国的代议制在美国、加拿大、印度、澳大利亚、南非等地都成功运行。

因此，以欧洲移民为主体的英属殖民地今天基本上都是发达国家。而同样以欧洲移民为主体的西班牙（包括葡萄牙）殖民地今天则大都是发展中国家。西班牙对拉丁美洲的数百年旧式殖民统治，决定了拉丁美洲今天的落后面貌。

拉美独立战争之后，虽然几乎每个国家都建立了共和制度，然而历史的惯性是强大的，“共和政体、宪法、议会都成为摆设。在独立后的150年中，各国草拟了总计约180~190部宪法”。但是这些宪法很难落到地面上。玻利瓦尔曾经这样说：“宪法形同废纸，选举是格斗，自由即无政府状态。”“无论何处的宪法都没有这样精致———同时也没有这样不被遵守。”

事实上，独立战争的结果“仅仅是一场政治权力的转移，原来的二等公民克里奥尔人（在拉丁美洲土生的白人）的种植园阶级、商人阶级取代了西班牙人的政治位置”[2]。也就是说，除了由克里奥尔人取代了半岛人的统治外，其他没有变化。时至今日，拉美大部分高级职务和自由职业均由白人和梅斯提索人，即混血白人担任。殖民地时代的吏制腐败、卖官鬻爵、效率低下，在独立

---

[1]张晓燕：《公法视野中的自治理性》，复旦大学出版社，2015，第218页。
[2]尹保云：《现代化通病——二十多个国家和地区的经验与教训》，天津人民出版社，1999，第133页。

之后，也保留了下来。因此今天南美社会存在着“家长制、裙带关系、办事唯亲和奴隶主义等弊端，使拉美社会缺少公民责任感”。这成为拉丁美洲各国实现现代化的重要障碍，也是拉美国家今天迟迟难以完全现代化的原因。

从发展条件上来说，土地肥沃、物产丰富的拉美当然远比北美要好。然而西班牙的政治遗产拖了拉美的后腿。阿根廷著名诗人埃斯特万·埃切瓦利亚（Esteban Echeverría）曾写道：“我们是独立的，但我们是不自由的；西班牙的军队不再压迫我们，但她的传统却压得我们喘不过气来。”

第四十九章
蛮夷之国实现了中国“三代”的理想

一

我们前面多次说过，在秦代大一统之后，中国读书人心目中就高悬起一个政治理想，叫“三代之治”。历代儒生都梦想着回到三代，他们认为，三代之治是天下为公，而秦之后却变成了天下为私。

那么，如何回到三代之治，或者吸取三代之治的有效因素改善政治治理呢?

朱熹、王阳明等人是从心性角度出发来讨论这个问题，他们的主张是改造人心。也就是说，不改变政治结构，只需除去人的私心，让人回复“光明的本心”，一切迎刃而解。

这显然只是一种延续了几千年的政治童话，并无新意。到了明末清初，天地巨变，沧海横流，体量巨大的明帝国的又一次迅速崩溃，让一些知识分子对大一统郡县制的弱点进行了更有深度的思考。比如顾炎武就认为，要把三代之治中的地方自治因素引入郡县制中，以防皇帝过度集权。“封建之失，其专在下，郡县之失，其专在上。”要下放权力，把地方治理的权力归于地方，不仅要分权到县令一级，还要在一县之内继续分权，一直分到乡里保甲。而黄宗羲则提出了以“宰相”制来制约君主权力，以“学校”制来制约行政权力，以“方镇”制来制约中央权力的政治制度构想。这也是以“三代之治”济秦治之失的思路。

不过，明眼的读者一眼就能看出，顾炎武和黄宗羲的思路在已经刚性化的传统社会结构下也没有什么可操作性。因此，按照中国历史的逻辑，国人唯一的现实选择，是只能继续忍受秦制，要回到三代，似乎是一个永远无法实现的梦。

二

但是到了晚清，中国的读书人惊讶地发现，“三代之治”居然可以真的实现，只不过不在中国，而在“蛮夷”之国。

最早提出这个观点的是福建巡抚徐继畬，1843年，鸦片战争刚刚结束，他就写了《瀛寰志略》，致力于研究中国之外的世界。虽然没到过西方，但是凭借读到的翻译材料，他得出一个判断：美国实行的选举制度，符合三代的政治伦理。（“推举之法，几于天下为公，浸浸乎三代之遗志。”）林肯说的民有、民治、民享，近乎中国的三代之治。因此在他看来，这个国家真是人类的奇迹：“米利坚合众国以为国，幅员万里，不设王侯之号，不循世及之规，公器付之公论，创古今未有之局，一何奇也。”美国这个国家，联合众州成为一国，幅员和中国一样辽阔，却没有像一般国家那样设立国王进行治理，而是把权力交给民众代表组成的议会，创立古今未有的新局面，真是一件奇事！

晚清中国第一个驻欧大使郭嵩焘到了欧洲以后，也认为欧洲所行的是中国三代之治。“三代以前，独中国有教化耳……自汉以来，中国教化日益微灭，而政教风俗，欧洲各国乃独擅其胜。其视中国，亦犹三代盛时之视夷狄也。”[1]现在的欧洲，如同中国的三代时期的文明时代，而由欧洲看中国，中国倒成了没有文化的夷狄了。

这些观点，并非徐继畬和郭嵩焘等个别人的看法，而是晚清相当一部分读书人，比如曾纪泽、王韬、冯桂芬、马建忠、郑观应、张树声、薛福成、康有

[1]郭嵩焘：《伦敦与巴黎日记》，岳麓书社，1984，第491页。

为、谭嗣同等人的共识。他们认为，西方的力量不只“船坚炮利”，更主要的是通过政治创新实现了中国人的“三代”理想。

比如薛福成说：“孟子‘民为贵，社稷次之，君为轻’之说，犹行于其间，其犹今之英、义诸国君民共主政乎？……所以三代之隆，几及三千年之久，为旷古所未有也。”[1]

在他看来，西方政治原理正是中国三代的原则，中国秦汉以后丢失了这些原则，但“民贵君轻”的原则却在今天的英国、意大利等国施行着。

三

三代之治，代表着中国读书人对于政治的最美好的理想，是一种政治乌托邦。那么，这个乌托邦具体是什么样的呢？为什么这些中国读书人说西方的制度接近中国三代呢？

中国知识分子认为最能体现西方文化与中国三代理想接近的，是议会、学校、监狱、医院、街道这几类地方。“当于议院、学堂、监狱、医院、街道征之。”

首先他们说，议会这个制度符合三代的遗意，因为据说三代在用人上是选贤任能的。史书上有很多“三代乡举里选之法”的说法。[2]

薛福成说：“唐虞以前，皆民主也……匹夫有德者，民皆可戴之为君，则为诸侯矣。诸侯之尤有德者，则诸侯咸尊之为天子。此皆今之民主规模也。迨秦始皇以力征经营而得天下，由是君权益重。秦汉以后，则全乎为君主矣。”在唐虞以前，都是民众做主。老百姓中有德之人，可以被拥戴为领袖，成为诸侯。诸侯中的有德之人，被推举为天子。这就是尧舜之时的制度。

---

[1]薛福成：《薛福成日记》，吉林文史出版社，2004，第712页。

[2]据说周代的选举制度是“命乡论秀士，升之司徒，曰选士。司徒论选士之秀者而升之学，曰俊士。升于司徒者不征于乡，升于学者不征于司徒，曰造士”。

等秦始皇以暴力征服天下之后，才完全取消民主，变成一切皇帝做主了。

这些显然只是理想化的描述，在中国只见于文字，从来没有见诸实施。然而到了西方，他们发现，这些构想居然已经落地。

郭嵩焘说，英国的议会制度证明，西洋国家不是君主的私产，民主选举“所用必皆贤能”，朝野两党“推究辩驳以定是非”“各以所见相持争胜，而因济之以平”。反复公开辩论，最后是非得以分明。英国还推崇言论自由，“直言极论，无所忌讳，庶人上书，皆与酬答”，发表言论没有任何忌讳，普通百姓也有发言机会，因此国家“彬彬然见礼让之行焉，足知彼土富强之基之非苟然也”[1]。英国文明和富强的基础，不是船坚炮利，也不是工厂发达，而是议会制度。

保守派官员刘锡鸿出国前极力赞美中国“天下为家，政令统于一尊”，认为中国政治最好的地方是权力定于一尊，这样政权稳定，国家有秩序，而西方政治是一团混乱。然而他亲自到英国议政院旁听，看到“官绅士庶各出所见以议时政，辩论之久常自昼达夜、自夜达旦，务适于理、当于事而后已”。“每年度支出入，并列细数普示绅民，稍有虚滥，则人共诘驳之，……众耳众目，故人不敢欺；公用公销，故人不忍欺”。也就是说，议员们各抒己见，辩论经常从早到晚，一定要辩清楚为止。每年的财政收入与支出，都要详细公开，稍有不准确的地方，就会引起人们质疑。一切都在阳光之下，所以不敢欺骗公众。因此他不觉称赞说：“盖合众论以择其长，斯美无不备；顺众志以行以令，斯力无不殚也。”[2]说这种体制能集合智慧，也能顺民心，让百姓心情舒畅，愿意为国尽力。言下之意，当时中国做不到这一点。

知识分子理想中的“三代制度”中的一个重要组成部分是学校制度，中国知识分子说，三代的教育是普及的，各个阶层都有受教育的权利。比如朱熹关于三代时期教育制度的描述：

> 三代之隆其法浸备，然后王宫国都以及闾巷莫不有学。人生八岁则

---

[1]郭嵩焘：《养知书屋文集》，上海古籍出版社，2002，第289页。

[2]刘锡鸿：《英轺私记》，湖南人民出版社，1981，第14页。

自王公以下至于庶人之子弟皆入小学，而教之以洒扫应对、进退之节、礼乐射御书数之文。及其十有五年，则自天子之元子、众子，以至公卿、大夫、元士之嫡子，与凡民之俊秀，皆入大学，而教之以穷理、正心、修己、治人之道。

三代的时候，各方面政策都很完备，比如从王室、首都到普通社区都有学校。孩子长到8岁，不论王公之子，还是普通百姓的孩子，都能入学，学习礼仪、书写、数学等。等到了15岁，则各阶层成绩好的孩子，都能进大学，学习修身和治天下。

然而到了西方，薛福成等人发现，西方的学校居然存在着一个从小学到大学的完整教育体系，可以全民免费入学，教育高度普及。这岂不正是中国人的“三代”理想吗?

刘锡鸿也对英国的教育制度钦佩不已。他在英国伦敦各处参观，见到英国义务教育普及，穷人也能上学，国家甚至供给低收入家庭子女衣服和餐食，“贫而无力就学者，则收之以义塾焉，……供其衣服、饮啖”。而且学生素质很高，很有礼貌，“塾中子弟，言语有时，趋步有方，饮食行立有班行，虽街市遨游，不得逾越尺寸”。图书馆“各国之书毕备，任其检读”。这让他叹息不已，没想到中国人认为只能在三代见到的情景，他在英国可以亲眼看见。

四

中国外交官到了西方，最感震惊的，除了学校，还有监狱。

传统中国社会中，最不人道的表现，除了太监、小脚，可能就是监狱制度了。

《清稗类钞》载，清代监狱“诚为黑暗世界，基址狭小，内有狱舍五六所，四周环之铁栅。有内地数人，政治犯也，科终身禁锢罪，居于形似棺之笼，外加铁锁，不能直立，亦不能平卧，其得稍见日光者，则每日二十四小时中，递食二次之数分时而已。囚徒反以就死为乐”。监狱是一个不折不扣的人间地狱，面积狭小，见不到阳光，有的栅栏，人在里面不能站直，也躺不下，因此，犯人们希望快点死掉，别再这样活受罪。

因此，西方外交官参观中国监狱后，都认为这是全世界最悲惨的地方。比如英国专使额尔金在日记里记载的：

> 1858年1月31日。
>
> ——昨天，我去看了广州两处监狱，在那里看到的一些景象很可怕，我自己都无法用言语加以描述。监狱中的许多囚犯由于疾病和饥饿，折磨得不成人样，他们的四肢瘦得连我的手腕粗都没有。我听到这间牢房里囚犯发出的呻吟声，于是我就走上前去，叫人把门打开，那景象惨不忍睹！囚犯似全身皮肉绽开，明显是遭毒打所致；其中有一囚犯已经死亡，身边一群老鼠，——太惨了，我无法继续描述下去。[1]

然而，据说这种监狱是秦代之后才有的。中国三代时期的监狱本来不是这样的。

《周礼·秋官·大司寇》云：“以圜土聚教罢民。凡害人者，置之圜土而施职事焉，以明刑耻之。其改者，反于中国，不齿三年。其不能改而出圜土者，杀。”所谓“以圜土聚教罢民”的意思是将囚犯（罢民）聚集关押于监狱并进行教育改造。所谓“施职事”是指让囚犯进行劳作，类似现在的“劳动改造”。所谓“不齿三年”，指囚犯出狱后三年内不得按年龄大小与乡民排列尊卑位次，类似今天的剥夺政治权利三年。因此可以认为，周代监狱制度的核心不是惩罚，而是促使罪囚悔过自新，并最终重返社会。[2]

《尚书·立政》也有“不可误于庶狱庶慎”之言，明代学者丘浚对此评论道：“盖狱者，天下之命，所以文王必明德慎罚。收聚人心，感召和气，皆是狱；离散人心，感召乖气，亦是狱。大底事最重处，只在于狱。故三代之得天

---

[1]额尔金、沃尔龙德：《额尔金书信和日记选》，上海百家出版社，2011，第60页。
[2]崔永东：《试析中国古代狱政文化的基本精神》，《北方法学》2010年第11期。

下，只在不嗜杀人；秦之所以亡，亦只是狱不谨。”三代时期，对监狱制度非常重视，因为这个制度处理好了，可以聚拢人心，导致社会和气。处理不好，将导致戾气充塞外溢。所以三代为什么得人心，只是因为以仁爱为本，不喜欢杀人。秦为什么会亡，就是因为滥用严刑峻法，把大量的人送进监狱。

因此，中国外交官参观西方监狱，往往感慨，西方的监狱制度，正符合中国三代的原则。

有一次，英国方面发出邀请，邀刘锡鸿去参观监狱，刘锡鸿机智地拒绝了，他心想，英国方面肯定是事先做好了布置，面子工程，去了也看不到真东西。于是有一天他搞了个突然袭击，没有预约，直接跑到监狱去访问，结果大吃一惊，回来写日记说：

> 其狱则崇楼广厦，遍绕迴栏，壁净阶明，尘垢俱绝。……一犯居之，皆有牖以通天阳，不以湫隘闭郁其气也。非夏令，则机器送暖，分布于其屋，为御寒也。……日膳凡三，肉食必具，剂以汤茗，惠养之道也。……饮食寝处，咸适其意，而气体充矣。……在狱无老少，莫不体胖色华。[1]

英国监狱居然如此卫生，如此洁净，每一间都能见到阳光，还有暖气。对待囚犯如此人道，犯人有肉吃，可以洗澡，家属可以探监，而且在监狱中可以学到雕镂、绘画等技巧，出狱后有人居然可以俨然变成“素娴礼教者”。这与当时的清朝监狱比起来，确实一个天上，一个地下。

在英国待了一段时间后，刘锡鸿叹息说，英国的制度“真是仁义之极端也”。这个国家，上下同心，“无闲官，无游民，无上下隔阂之情，无残暴不仁之政，无虚文相应之事”[2]。没有闲官，没有游手好闲的百姓，上层政治家与底层百姓之间沟通渠道畅通，没有残暴不仁的政治，也没有形式主义。因此“诚未可以匈奴、回纥待之矣”。

---

[1]刘锡鸿：《英轺私记》，湖南人民出版社，1981，第103页。

[2]同上书，第89页。

当然，虽然刘锡鸿在自己的日记中对英国是这样评价的，并不妨碍他公开大肆攻击他的同事郭嵩焘“崇洋媚外”，而且他回国后对皇帝讲的几乎完全相反，这也是晚清很多官员的做法，因为称颂西洋国家在当时的中国容易遭受攻击和迫害。

五

讲到这儿，我们要说，晚清那一代读书人对西方的观察是不全面的，他们对西方列强的描述过于理想化，对西方文化的一些负面因素关注得不够多。这主要是由于当时中西文明发展阶段不同，反差过大，乍一接触西方文化，他们被这种过于巨大的差距震撼到了，头晕目眩之下，只注意到了其中光明的部分，没有看到或者忽略了黑暗的一面。事实上，西方到今天也没有达到儒家描述的“三代”那样的理想状态。另外，晚清中国知识分子把西方理想化的部分动机，和伏尔泰们当初把中国理想化、在欧洲掀起“中国热”的动机，也有类似之处，那就是借他处之长，来攻此地之短。他们在内心深处也许并不是百分之百地相信异邦文化如此完美，他们最终的目的，还是希望以此来触动自己的同胞，推动自己的父母之邦变得更好。

第五十章
全球化给中国带来的变化

一

不管情不情愿，鸦片战争之后，中国就被并入了全球化大潮。特别是第二次鸦片战争之后，不得不频繁地与世界交流。

那么，被裹入全球化大潮，对中国历史的发展有什么影响呢？

首先，中华民族出现巨大的心理创伤。

中国是在毫无防备的情况下以“被动挨打”的方式被卷入全球化的。几千年来，中国自居“天下”中心，自认为是“天朝上国”，却突然被侵略、被殖民，不断割地赔款而无丝毫还手之力。这对中国人的民族自尊心、自信心都造成了非常沉重的打击。

我还清楚地记得中学历史课堂上讲到近代史时，教室里的压抑气氛。和所有的同学一样，我的心中涌起强烈的悲愤和屈辱。勤劳勇敢热爱和平的中华民族，为什么遭遇这样蛮不讲理的侵略与欺凌？

这种断崖式的心理冲击造成了多方面的心理后果。一方面，它使精英人物“开眼看世界”，尝试“师夷长技以制夷”，开始了漫长而充满挫折的学习西方的过程。

另一方面，很多国人形成了“受害者心理”，对外部世界产生了深刻的敌意，他们认为，近代以来中国的积贫积弱、多灾多难，都是拜西方列强所赐。“天无雨，地发干，全因鬼子闹中原。”

同时，经过“三千年未有之变局”，中国人发现自己在世界的眼中，已经从原来最优秀的民族，变成了“半开化”的“东亚病夫”，对外心理由以前的自信甚至自负，一变而为弱者的深刻自卑，对外界的任何一点表扬、批评或者“侮辱”都高度敏感。当然，这种自卑的另一面，则是发愤图强，“争气”。百年国耻使中国人积蓄起强大的心理能量，渴望迅速“赶超”西方国家，实现民族复兴，再一次扬眉吐气地站在世界之巅：这才是中国人习惯的位置。

其次，一次次的对外战争，使中国丧失大面积国土，对外赔款累计10亿余两白银[1]，导致清王朝财政屡次濒临崩溃，也给普通民众带来沉重的经济负担。

除了这些影响，全球化也有另一面的作用，比如它从根本上改变了中国历史上的一些基本规律。

改变了哪些规律呢?

首先是人口曲线规律。

在中国历史上，“乱世”就意味着人口的大量损失。这个我们前面有比较多的论述。

中华民国时期无疑是乱世。我们一提起民国，常用的词都是“军阀混战”“兵荒马乱”“民不聊生”。民初的军阀割据与混战，看起来和东汉末年、晚唐、北朝后期军阀混战很相似。按理说，这样一个长达数十年的乱世，人口应该从晚清的4亿，掉到3个亿甚至2个亿吧?

然而事实却是相反的。

太平天国内乱结束后，中国人口就开始恢复增长。《中国人口史》第六卷的研究显示，1911~1936年间，也就是中华民国建立到抗日战争之前，中国人口从4.1亿增长到5.3亿，年均增长率达到1.03%。

---

[1]王年咏的《近代中国的战争赔款总值》中对近代以来中国给外国到底赔了多少钱，有几种估计。多的说法是19.53亿两，较少一些的，也是更多人采用的，是“近13亿两”和“十多亿两”这两个数字。历次条约都在，为什么数字差距如此巨大呢？因为中国的货币体系很混乱，对外赔款有用两的，有用元的。两又分实银两与虚银两，虚银两还有库平银与关平银或海关银（亦称为“库平两”“海关两”）等名称。王年咏据此综合算出，近代中国战争赔款总值为银圆13.75亿元（折库平银为10.45亿两、折海关银则为8.83亿两）。

这是什么意思呢？

这是中国历史上几乎从来没有出现过的高增长。

《中国人口史》第五卷的研究证明，清朝从1644年建都北京至1851年太平天国战争爆发前，人口年均增长率为0.49%，即便是其中增速最快的康雍乾百年“盛世”，年均增长率也不到0.7%。[1]因此，侯杨方认为，整个“民国时期的全国人口增长速度之快可能是中国历史上前所未有的”[2]。

而且这种增长是一种质变。

侯杨方认为，民国时期，中国人口模式从高出生率、高死亡率、低增长率的传统模式，变成了高出生率、低死亡率、高增长率这样的现代发展中国家模式。

为什么会出现这样的转变呢？原因很简单，晚清以来的经济社会发展和卫生医疗条件进步，导致人口模式发生了历史性变化。

二

因此，全球化从根本上改变的第二个中国历史规律，是经济增长规律。

和人口一样，中国历史上的经济，也是遵循着治世增长、乱世崩溃的规律。一有战争和动乱，经济也迅速残破。

比如安史之乱，数年之间就造成“宫室焚烧，十不存一，百曹荒废，曾无尺椽。中间畿内，不满千户，井邑榛荆，豺狼所号。既乏军储，又鲜人力。东至郑、汴，达于徐方，北自覃、怀经于相土，为人烟断绝，千里萧条”。政府办公机构十中有九被毁，民居更是大面积烧光，整个黄河中下游地区人烟断

---

[1]曹树基：《中国人口史》（第5卷），复旦大学出版社，2001，第835页。

[2]侯杨方：《中国人口史》（第6卷），复旦大学出版社，2001，第575页。

绝，物资空乏，一片荒凉。[1]

关于近代以来的经济状况，相信大部分读者心目中的印象就是一团糟。我们所熟知的，就是鸦片战争以后西方的经济入侵，迅速导致中国自给自足的传统自然经济破产，大量民众陷入贫困化之中。

然而事实上，近年来的历史研究已经更新了这个结论。“1840年以后的近30年时间里，外来的机器制品并没有真正打开中国市场，中国传统的自然经济结构基本上没有变化。”直到1869年“苏伊士运河的开通使对华贸易的商路大为缩短，……大幅度降低了英国机制工业品的成本，从而大大增加了英国工业品在中国市场的竞争能力”，才促使中国传统的自然经济出现瓦解。[2]

因此，从严格意义上讲，中国经济近代化过程是从19世纪70年代后期才开始的。一方面，太平天国运动此时平息下去，大规模的社会动荡结束，洋务运动开始兴起。另一方面，以苏伊士运河的开通和海底电缆的铺设为代表的全球化进程，进一步把中国和世界经济联系在一起。

晚清洋务运动开启了中国经济的全球化之路，让一批近代企业在中国扎下根来。然而洋务运动的成果是有限的，因为官办企业效率很低，民营经济没有起步，因此中国经济发展只迈开了一条腿。中国真正的工业革命起始于甲午战争。

历史教科书说，“甲午战争中国的失败，使半殖民地化速度进一步加快，民族危机愈益深重”。然而凡事都有两面，中国经济发展曲线，恰恰从甲午战争之后开始迅速上扬。

因为《马关条约》允许开放中国市场，外国人可以在中国投资，直接设立企业。为了抵御外资，清政府不得不宣布“一切仿照西例”，鼓励民族资本发展，许多领域被迫不再由官办企业垄断，而是向民间资本开放。1898年，清

[1]傅筑夫的观点，引自韦森：《法治缺位与市场自发扩展：皇权专制政制下中国市场经济的周期性兴衰》，《2007年全国法经济学论坛论文集》，2007。

[2]赵津主编：《21世纪高等院校经济学专业系列教材 · 中国近代经济史》，南开大学出版社，2006，第16页。

廷颁布了《振兴工艺给奖章程》，首次承认了民营企业的合法性。1904年又颁布了中国历史上第一部公司法——《公司律》。民族企业普遍引入西方企业管理方法，实行了董事会制和监事会制，与官办企业相比发生质的变化，促进了近代工商业迅速成长。

我们来看几组数字：

1894年中国民营资本总额是710万元，到了1913年则达到1.62亿元，翻了22倍。

1895年中国的铁路总里程是467公里，到1911年达到9292公里，增长了19.89倍。

1895年中国轮船吨位只有32708吨，到1911年增加到90169吨，增长了2.76倍。

甲午战争前的20年，中国对外贸易进口年平均增长速度为2.94%，出口增长率为2.54%。甲午战争后，1910～1914年间，出口平均增长率为5.9%，进口年平均增长率为7.4%。[1]

吴承明估计，中国市场商品量1869~1894年的增长率为1.25%，而1894~1908年为4.02%。按照汪敬虞等经济史学家的研究结论是，1895~1913年，中国一些行业的年增长速度甚至高达15%~20%。这一现象"不仅过去所未有，也超过第一次世界大战时期的所谓黄金时代"[2]。

在普通读者心目中，民国最乱的是北洋时期，也就是"军阀混战"时期。然而事实上，这一时期是中国近代史上民营经济发展最快的时期，比甲午战争之后增长还要快。正是在此期间，中国在现代铁路建设、交通、教育等方面都取得很大进展，这是因为大一统崩溃，没有了对民营资本的政治约束，中国实现了一次自下而上、由民间力量主导的金融与财政革命。现在大家经常说南京政府时期中国经济出现了"黄金十年"，不过是北洋时期经济成果的延伸与壮大。

---

[1]韦森：《法治缺位与市场自发扩展：皇权专制政制下中国市场经济的周期性兴衰》，《2007年全国法经济学论坛论文集》，2007，第247页。

[2]同上。

秦晖先生综合民国经济方面学者的研究成果发现，“这个时期的中国的经济总量和人均量，也在内忧外患频仍之中取得了艰难的增长。据迄今为止多位权威学者的统计与修正值，从甲午当年（1894）到1931年，中国的国内生产总值从42.493亿两增至192.252亿两，净增了3.52倍（可资比较的是：同一时期美国国内生产总值仅增加1.98倍）；中国的人均GDP则由1894年的10.2两，增至1930年的40.8两，平均每18年翻一番”。

正是经济和社会的发展，导致人口发展模式的转变。

三

近代以来的人口增长，还与中国城市的卫生文明进步有关。当然，和鸦片战争以来的很多社会变化一样，这种进步也与屈辱伴生。

1644年，北京人曾胸前贴着“顺民”二字，焚香跪接跪迎留着金钱马尾发式的满族军队。1900年，他们再一次在门上帖上顺民的黄纸，战战兢兢地迎接另一种“蛮夷”即洋人的到来。

洋人的记载：

> 经常可以看到手拿小旗的中国人，旗子的上半部分是空白的，下半部分写着“顺民”，……一块木牌上写着“好大老爷，不要开枪，我等顺民”。

八国联军进北京，当然犯下了无数的罪行。“河东一带，时有洋兵强奸妇女情事。”“俄人所踞之地，被害特甚，抢掠焚杀，继以奸淫，居民逃避一空。”然而与此同时，侵略军也促使北京城的卫生面貌发生了一些深刻的变化。

传统时代的北京是脏乱差的典型代表。“八国联军攻入北京城，然后他们发现自己置身于一个巨大的露天厕所中。”名妓赛金花在接受刘半农的口述访谈时说："北京的街道，那时太腌臜了，满街屎尿无人管。"这是因为明清时代"京师无厕"，随地便溺是唯一解决办法，因此大街胡同里屎尿纵横，"以我所到过的地方而论，街中虽然未必比北京好到什么地步，然而总不至于像北京这样肮脏，满街路都是屎尿"。再加上当时北京没有垃圾站点，也没人清运垃圾，垃圾都是随便倒的。"人家扫除之物，悉清于门外，灶烬炉灰，瓷碎瓦屑，堆如山积，街道高于屋者至有丈余。"[1]家家把垃圾堆在街边，有的地方，垃圾甚至比房子都高。

其实这不是北京独有的情景，前现代化之前，世界上很多地方的城市都面临类似的卫生问题。1600年曼彻斯特茴香街（Fennel Street）上的粪堆和垃圾堆达到了让市民无法"用脚走路"的地步，17世纪50年代的巴斯市民，同样因为街道上的垃圾、粪堆和石堆头疼无比。[2]

近代西方文明变革的一个重要特点，是建立起了一个囊括一切的全新体系，对旧的人类社会进行了全面变革。工业革命中出现的动力革命，解决了流体物质提升问题，而材料技术和施工方式的发展，又使下水系统的铺设成本大大降低，因此让自来水系统和抽水马桶在西方社会实现普及。1844年，英国女王的丈夫下令在温莎城堡内安装了马桶和排污系统。1852年，巴黎市长下令"街上所有的新建建筑物及进行重大修缮的建筑物都必须装设下水管线"。[3]

因此工业革命也是人类历史上最伟大的一次民生事业进步，让人类社会进入有史以来最安全、最清洁的时代。工业革命之前，人的平均寿命预期不到30 岁。而工业革命完成之后，人的平均寿命预期超过60岁。[4]

1900年，完成卫生革命其实也没有多少年的西方征服者捏着鼻子进了北京，面对满大街的粪便和垃圾，在近代化卫生条件下成长起来的这一代征服者感觉实在受不了。他们出于本能反应，立刻要求北京市民改变卫生习惯，因为

[1]李家瑞编：《北平风俗类征》（下），商务印书馆，1973，第413页。

[2]储恩涛：《近代早期其国城镇污染与治理》，硕士学位论文，华中师范大学，2018。

[3]蒲仪军：《卫生设备与卫生间：现代舒适生活的发展简史》，《建筑史》2013年第2期。

[4]金碚：《世界工业革命的缘起、历程与趋势》，《南京政治学院学报》2015年第1期。

他们要在这座城市里驻扎相当一段时间。

“洋人最是嫌这个，便下了个命令，叫商家住户各自打扫门前的一段，倘有一点污秽，查出来是先打后罚。”

洋人“热切期待这次短暂的占领对中国国家骄傲的冲击能产生积极的影响，长期以来视外国人为化外蛮夷的陈旧而顽固的傲慢会因此遭遇致命一击，北京也会从一个封闭的城市转而对外界开放”。德国人、联军统帅瓦德西入京后，倡议成立了“管理北京委员会”，“负责管理治安、卫生、民政、财政税务”等地方性事务。

管理北京委员会要求“各街巷俱不准出大小恭，违者重办”[1]。生活垃圾如“炉灰秽土”等乱倒亦被禁止，“街前不准堆积，无处可倒，家家存积院中”。对此，英美等国界内，“均有公捐土车，挨门装运”。北京从此才在历史上第一次有了垃圾清运车。

为了改变北京市民在街上随地大小便的习惯，占领军采取了严厉的惩罚手段。1902年，北京民间报人彭翼仲等自办的《启蒙画报》，发表《防疫歌》，描写联军当初在北京的情形说：

回想联军在北京，大街小巷打扫清，禁止污秽罚洋钱，防疫无如洁净先。

有位老官出恭勤，墙角蹲身未久停。欲起不得曲躬行，忽闻橐橐皮靴声。

此时情形真可笑，老官心中脱脱跳，张惶四顾魂胆销，裤带不见手纸抛。

此君将来管街道，一定不准乱撒溺，此君将来修路程，一定多设官茅坑。

京城虽是旧京城，肮脏风俗急须更。

---

[1]中国社会科学院近代史所《近代史资料》编译室主编：《庚子记事》，知识产权出版社，2013，第33页。

当时的中国市民对此非常不适应。有人在回忆录中抱怨说："家家颇甚受难。男人出恭，或借空房，或在数里之外，或半夜乘隙方便，赶紧扫除干净；女眷脏秽多在房中存积。无可如何，真所谓谚语：活人被溺鳖死也。"

对此，美国辖区内采取了相应的解决措施：在"各巷口皆设茅厕，任人方便，并设立除粪公司，挨户捐钱，专司其事"。这是中国公厕的初始。到11月中旬，除德界，"各国界内"均已"建设茅厕，尚称方便"。[1]

从此，北京有了公厕，也不再沿街倾倒垃圾，城市面貌发生了很大变化。"后来西太后回銮抵京，看见街上比从前又整齐，又干净，很是喜欢，很夸赞洋人们能干。"没想到自己到西安"旅游"一圈儿，回来北京大变样了，清政府因此把洋人的这套做法保持下来。

就这样，伴随着殖民主义和全球化，起源于西方的"卫生"观念进入到广大的非西方世界。当然，不论如何，这些变化丝毫不能减轻八国联军的罪责，不过西方卫生文明传播到中国，确实在一定程度上改善了城市的卫生条件，降低了城市传染病发生率，这也是民国年间人口增长的一个重要背景。

马克思说，殖民主义摧毁了东方农村田园诗般的传统生活，这"从纯粹的人的感情上"当然值得深切同情。然而与此同时，这也是历史的进步。"为什么东方大清帝国的声威一遇到不列颠的枪炮就扫地以尽……为什么印度居民长期过着一种失掉尊严的、停滞的、苟安的、消极的生活"[2]，马克思的回答是因为"这些田园风味的农村公社不管初看起来怎样无害于人，却始终是东方专制制度的牢固基础；它们使人的头脑局限在极小的范围内，成为迷信的驯服工具，成为传统规则的奴隶，表现不出任何伟大和任何历史首创精神"[3]。

马克思进一步认为，"历史中的资产阶级时期负有为新世界创造物质基础的使命：一方面要造成以全人类互相依赖为基础的世界交往，以及进行这种交

[1]中国社会科学院近代史所《近代史资料》编译室主编：《庚子记事》，知识产权出版社，2013，第52页。

[2]孙承叔：《资本与历史唯物主义》，复旦大学出版社，2013，第101页。

[3]马克思、恩格斯：《马克思恩格斯全集》（第9卷），人民出版社，2009，第148页。

往的工具，另方面要发展人的生产力，把物质生产变成在科学的帮助下对自然力的统治。资产阶级的工业和商业正为新世界创造这些物质条件，正像地质变革为地球创造了表层一样。”[1]

因此，步入全球化以来，中国的历史主线就由原来的治乱循环这一条线，变成了中国传统和西方文明这两条线并行。这两条线相互交叉，相互作用，共同主导着中国历史未来的走向。

---

[1]马克思、恩格斯：《马克思恩格斯选集》，人民出版社，1965，第252页。

结语　中国历史的独特性

一

只有把中国史放到世界史中，我们才能看清中国的特点。

中国文明并不是世界上最早出现的文明。以有文字和建筑能证明国家的出现而论，中国比苏美尔要晚近2000年，比埃及也要晚了1500年。

但是中国后发先至。在西周时期，中国在人类历史上第一次建立起整饬的大一统封建制度，比欧洲早了近1800年。[1]

接下来，中国又率先在世界上建立了大一统中央集权国家，同样比欧洲早了近2000年。早在公元前3世纪，中国就实现了中央政权对基层社会的直接统治和严密控制，能够在全国范围内大规模调动资源。这是同时代世界上其他国家不能梦想的。欧洲国家直到中世纪后期，才开始了类似中国春秋战国的构建统一集权国家的过程。而直到17世纪达于顶峰的法国中央集权，仍然做不到像秦始皇这样对社会的全面而有力的控制，更何况统一欧洲。

---

[1]如果这一制度从周朝建立（前1046年）开始计算，而欧洲成熟的封建制度从普瓦提埃战役（732年）开始算的话。8世纪20年代初，阿拉伯军队越过比利牛斯山。732年，阿拉伯军队沿通往巴黎的罗马旧道北上，进抵普瓦提埃。法兰克王国宫相查理·马特率军迎击，并成为这次战役的胜利者，因而获得“锤子”（音译为马特）的称号。阿拉伯帝国因此确认了地理扩张的极限。

二

中国这种相对西方近2000年的领先，带来了诸多方面的影响。

首先是社会面貌的“现代化”，流动性增强。

在世界其他地方还在实行严格的等级制度的时候，秦朝就已经从制度上废除了贵族制度，实现了“万民平等”，出现了空前的社会流动性，有能力的人更容易上升。大一统国家之内，语言文字和度量衡统一，有利于大范围内的物资和信息交流。这种状态在世界上很多地方是不可想象的。西方直到中世纪后期，才解除了领主与农奴的人身依附关系，打破了国内重重封建税收关卡。日本做到这一点，要到明治维新之后。印度直到今天，种姓制度还有强大影响。

其次是大一统带来了比较长的和平时期。中国的地理特点和文化心态，决定了分裂状态下，群雄通常争战不休，“神仙打架，百姓遭殃”，结果是人口锐减，经济崩溃。在中国人的历史经验中，只有建立起稳定的大一统政权，才能享有长期和平，这就是所谓的“乱世人不如太平犬”。秦汉帝国崩溃后，虽然也经常经历分裂时期，但是大一统郡县制度总能成功地再度完成统一。

因此，在所谓的欧洲中世纪的黑暗时代，中国历史发展却进入了高峰期。在长期的和平下，一个王朝的经济通常会稳定发展，因此出现了很多盛世，比如唐代的贞观、开元和清代的康乾盛世。创造了灿烂的文化成就，比如唐诗宋词；也留下许多雄伟的建筑和工程，比如万里长城、故宫和大运河。

三

当然，中央集权制度领先发展的影响是多方面的。它造成了中国和欧洲历史的不同走向。

第一，中国大一统郡县制下，官僚系统极为发达。而欧洲封建体制下，自治社会传统一直没有中断。

秦汉帝国通过“编户齐民”，把几乎一切社会组织打散，用郡县制对全国进行了格式化。这与罗马帝国相当不同。因此秦汉帝国是一元刚性结构，书同文，车同轨，举国上下，如臂使指，步调一致。而罗马帝国的文字没能统一，政治制度没能统一，甚至法律也是不统一的，保留大量地方自治因素。“2世纪的罗马帝国乃是自治城市的联盟和凌驾于这个联盟之上的一个近乎绝对专制的君主政府二者奇妙的混合体。”[1]罗马帝国的繁荣是建立在中央集权和地方自治的有机结合之上的。一方面，“每一个城市都有它自己的地方自治，都有它本地的‘政治’生活，都有它自己所要解决的社会经济问题”；另一方面，“在所有城市之上，有一个强有力的中央政府，它执掌国家大事——外交、军事、国家财政”。这也许更接近顾炎武、黄宗羲等人结合郡县制和封建制长处的政治构想。

罗马帝国远没有中国这样成熟而庞大的官僚体系，到了中世纪，官僚系统在欧洲干脆消失了，因为各地基本上是封建自治的。在西方的历史发展中，在分裂和动荡当中，社会自治一直发挥着很大作用，比如中世纪西欧的庄园、行会、教区、俄罗斯的米尔内等，都是一定程度上的自治社群。

而中国很早就用官僚体系取代了社会的自治功能。在西欧中世纪，自治城市成为体制外的权力中心，市民联合起来，从封建主手中购买到自治权，成为体制外的异己力量，这在中国是完全不可想象的。

第二，中国的中央集权受到的约束很小，而后发展起来的欧洲的中央集权受到重重社会力量的约束。

正如封建制是国家的早期形态一样，中央集权制也是历史发展的必然，欧洲的崛起与统一民族国家的出现密切相关。不过，西欧中央集权国家和中国的中央集权的形成过程相当不同。欧洲是在议会、自治城市、行会等多种社会力量发育起来之后才出现中央集权国家的。因此，在欧洲的民族国家中，君主的专制权力是有限的，君主权力不仅受法律、议会的制约，也受到各社会阶层、利益团体的限制。

而中国完全不同。中国的“国家巩固发生在社会其他力量建制化地组织起来以前”，在其他国家发挥约束力量的世袭贵族、教会、商人组织等力量，都

---

[1]M·罗斯托夫采夫：《罗马帝国社会经济史》（上册），商务印书馆，1985，第194页。

无法约束传统中国强大的中央集权。[1]

欧洲的中央集权之路，还进行过多种探索和比较。英国之所以后来能超越西班牙，就是因为它的体制既比荷兰松散的城邦联合体更有凝聚力，同时又比西班牙的君权受到更大的约束。通过光荣革命，“英格兰人成功地驯服了庞然大物型的现代国家，他们没有摧毁利维坦的巨大能量，相反是使它响应他们的意愿，服从他们的法律”。因此，英国到后来一家独大，并深刻地影响了今天世界的面貌。

中国一直没有机会驯服利维坦，皇帝在历史上一直注意削弱商人和地主豪强的实力，以保证皇权的独大。因此郡县制下的皇权只受“天命”的软约束，没有制度上的硬约束。

四

中国和欧洲国家形成过程中的不同，也造成了中国和欧洲社会面貌的不同。

第一，传统中国社会是整齐划一的一元化结构。

中国大一统大王朝的面积极大，各地情况千差万别。为了保持国家的一元化和一致性，大一统王朝通常会对全国进行格式化的整齐划一。

这种整齐划一令西方人惊叹。就像我们前面引用过的，英国人说：“自进入中国境内以来，在这样大的地面上，一切事物这样整齐划一，这在全世界是无与伦比的。”[2]中国在和平时代的社会治安之良好，和政府行政效率之高，也远优于同时代的欧洲。

但是整齐划一也有代价。在中央集权制下，因为皇权的独占性，君主通

---

[1]张孝芳：《现代国家建设与国家治理的现代化：比较政治视野下的中国政治发展路线图》，《教学与研究》，2014年第5期。

[2]斯当东：《英使谒见乾隆纪实》，上海书店出版社，2005，第276页。

常对地方社会的动态发展表现出恐惧，对其他社会力量始终处于压制防范状态。[1]因此总是采取“消极性带防御性”的做法，“维持各地区的平衡，一般迁就经济落后地区”。比如很多朝代经常命令大片区域种植同类作物，结果加重了社会的负担，造成经济倒退。明初为防海盗骚扰，下令“片板不许下海”，清初迁海令更要求所有沿海居民内迁30里，正如葛剑雄先生所说，造成的经济损失其实大大超过了海盗的掠夺。

大一统王朝制定政策，出发点总是“便于君”而不是“便于民”，因此经常在全国范围内远距离大规模征调人力资源，被征调的百姓花在路上的时间甚至远远超过服役的时间，大大加重了民众负担，秦朝的灭亡在一定程度上就是因为这个原因。贾谊说，当时淮南的百姓迫切希望置于诸侯国的统治之下，而不直属于朝廷，以便能就近服役，而不必再长途跋涉于淮南和长安之间。而明代实物赋税制下，百姓负担的运费居然5倍、7倍于皇粮本身，这也是长途征调的结果。

葛剑雄先生说，在落后的交通和通信条件下，如果政治设计更关注民生，应该更多地照顾地区差异。他观察到，有的时候，地方性“政权的领土大大缩小了……统治层次减少了，传递时间缩短了，行政效率会有所提高。只要保持和平状态，人民会因此而获得较多实惠”。

因此大一统体制一方面维持了社会的稳定，带来了长时间和大面积的和平，另一方面却也限制了社会变化发展的空间，也压制了地方的效率。

而欧洲因为一直没有完成统一，各民族国家出现强烈的竞争态势。斯塔夫里阿诺斯说，规模浩大的郑和下西洋因为皇帝的一道简短的命令突然停止，这在欧洲是完全不可想象的。“中国的皇帝能够并的确发布过一道道对其整个国家有约束力的命令，欧洲绝无这样的皇帝。”小国林立虽然动荡不休，但另一方面使得各地的活力得以发挥。

第二，中国传统王朝的优势是能够集中力量，但是集中后的力量，用于提供公众服务的并不多。我们看传统时代的财政结构，有两个重点，一个是皇

[1]如果出现宽松的情况，那通常是因为统治阶层本身的懈怠，而不是他们的主观愿望，比如明代后期皇帝懒政，结果却使江南民间经济迅速发展。

室和贵族们的消费，另一个就是供养军队和百官，用于民生的几乎可以忽略不计。葛剑雄先生说，有些人认为传统政权既然集中了大家的力量，“必定会投资于有利于国计民生的大工程，有利于发展生产等，显然并不符合中国的历史事实”。那些集中起来的财富“大多被挥霍浪费，真正用于国家管理和社会进步的反而是少数”[1]。

管汉晖和李稻葵的研究证明了葛剑雄先生的这个说法。他们曾经将明代中国和工业革命前英国的财政结构进行过具体比较，结果发现，“总体来说，明代中国和英国的政府规模相差不大”，但是两国政府的钱，花到了不同的地方。明朝中国的财政收入主要用于宫廷和皇族的奢侈性消费，对宫殿和陵寝的修建，以及巨大的军费开支。除了几次治理黄河水患之外，整个明代很少进行大的水利工程修建和其他基础设施建设，政府提供的公共产品严重不足。政府也没有投资于道路的修建和保养，更别提“投资在工业制造或者其他生产性的事业上，因此对经济的推动作用非常有限”。

欧洲的中央集权是在自治城市和商人阶级的支持下建立起来的，君权又受到更多约束，君权通常不得不为经济发展服务。因此，工业革命前的英国政府，汲取能力也很发达，但是英国的“财政收入主要用于公共工程的修建以及转移支付，政府的投资和转移支付带动了国内其他投资的上升，投资的乘数效应为2.25，这对整个经济增长起到了积极的推动作用。历史研究显示出，政府减少对经济活动的直接干预而改为更多地提供公共物品是英国经济增长的主要条件之一”[2]。

第三，正是因此，中国王朝出现了周期性的崩溃。

与中国君权缺乏有效约束伴生的，是官僚系统非常庞大，权力同样缺乏有效监督。如我们分析过的，中央王朝每汲取到1分税赋，官僚系统可能会额外

---

[1]集中力量，可以开掘大运河，治理黄河，修建水利设施，有利于生产的发展，但这项开支在总量中往往只占很小的比例。一些小型、中型的项目，分裂政权就能办到。比如五代的吴越国主钱镠，对筑海塘、疏浚河道、农田水利投入了很大的人力物力，还专门设置了“撩湖军”，负责疏浚西湖。（葛剑雄：《统一与分裂——中国历史的启示》，商务印书馆，2013，第171页。）

[2]管汉晖、李稻葵：《明代GDP及结构试探》，《经济学》（季刊）2010年第3期。

贪污10分。因此中国传统王朝到中后期，总是出现汲取能力过度的问题。在皇帝穷奢极欲的同时，官僚系统更侵吞了大量财富，结果是“皇帝与官僚共享物质财富”[1]，导致一个王朝建立不久就迅速陷入大面积腐败当中。

由于中国传统王朝的汲取成果不能为社会共享，用来促进经济成长，因此这种过度汲取总是表现为压垮脆弱的小农经济。在社会各阶层的利益冲突中，没有妥协性渠道，要解决问题，只有通过战争，导致大规模农民起义的发生。

欧洲在持续的小规模的动荡中发展，人口发展曲线比较平稳。而中国大一统王朝总是“脆断”，崩溃所造成的周期性人口损失，要远超过封建制的西欧。

中国历代很多思想家都发现，在周秦之变后，中国社会的运转出现了完全不同的特点。宋代罗泌在比较郡县制与分封制时说：“建封之时，一人纵失德于上，而万国之中各有政化，闻者德以兴起。郡县之世，一人失德，则波颓瓦解，而海内共惧其祸。”也就是说，封建制下，最高统治者一个人的失德，不会带来全天下的崩溃。因为各地并不在统一领导之下。而到了郡县时代，皇帝一个人不靠谱，全天下都要跟着倒霉。

王夫之说，从秦代之后，中国历代皇帝“贪天位、戕人伦”，以致“盗贼、夷狄交相蹂躏中国，不知其所终”，即农民起义和异族入侵交替造成社会动荡，而且这种历史规律还找不到终结的办法。

黄仁宇则解释说：“中国的悲剧乃是其在地方组织及技术上的设备尚未具有规模之际，先已有大帝国之统一，因之上下之间当中缺乏一段有效的中间阶段，全靠专制君主以他们人身上的机断弥补。”“中国在专制时代，好像皇权无限，其实大部的威权，不过矫揉造作的仪式上之装饰，实际是对内不设防，以无数的小自耕农作抽税的对象，财政的收入极为微薄，各种严刑峻法也只能有选择性地、以杀鸡儆猴的方式执行。”

[1]管汉晖、李稻葵：《明代GDP及结构试探》，《经济学》（季刊）2010年第3期。

五

“过去100年、特别是50年里，世界各地的经济现代化和城市化取得了无可辩驳的长足进步，农村人口、贫困人口和文盲比例都显著下降。然而，今天世界上已经建立起了稳固的民主制度的国家，差不多与100年前完全重合——说到底还是那些西方国家，唯一的例外出在东亚地区。这似乎有力地证明了，经济的发展，甚至推行西方式的自由市场经济加民主政治，并不能落实真正意义上完善的西方式制度；在不少地方，相反还带来前所未遇的社会动荡。”[1]

确实，放眼世界，全球180多个国家分成“发达国家”和“发展中国家”两类。其中所谓发达国家20多个，其他基本上都是所谓的“后发国家”。通过仔细观察我们会发现，发达国家和地区基本分为三类：第一类是欧洲国家；第二类，是以欧洲移民为主体的英国前殖民地，比如美国、加拿大、澳大利亚；第三类，是中华文化圈的成员，比如日本、韩国、新加坡。

相反，以欧洲移民为主体的非英国殖民地，比如西班牙殖民地，以及以非欧洲移民为主体的英国前殖民地，比如印度，再加上其他大部分国家，都不是发达国家。正如托尔斯泰所说，幸福的家庭总是相似的，不幸的家庭各有各的不幸。在这些国家，现代化以各种各样的方式出现失败和挫折：

土耳其从300年前起就开始了漫长的现代化之路，其艰难与中国高度相似，经历了土耳其版的“师夷长技”“洋务运动”“君主立宪”的重重失败，直到凯末尔改革才宣告走上正确的起点，经过几十年的发展，土耳其离加入欧盟只差临门一脚，却在近些年开始走上了回头路，离欧盟越来越远。其原因是凯末尔采取的是自上而下的“精英式改革”，虽然有效地改造了城市，但触角难以深入到边远而广大的土耳其农村。集中在农村的宗教人士和农民宗教意识仍然浓厚，20世纪40年代土耳其政治民主化以后，数量庞大的底层民众开始显示力量，伊斯兰因素又堂而皇之地一步步彰显存在，到近些年达到高峰。

拉丁美洲的民选政治也步入泥潭。在贫富差距和社会动荡中焦虑不安的拉美民众很容易受到那些激进口号的影响，他们喜欢那些提出诱人目标和简单

---

[1]陈季冰：《从土耳其的历史，看一个古老国家的现代化难题》。

快速的解决方式的领导人，谁的气质和姿态最权威，最像“父亲”，谁的许诺最直接、最简单、最激进，就最容易上台。比如委内瑞拉的查韦斯许诺要为穷人提供“超福利”（免费住房、免费汽油），因此迅速崛起于政治舞台。上台之后，为了兑现承诺，查韦斯大力推行国有化，把所有行业都收归国有。但赶走了有管理能力的外国投资者之后，委内瑞拉本国却没有成熟的企业家阶层接手，国有企业陷入效率低下和严重腐败当中，激进的国有化不久之后就导致各种物资短缺。堂堂的“石油富国”已经沦落到需要进口石油，超级市场没有食物，人们到垃圾箱去捡东西吃。国家的经济崩溃了，穷人获得的福利也自然随之成为泡影。委内瑞拉的经济困境，反映的其实是政治上的不成熟。

之所以在这么多国家遭遇重重失败，是因为非西方世界的现代化动力并不是内生的，而是被移植的，这种移植过程远比人们想象的要更为艰苦，并且成活率很低。除了制度原因之外，现代化还需要有文化土壤。

能够提供这种土壤的有两种文化，一种是清教文化，另一种是儒家文化。这两种文化的共同特点是积极进取，推崇勤奋节俭的生活方式。清教文化主张信徒必须在尘世生活中恪尽职守，把在尘世取得事业上的成功看作被“上帝选择”的证明。“他们（上帝的罪人）应当勤奋，以便最终能得到上帝的召唤。……如果他们不用勤勉、奋斗、劳动去获得恩典和拯救，他们必将毁灭。”新教推崇勤勉这一品质，认为饥饿和贫困是上帝对懒惰者的无情惩罚。[1]

儒家文化则更为入世，它不追求虚无缥缈的来世，而追求修身、齐家、治国、平天下。因此它提倡“天行健，君子以自强不息”“士不可以不弘毅，任重而道远”。这种刚健进取的奋斗精神，与新教伦理有异曲同工之处。事实上，如今生活在世界各地的海外华人，正在生动地向世界展示华人强大的竞争能力。比如高晓松在视频节目《晓说》中讲的，在硅谷打工的华人，如果3年还没有升职，就会感觉不满。而印裔工程师30年不升职，仍然心平气和。秉承这种“王侯将相，宁有种乎”的精神遗传，改革开放以来的中国人，也表现

---

[1]王晓德：《天主教伦理与拉丁美洲不发达的文化根源——兼与新教伦理对美国发展作用的比较》，《拉丁美洲研究》2006年第4期。

出强烈的创新求变意识。

与清教和儒教比起来，通行于西班牙和葡萄牙及法国殖民地的天主教文化，则是一种中世纪性格的宗教，它宣传在现实生活中受罪是件好事，是未来获得永恒拯救的前提。既然凡事上帝已经天定，努力也改变不了自己的命运，既然一切都托付给了上帝，索性就万事不着急了。因此天主教文化圈的时间观念比较淡薄，能拖就拖，有人将之戏称为 “明日文化” 。“对每一个要求，西班牙人总是回答以快乐的明天。” [1]因此，以儒教文化人口为主体的国家和地区，除了少数几个国家，现在都已经完成现代化。这些实现了现代化的儒教主体国家和地区的共同之处在于，既拥有儒教文化培养出来的勤奋进取，同时又拥有借鉴自西方的法治环境。

因此有些人，比如新儒家学者，强调这些国家和地区崛起过程中儒家文化的重要性，认为儒教文化是一些东亚国家和地区现代化成功的根本原因。当然，也有一些人不同意这一点，而是强调法治的重要性，比如李光耀说：“新加坡成功的关键，是英国人留下的法治制度，而不是什么儒家文化。”而比较公允的看法是，这两方面都很重要。

六

中国从秦到清的历史表现为强烈的路径依赖。所谓路径依赖是指“一旦一个国家或地区沿着一种轨迹运动，逆转成本是非常高昂的。也许会有其他的选择点，但是一定制度安排的堑壕阻碍了对初始选择的轻易扭转” 。通俗地讲，其实就是江山易改，本性难移。你能相信一个40多岁的人，会在一夜之间改变他的生活习惯和为人处世态度吗？早在秦统一六国的时候，中国就完成了 “初始选择” ，一直到清朝都无法摆脱这个刚性的轨道。“早熟国家的历史遗

[1]王晓德：《天主教伦理与拉丁美洲不发达的文化根源——兼与新教伦理对美国发展作用的比较》，《拉丁美洲研究》2006年第4期。

产不仅使后来的中国发展形成了不同于西方发达国家的路径，也使其形成了不同于大多数亚非拉发展中国家的路径。”[1]

每一个民族的发展道路，是由它的地理条件和文化传统等各种因素汇集而成的，或者用感性的说法，是上天所决定的，无所谓对错。

儒家精神的强毅进取，中国人个体强大的竞争能力，在改革开放40年中得到了充分的体现。中国的历史、文化和地理，决定了它的大一统趋向。在大一统的框架下，我们应该可以吸收全人类的文明成果，实现“系统升级”，充分激活整个社会的活力，在每个人更幸福的基础上实现国家的更强大。

“周虽旧邦，其命维新。”

---

[1]张孝芳：《现代国家建设与国家治理的现代化：比较政治视野下的中国政治发展路线图》，《教学与研究》2014年第5期。

后记

2018年上半年，一个音频平台找我，想请我做一个音频的节目，在最小的篇幅内尽可能地讲清楚中国历史脉络。

我感觉这个事很有意思，因此答应下来。

一开始，谈得很顺利。但盖好章的合同寄过来了之后，事情演变成了相声《报菜名》。对方说，张老师，先别急，要不咱甭吃包饺子了吧？太费事了。咱们改干饭汆丸子，多搁一斤香油，这么大的羊肉丸子，一吃稀了呼噜多好啊！也甭喝啤酒了。

我一听汆丸子也不错啊，我说，也行，那你重新起草一份合同吧。

然后过了几天，对方又说，张老师，要不咱甭吃干饭汆丸子啦！我们厨房改革了，电饭锅坏了。再说汆丸子那东西它不瓷实。干脆，咱们煎饼卷大葱吧，我再给您来碗豆腐脑儿！外加两个羊肉串儿。这个省事儿，其实也好吃着呐。

我说您慢走吧，外头太阳大，您打点伞。

事儿没成，但是《简读中国史》已经写了一多半。而且这个题目触动了我的兴趣点。

我一直认为，要想看清中国史，必须了解世界史。

这件事触发我把世界史脉络和中国史大纲结合起来，写出这本在世界史背景下观察的中国简史。多年以来，我的阅读和写作一直是信马由缰的，但是这匹看似散漫的马其实也有它的行走逻辑，那就是不断地完善自己的知识拼图。

这次写作，就是提前把这张拼图的大致轮廓画出来。我把以前阅读和思考的结果放到一个锅里炖了，结果发现它们产生了奇妙的化学反应，很多知识点发生了自我联系、自我打通，写作过程其实也是解决我自己许多困惑的过程。因此，这本书比我自己的计划提前出现，也是我所有书里写得最快也最愉快的一本，实际写作前后只花了3个月。因为写得非常愉快，很多想法不断涌出，经常有放不下笔的感觉。

当然，我在此要郑重声明，这本书不是什么学术作品，而是一本面对大众读者的普及读物。如同我以前的作品一样，只是“野狐禅”。我的写作一贯无知者无畏，片面而零散，充满一己之见，因此肯定有很多粗疏和错漏，不靠谱，不足为训。

其次，这本书在写法上并非均衡叙述。正如我以前的大部分作品一样，我假设读者已经有一定的历史知识基础，在这个基础上，我为大家介绍一些读者以前可能没有注意到的侧面。因此，有些地方一笔带过，有些地方则展开得比较充分。要想全面地了解历史，您必须阅读更多基础性的历史作品。

第三，我还要说明的是，这本书大量地借鉴了已有的研究成果。大家能够看到，我在书中大量地引用了斯塔夫里阿诺斯的《全球通史》，还有秦晖先生、葛剑雄先生的很多观点，有些观点来自阅读，有些则来自亲炙和请益。此外，这本书还引用了徐良高、曹正汉、周振鹤、李稻葵、管汉晖、刘莉、陈星灿、杨师群、赖肖尔、马德斌、薛涌、计秋枫、陈志武、宋丙涛、麦迪森、茅海建、贺圣达、霍尔、尹保云、张卫良、曹树基、吴松弟、侯杨方、陈季冰、吴钩、眘涛、雍正江、李俊丽、田雪梅、杨慧等学者的专著或者论文。当然，除了我提到名字的这些学者之外，应该还有很多挂一漏万之处，因为在写作的过程中，我查阅了数百篇论文。另外因为这本书不是学术体裁，注释难免有不规范处，在此我一并深致谢意和歉意。当然，我要说，这本书如果有那么一点点价值，那主要是得益于我的广泛阅读和对前人研究成果的借鉴。如果说有什么错误，那当然完全是我自己的责任。

在此我还要抱歉的是，这本书的部分内容，和我以前的作品有重复之处，比如春秋战国部分与《中国国民性演变历程》、清代部分与《饥饿的盛世：乾隆时代的得与失》的重复。这主要是由于在写这本书的时候，涉及这两个时段的内容，我的观点并没有改变。不同的书之间内容有重复，这是我被诟病的老问题了，在此也要向读者说明。

图书在版编目（CIP）数据

简读中国史 / 张宏杰著 . -- 长沙：岳麓书社，2019.8（2024.2 重印）

ISBN 978-7-5538-1155-0

Ⅰ . ①简… Ⅱ . ①张… Ⅲ . ①中国历史—通俗读物 Ⅳ . ① K209

中国版本图书馆 CIP 数据核字（2019）第 112730 号

JIAN DU ZHONGGUO SHI

简读中国史

作　　者：张宏杰

责任编辑：陆荣斌

监　　制：于向勇　秦　青

特约策划：张　卉

特约编辑：张　颖　包　晗

营销编辑：刘　迪　初　晨　王　凤

版式设计：姜利锐

封面设计：格局视觉 Gervision

岳麓书社出版发行

地址：湖南省长沙市爱民路 47 号

直销电话：0731-88804152　88885616

邮编：410006

2019 年 8 月第 1 版　2024 年 2 月第 7 次印刷

开本：680×955　1/16

印张：23.5

字数：360 千字

书号：ISBN 978-7-5538-1155-0

定价：58.00 元

承印：三河市鑫金马印装有限公司